우리말 연구 ③

우리말 통어 연구

한말연구모임 엮음

도서
출판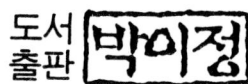

머 리 말

　한말연구 모임에서는 작년에 「한말연구」 제1집을 발행하였는데 뜻밖에
도 반응이 좋아 이제 재판을 계획하고 있다. 그간에 학회 임원들이 모여
우리 회원들의 논문중에서 동학이나 후학들에게 읽어 보기를 권하고 싶은
것이거나, 오래 간직하고 싶어하는 것을 엄선하여 다음과 같은 총서를 출
간하기로 계획을 세운 바 있었다.

　　　　제1권 : 우리말 음운 연구
　　　　제2권 : 우리말 형태 연구
　　　　제3권 : 우리말 통어 연구
　　　　제4권 : 우리말 의미 연구
　　　　제5권 : 우리말 역사 연구

　이 책에 실린 논문들은 몇 년 전에 쓴 것이기 때문에 논문에 따라서는
갈말(학술어)이 요즈음의 것과 다소 다를 수도 있을 것이나 크게 험잡을
것은 아니라 생각되며 그 내용에 있어서는 새롭고 알찬 글이 많아, 독자
여러분께 크게 도움이 되리라 생각한다. 따라서, 동학 여러분이 꼭 한 번
읽어 주기를 바라 마지 않는다. 이번의 제1차 간행에 이어 원고가 모이는
대로 제2차, 제3차 간행이 이루어질 것이다. 앞으로 한말연구모임에서 내
는 이 책들이 우리 국어학 발전에 큰 일조가 되기를 바라면서, 아울러, 이
책이 나오기까지 편집, 교정 및 연락 사무를 담당한 박동근 간사와 출판을
흔쾌히 맡아 준 박이정 출판사의 박찬익 사장에게 고마운 인사를 드리면
서 끝을 맺는다.

1996. 5. 30

일감호반 연구실에서

김 승 곤 씀.

■ 일러 두기

1. 이 책에 실린 논문의 대부분은 이미 발표한 그대로입니다만 일부는
   고치거나 다듬었습니다. 그런 사실은 각 논문의 꼬리에 밝혀 두었습
   니다. 그리고 몇 편은 여기에 처음 발표하는 것인데, 그런 논문은
   꼬리에 아무런 글귀를 붙이지 않았습니다.

2. 각 논문에 사용된 부호는 일일이 통일하지 않았습니다.

3. 논문을 실은 차례는 내용을 고려하여 정하였습니다. 현대 국어를 다
   룬 논문은 앞쪽에 싣고 역사적 연구나 학사적인 내용의 논문은 뒤에
   다 실었습니다.

차　례

■ 머리말

■ 일러두기

■ 논 문

■ 글쓴이 소개

딸림마디 임자말스런 자리에 쓰이는 매김자리 토씨 「의」의 기본구조

김 승 곤

1. 머리말

우리말본에 따르면 딸림마디(종속절)의 임자말에서는, 더러 매김자리토씨 「의」가 임자자리토씨를 대신하는 일이 있나니 : 그 보기는 다음과 같다.

(1) ㄱ. 나의 사랑하는 친구가 찾아 왔습니다.
    ㄴ. 나의 좋아하는 산수는 어디 있는가?
    ㄷ. 어머니의 즐기시던 음식을 볼 때마다 나의 목은 메어집니다.

(1ㄱ-ㄷ)과 같은 보기를 가지고 외솔이 위와 같이 주장한 이후 오는날 까지도 그 이론은 그대로 받아들여지고 있는 것이 현실이다.

이에 대하여 과연 위의 이론이 옳은가에 대하여 오랫동안 생각해 온 글 쓰는 이는 그와 같은 말본이 반드시 이루어지지 않을 수도 있다는 판단을 하기에 이르렀다. 더구나, 거듭 임자말(중주어)을 우기는 이론과는 반대되 는 현상이기도 한 까닭에 이에 대하여 깊이 한번 살펴보아야 하겠다는 마 음에서 이 글을 쓰게 되는 것이다. 어떠한 이론이든지 모든 경우에 들어맞 는 실증성을 가질 때 하나의 진리로서 인정될 수 있는 것이다. 어떤 경우 에는 들어맞지 않는다면 새로운 방법이 모색되어야 함은 마땅하다 할 것 이다.

2. 본 론

2.1. 딸림마디의 임자말스런 자리에 쓰이는 「의」의 분석

여기에서는 딸림마디에서의 임자말이 올 만한 자리에 「의」가 쓰이는 여러가지 경우에 대하여 자세히 살펴보기로 하겠다.

① 『「이름씨+의」 + 남음직씨 + 임자말』의 구조로 된 월

(2) ㄱ. 나의 사랑하는 친구가 찾아 왔습니다.
ㄴ. 나의 좋아하는 산수는 어디 있는가?
ㄷ. 너의 읽던 책이 어디 있느냐?
ㄹ. 너의 싫어하는 친구가 누구냐?
ㅁ. 그의 믿던 친구가 그를 배반했다.
ㅂ. 아버지의 사랑하시던 동생은 공부를 참 잘 한다.

(2ㄱ)의 속구조부터 살펴보면 그것은 다음과 같다고 보아진다

(3) ㄱ. 나는 나의 친구를 사랑한다.
ㄴ. 친구가 찾아 왔습니다.

(3ㄱ.ㄴ)은 다시 『 [[[나는 나의 친구를 사랑한다] 친구가] 찾아 왔습니다] 』로 된다. 여기에서의 「친구를」과 「친구가」의 「친구」는 동일인이므로 내포되는 월의 부림말 「친구를」이 줄면서 『 [[[나는 나의 사랑한다] 친구가] 찾아 왔습니다] 』로 된다. 여기에서 「나는」이 줄면서 「나의 사랑한다」는 「친구가」에 딸리기 때문에 「나의 사랑하는」으로 바뀌어 (2ㄱ)과 같은 월이 된 것이다. 여기에서 주의할 것은 「나의 사랑한다」만을 가지고 보기 때문에 「나의」가 「사랑한다」의 임자말로 보이는 것이지 본구조로는 절대로 그렇게 볼 수 없는 것이다. (2ㄴ)은 다음 (4)와 같이 두개의 월로 된 것으로 보아야 한다.

(4) ㄱ. 나는 나의 산수를 좋아한다.
ㄴ. 산수는 어디 있는가?

(4ㄱ,ㄴ)이 하나의 월로 되면서 (4ㄱ)이 (4ㄴ)의 「산수는」의 매김마디가 되는데 그 구조는 『 [[[나는 나의 산수를 좋아한다] 산수는] 어디 있는가?] 』로 된다. 여기서 「나는 나의 산수를 좋아한다」는 「산수를」과 「좋아한다」의 자리가 바뀌어 『 [[[나는 나의 좋아한다. 산수를] 산수는] 어디 있는가?] 』로 되고 여기서 다시 「산수를」과 「산수는」은 같은 말이 므로 「산수를」이 줄어서 『 [[[나는 나의 좋아한다] 산수는] 어디 있는가?] 』로 되는데, 여기서는 「나는」이 줄면서 「나의 좋아한다」는 말본적 구실을 하기 위하여 「나의 좋아하는」으로 바뀌어 「나의 좋아하는 산수는 어디 있는가?」와 같은 (2ㄴ)이 이루어진 것이다. 여기서 다소 의아할 수 있는 것은 「나는 나의 산수를 좋아한다」에서 「산수」가 어디 「나의」 개인적인 소유물이 될 수 있겠느냐 하는 점이다. 그러나, 「좋아하는 산수」는 자기의 취향에 들어맞는 「산수」이기 때문에 개인적인 취행의 범위에 소속될 수 있다. 누구든지 「자기나라의 산수」를 좋아하기 마련이 아닌가? 만일 「미국의 산수」를 좋아한다면 (2ㄴ)과 같은 형식의 월은 『 [[[나는 좋아한다 미국의 산수를] 산수는] 어디 있는가?] 』에서 「나의 좋아하는 미국의 산수는 어디 있는가?」의 뜻으로 이해된다. 이것의 참된 본 구조는 『 [[[미국에 있는 산수를 내가 좋아한다] 산수는] 어디 있는가?] 』에서 『 [[[내가 미국의 산수를 좋아한다] 산수는] 어디 있는가?] 』로 되고 「산수를」이 줄면서 『 [[내가 좋아한다 미국의] 산수는] 어디 있는가?』로 되어 「좋아한다」가 말본적 구실을 다하기 위하여 「좋아하는」으로 바뀌면서 전체의 월은 「내가 좋아하는 미국의 산수는 어디 있는가?」로 된 것이다. (2ㄱ,ㄴ)에서 「나의」가 속구조에서 임자말이 아니라면 「나의 친구」와 「나의 산수」 사이에 어떻게 풀이말의 매김꼴인 「사랑하는」과 「좋아하는」이 들어갈 수 있는가 하는 의문이 생길 수 있는데 그것은 「나의」가 매김말이기 때문에 얼마든지 들어갈 수가 있다.

　(5) ㄱ. 나의 사랑하는 위대한 영웅.
　　　ㄴ. 내가 사랑하는 위대한 영웅.

(5ㄱ.ㄴ)에서 보면 「나의」가 올 때는 물론 「내가」가 올 때도 매김말이

두개 이상 겹칠 수 있는데 (5ㄱ)의 「나의」를 임자말로 볼수 없는 근거는 (6)에서 찾아볼 수 있다.

(6) ㄱ. (i) 내가 사랑하는 영웅
    (ii) 내가 위대한 영웅
  ㄴ. (i) 나의 사랑하는 영웅
    (ii) 나의 위대한 영웅

(6ㄱ)의 i 은 말이 되지마는 ii 는 말이 되지 않는다. 왜냐하면, 「내가 위대한데」 어떻게 이 말이 「영웅」을 꾸며서 말이 되겠는가? 그러나, (6ㄴ) 의 i 과 ii와 같이 「사랑하는」과 「위대한」은 「나의 영웅」을 꾸미고 「사랑하는」과 「위대한」도 각각 영웅을 꾸민다고 보아야 합당하다. 그런데, 혹 「나의 엉웅」이란 말은 성립될 수 있겠는가 의문을 제기할 수도 있으나, 「나의 영웅」은 「내가 마음 속으로 존경하고 좋아하는」 범위 안에 들어올 수 있는 「영웅」이라는 말은 의미적으로 얼마든지 생각할수 있다. 그러므로, 절대로 무리는 없을 것으로 보인다. 따라서, 이들을 다음과 같이 그 본구조로 고쳐 보아도 말본스런 말이 성립되는 것이다.

(7) ㄱ. 나는 나의 영웅을 사랑한다.
  ㄴ. (나는)나의 영웅이 위대하다.

(6ㄱ)의 ii가 말이 되지 아니하므로 (5ㄴ)의 속구조를 어떻게 볼 것이냐가 문제되나 이것은 (8)과 같이 보아야 한다.

(8) 내가 사랑하는 〔위대한 영웅〕

즉, 괄호 속의 「위대한 엉웅」의 속구조는 「영웅은 위대하다」인데 이 월을 「내가 사랑한다」가 꾸미면서 (8)과 같은 겉구조의 월이 이루어졌다고 보아야 한다. 이와 같이 (5ㄱ)에서 「나의」와 「내가」가 올 때의 월구조(속구조)는 다른데, 왜 굳이 「나의」는 속구조의 「내가」가 변형된 임자말이라고 우겨야 하는지 그 근거를 찾기가 매우 어렵다. 더구나, (6ㄴ)의 i 과

ii가 다 말이 되는데 『나의』는 속구조의 「내가」 변형되었다고 볼 수 없기 때문이다. 변형의 기본정신은 속구조의 뜻과 겉구조의 뜻이 같으면서 말본적이 되어야 변형이론을 적용할 수 있다. 그렇지 않다면 적용될 수 없다는 이론에서 보아도 그러하다. 지금까지와 같은 이론에서 분석될 수 있는 보기는 (2 ㄷ,ㄹ,ㅁ)등인데, 다만 (2ㅂ)의 속구조는 (2ㄱ~ㅁ)과는 아주 다르다.

(9) ㄱ. i 아버지께서 아버지의 동생을 사랑하셨다.
　　　 ii 동생은 공부를 참 잘 한다.
　　ㄴ. i 아버지께서 아버지의 「나의 동생」을 사랑하셨다.
　　　 ii 동생은 공부를 참잘한다.

(2ㅂ)은 (9ㄱ)의 두 월이 합하여 된 것으로는 볼 수 없다. 왜냐하면, (9ㄱ)의 ii에서 「동생은 공부를 잘 한다」에서의 풀이말 「한다」에 「시」가 빠져 있기 때문이다. 따라서 (2ㅂ)의 속구조는 (9ㄴ)으로 보아야 한다. (9ㄴ)의 i은 「아버지께서 아버지의 사랑하시던 나의 동생」이 되고 이것은 다시 「아버지께서」와 「나의」가 줄어서 「아버지의 사랑하시던 동생」이 되고 「동생」은 (9ㄴ)의 ii의 「동생」과 중첩이 되므로 줄어 들고 결국 (2ㅂ)과 같은 겉구조의 월이 이루어진 것이다.

　위에서 길게 설명한 바와 같이 「의」의 말본은 「의」 그 자체가 가지고 있는 것인데, 이것을 월의 구조 여하에 따라서 학자들이 이렇게도 저렇게도 마음대로 그 말본을 해석한다면 규칙이 매우 복잡하게 되어 오히려 혼란하게 만듦으로써 말본을 왜곡하는 결과가 되므로 바람직하지 못하다. 일관성 있는 풀이가 마땅하다 하겠다.

　② 『「이름씨 + 의 」 + 제움직씨 + 임자말』의 구조로 된 월

(10) ㄱ. 나의 살던 고향은 꽃피는 산골이다.
　　ㄴ. 나라의 홀로 서는 일이 밝아진다.
　　ㄷ. 그의 가는 곳이 어디이냐?
　　ㄹ. 그의 웃는 모습이 아름답다.
　　ㅁ. 나라의 되어 가는 꼴이 말이 아니다.

(10ㄱ)의 속구조를 분석하여 보면 (11)과 같다.

(11) ㄱ. 나는 나의 고향에 살았다.
ㄴ. 고향은 꽃피는 산골이다.

(11ㄱ)에서 「나는 나의 살았다 고향에」로 되고 「살았다」가 「살던」으로
바뀌어 「나는 나의 살던 고향에」로 되고, 「나는」은 필요가 별로 없기 때문
에 줄고, 「고향에」가 (11ㄴ)의 「고향은」 때문에 줄어 들어서 전체적으로
(10ㄱ)과 같은 겉구조의 월이 된 것으로 보아야 한다.

(10ㄴ)의 속구조는 (12)와 같다고 보아진다.

(12) ㄱ. 나라의 일이 홀로 서리.
ㄴ. 일이 밝아진다.

(12ㄱ)에서 「나라의 홀로 서다 일이」로 바뀌고 이것이 다시 「서다」가
「일이」를 꾸미기 위하여 「서는」으로 바뀌어 「나라의 홀로 서는 일이」로
되어 (12ㄴ)에 이어 가는데 「일이」는 두개가 겹치므로 하나가 줄어 들어
서 전체적으로 (10ㄴ)과 같은 겉구조의 월이 된 것이다.

(10ㄷ)의 속구조는 다음과 같다.

(13) ㄱ. 그는 그의 곳에 가다.
ㄴ. 곳이 어디이냐

(13ㄱ)이 「그는 그의 가다 곳에」로 되고 이것이 다시 「그는 그의 가는
곳에」로 되어 여기에서 「그는」는 크게 필요하지 아니하므로 줄고 「곳에」
는 (13ㄴ)의 「곳이」 때문에 줄어 들어 결국은 (10ㄷ)의 월이 되었다고 할
것이다. (10ㄹ)의 속구조도 (10ㄷ)의 속구조와 같이 보아진다. 즉 「그의
모습이 웃다」와 「모습이 아름답다」의 두 월에서 앞의 월이 뒷 월의 임자
말 「모습」에 딸리면서 「그의 웃다 모습이」로 되고 「웃다」가 「모습」을 꾸
미기 위하여 「웃는」으로 바뀌어 전체적으로는 「그의 웃는 모습이」로 되는
데 여기서의 「모습이」는 뒷월의 임자말과 겹치므로 줄어 들어 전체적으로

(10ㄹ)의 겉구조를 가진 월로 나타나게 된 것이다. (10ㅁ)의 속구조를 보면 다음 (14)와 같다.

(14) ㄱ. 나라의 꼴이 되어가다.
　　 ㄴ. 꼴이 말이 아니다.

(14ㄱ)이 「나라의 되어 가는 꼴이」로 「꼴이」는 (14ㄴ)의 「꼴이」와 겹치므로 줄어 들어서 전체적으로는 (10ㅁ)의 월이 된 것이다. 그런데, 여기에서 한 가지 주의할 것이 있다. (10ㄱㄴ)의 두 월은 그 속구조 즉 (11ㄱ)과 (13ㄱ)에서 보면 풀이말 「살았다」와 「가다」의 주체는 「나」와 「그」로서 [+목숨성] [+사람]의 자질을 가지고 있으나 (10ㄴㄹㅁ)의 세월에서 보면 그 속구조의 풀이 말의 주체는 「나라의 일(10ㄴ)」과 「그는 (10ㄹ)」, 「나라는(10ㅁ)」은 모두 [+목숨성] [+사람]의 자질을 가지고 있지 못하다. 따라서 그 임자말로서 「나라는(10ㄴ)과 「그는 (10ㄹ)」 및 「나라는(10ㅁ)」과 같은 말이 굳이 나타나지 않아도 된다는 것이다. 이 점이 앞의 ①의 경우와 다른 점이다.

　　③『「이름씨 + 의」+그림씨+임자말』의 구조로 된 월
(15) ㄱ. 철수의 착한 행위가 그들에게 감동을 주었다.
　　 ㄴ. 그의 아름다운 마음씨가 우리들을 훈훈하게 하였다.
　　 ㄷ. 그의 뛰어난 두뇌가 이 일을 성취시킬 수가 있었다.
　　 ㄹ. 어머니의 거룩한 사랑이 그를 훌륭하게 길러 내었다.
　　 ㅁ. 나라의 희망찬 앞날은 멀지 않았다.

(15ㄱ~ㅁ)의 속구조를 밝혀 보면 각각 다음과 같다.

(16) ㄱ. ⅰ 철수의 행위가 착하다.
　　　　 ⅱ 철수의 행위가 그들에게 감동을 주었다.
　　 ㄴ. ⅰ 그의 마음씨가 아름답다.
　　　　 ⅱ 그의 마음씨가 우리들을 훈훈하게 하였다.
　　 ㄷ. ⅰ 그의 두뇌가 뛰어나다.
　　　　 ⅱ 그의 두뇌가 이 일을 성취시킬 수가 있었다.

ㄹ. i 어머니의 사랑이 거룩하다.
　　 ii 어머니의 사랑이 그를 훌륭하게 길러 내었다.
ㅁ. i 나라의 앞날은 희망차다.
　　 ii 나라의 앞날은 멀지 않았다.

(16ㄱ~ㅁ)에서는 물론 (15ㄱ~ㅁ)에서 보면 (1)과 (2)의 경우와는 달라서 의미상으로 「이름씨 + 의」의 구조가 절대로 「이름씨 + 이/가」로는 될 수 없다는 점이다. (15)를 (17)과 같이 보면 말본스럽지 못한 월이 된다.

(17) ㄱ. *철수가 착한 행위가 그들에게 감동을 주었다.
　　 ㄴ. *그가 아름다운 마음씨가 우리들을 훈훈하게 하였다.
　　 ㄷ. *그가 뛰어난 두뇌가 이 일을 성사시킬 수가 있었다.
　　 ㄹ. *어머니가 거룩한 사랑이 그를 훌흉하게 길러 내었다.
　　 ㅁ. *나라가 희망찬 앞날은 멀지 않았다.

(17ㄱ~ㅁ)에서 보아 알 수 있듯이 딸림마디에서의 〔〔이름씨 + 가 + 풀이말〕 + 이름씨〕가 왜 굳이 (5ㄱ-ㅁ)과 같이 〔〔이름씨 + 의 + 풀이말〕 + 이름씨〕의 구조로 나타나는가 하는 이유를 알 수 있을 것이다.

(18) ㄱ. 나라가 홀로 서는 일이 밝아진다.
　　 ㄴ. 그가 웃는 모습이 아름답다.
　　 ㄷ. 내가 사랑하는 친구가 찾아 왔다.

(18ㄱ)은 좀 이상하다. 따라서, 이것은 「나라의 홀로 서는 일이 밝아진다」와 같이 말을 하게 되는 것이다. (17ㄱ~ㅁ)은 절대로 월이 되지 못하므로 딸림마디의 「이름씨 + 의」는 임자말로 볼 수 없다는 증거가 된 셈이다. 그런데, (18ㄴ·ㄷ)과 같이 밑줄친 부분의 풀이말이 움직씨일 때는 그 앞의 「그가」와 「내가」는 임자말이 될 수 있음이 풀이말이 그림씨일 때와 다르다. 그러나, 「그의 웃는 모습이 예쁘다」와 「그가 웃는 모습이 예쁘다」를 같은 뜻의 말로 볼 수 있느냐 하면 그것은 월의 구조가 다르므로 그렇게 볼 수는 없다. 그 증거로는 (2)에서부터 (17)까지의

예문을 들 수 있기 때문이다. 다 같은 구조인데 (15)를 (17)로 바꾸었을 때는 왜 월이 성립되지 않는가 하는 사실로도 증거를 삼을 수 있다. 다 같은「의」를 가지고 딸림마디에서 어떤 경우는 임자자리토씨「이/가」로 보고 어떤 경우에는 그렇지 않다고 한다면 말본을 굉장히 복잡하게 하기 때문에 두가지의 다른 해석을 해서는 절대로 되지 않는다. 말본으로 보아서 무슨 관련이 있으면 몰라도「이」는 삼인칭대명사와 비인칭대명사「이」가 발달한 것이고「의」는 삼인칭대명사의 소유형이 토씨로 굳어진 것이다. 따라서 그 뜻은 물론, 구실도 다르다. 그러므로, 딸림마디에서의 풀이말 앞에 오는「의」를「이」와 같이 보아서는 절대로 되지 않는다.

2.2. 딸림마디의 임자말스런 자리 이외의 자리에 쓰이는「의」의 심층 구조

여기서의 「의」의 속구조도 2.1 의 ①, ②, ③에서 다룬 바와 다름이 없다.

① 『「이름씨 + 의」 + 남음직씨 + 부림말』의 구조로 된 월

(19) ㄱ. 나의 좋아하는 벗을 욕하지 말라.
　　ㄴ. 나의 산 책을 어디에 두었지?
　　ㄷ. 하늘의 주신 사랑을 저버리지 말라.

(19)의 월들의 속구조를 보면 (20)과 같다.

(20) ㄱ. i 나는 나의 벗을 좋아한다.
　　　 ii 나의 벗을 욕하지 말라.
　　ㄴ. i 나는 나의 책을 샀다.
　　　 ii 나의 책을 어디 두었지?
　　ㄷ. i 하늘은 하늘의 사랑을 주셨다.
　　　 ii 하늘의 사랑을 저버리지 말라.

그런데, (19)의 월들의 속구조를 (21)과 같이 보면 어떠하겠는가?

(21) ㄱ. 내가 좋아하는 벗을 욕하자 말라.
　　ㄴ. 내가 산 책을 어디 두었지?
　　ㄷ. 하늘이 주신 사랑을 저버리지 말라.

(19ㄱ)과 (21ㄱ)을 의미적으로 견주어 보면 (19ㄱ)의 「나의」와 「벗」은 서로 「나의 벗」이라는 긴밀한 관계를 나타내고 있다. 그런데, (21ㄱ)의 「내가 좋아하는 벗」하면 「나」와 「벗」의 관계는 (19ㄱ)만큼 그렇게 긴밀한 것이 아니고 「많은 벗 중에서 내가 좋아하는 벗」이라는 뜻이다.(19ㄱ)의 뜻을 충분히 살린, 참된 속구조는 (20ㄱ)에 잘 나타내고 있다. 즉, 「나의 벗」을 「내가 좋아한다」는 두 가지 뜻이 다 내포되어 있다. 따라서 (19ㄱ)의 속구조는 (21ㄱ)이 아니다.

(22) 나의 사랑하는 조국의 동포여!

여기서의 뜻은 분명히 「나의」는 「조국의 동포」전체를 소유하는 즉 한정의 대상으로 삼고 있다. 그런데도 불구하고, 「내가 사랑하는 조국의 동포여!」로 보아 「내가 사랑하는」이 오직 「조국의 동포」를 꾸민다고 본다면 의미상 엄청난 차이가 생긴다. 이것을 도해하여 보면 다음과 같다.

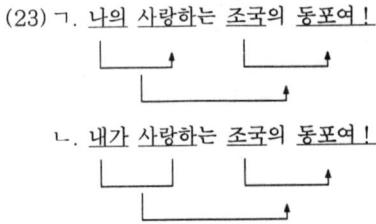

(23) ㄱ. 나의 사랑하는 조국의 동포여!

　　ㄴ. 내가 사랑하는 조국의 동포여!

(23ㄱ)에서 「사랑하는」을 빼면

　　ㄷ. 나의 조국의 동포여

만일 (23ㄴ)에서 「사랑하는」을 없애면 「내가 조국의 동포여」로 되어 말이 되지 않는다. (23ㄱ)에서 보듯이 「나의」는 「사랑하는 조국의 동포」 전체와 관계가 있음을 알 수 있다.

② 『「이름씨 + 의」 + 제움직씨 + 부림말』의 구조로 된 월

(24) ㄱ. 나의 갈 곳을 아르켜 주오
    ㄴ. 너의 살았던 고향을 찾아라
    ㄷ. 철수의 말했던 것을 벌써 잊었느냐?

(24ㄱ~ㄹ)의 속구조를 한번 생각해 보자

(25) ㄱ. i 나는 나의 곳에 갈 것이다
      ii 곳을 아르켜 주오
    ㄴ. i 너는 너의 고향에 살았다
      ii 고향을 찾아라
    ㄷ. i 철수는 것(무엇)을 말했다
      ii (너는) 것(무엇)을 벌써 잊었느냐?

(25ㄱ, ㄴ)은 앞에서 논한 것과 별 다른 바가 없으므로 그만 두고 (24-ㄷ)만을 가지고 좀 살펴볼 필요가 있다.

(26) ㄱ. 철수의 말했던 것을 벌써 잊었느냐?
    ㄴ. 철수가 말했던 것을 벌써 잊었느냐?

(26ㄱ, ㄴ)에서 보면 그 의미 차이가 아주 다르다. 즉 「철수의 말했던 것」을 분석하면 「말했던 것」은 하나의 성분으로 보아야 한다. 이것을 「말했던」과 「것」으로 나누어 보는 데서 「철수의 말했던」으로 분석하여 「철수」가 「말했던」의 임자말이 된다고 본 것이다. 「것」은 메인이름씨인데 그 구조를 「철수의 말했던 +것」으로 보면 말이 안 된다. 「말했던 것」은 「이야기」나 또는 기타 이에 준하는 말의 내용을 나타낸다. 따라서 「말했던 것」전체를 하나의 성분으로 보아야 한다.

③ 『「이름씨 + 의」+ 그림씨 + 부림말』의 구조로 된 월

(27) ㄱ. 그의 <u>뛰어난</u> 재주를 누가 따르겠느냐?
　　 ㄴ. 우리의 <u>아름다운</u> 강산을 세계에 자랑하자
　　 ㄷ. 너의 <u>아름다운</u> 모습을 보면, 너의 어머니 생각이 난다

(27ㄱ~ㄷ)에서 보면 밑줄을 친 그림씨는 그 앞의 「그의」, 「우리의」, 「너의」등의 임자말로는 보이지 아니한다. 왜냐하면, (27ㄱ)에서 「그가 뛰어난 재주를」은 말이 안 되며 (27ㄱ,ㄷ)도 「우리가 아름다운 강산을」과 「네가 아름다운 모습을」이 말이 안 되기 때문이다. 따라서, 밑줄 친 그림씨는 그 앞의 「이름씨 + 의」와 관계가 있는 것이 아니고 그 뒤의 부림말과 관계가 있음을 알 수 있다. 따라서 (27ㄱ~ㄷ)의 속구조는 다음과 같다.

(28) ㄱ. 〔〔그의 재주가 뛰어나다〕를 누가 따르겠느냐?〕
　　 ㄴ. 〔〔우리의 강산이 아름답다〕를 세계에 알리자〕
　　 ㄷ. 〔〔〔너의 모습이 아름답다〕를 보면〕〔너의 어머니 생각이 난다〕〕

④ 『「이름씨 + 의」+ 풀이말 +「이름씨 + 이다」의 구조로 된 월

(29) ㄱ. 그 사람들이 무리진 덩이가 천여으로 이 땅덩이 위에 홀로 서는 <u>나라가 됨의 특별한 빛이다.</u>
　　 ㄴ. 그것은 <u>그의 뛰어난 업적이다.</u>
　　 ㄷ. 그것은 <u>우리의 자랑할 만한 일이다.</u>

(29ㄱ)의 밑줄 그은 부분을 속구조로 분석하여 보면 〔〔〔나라가 됨의 빛이〕〔특별하다〕〕이다〕되고 (29ㄴ)은 〔〔〔그의 업적이〕〔뛰어나다〕〕이다〕이며 (29ㄷ)은 〔〔〔우리의 일이〕〔자랑할 만하다〕〕이다〕로 되어 〔이름씨 + 이다〕는 속구조에서 임자말이 됨이 특이하다. (29)의 예들은「이름씨 + 의 + 풀이말」에서의 풀이말은 그림씨인 경우이나 (30)에서는 움직씨인 보기를 보기로 하자.

(30)ㄱ. 그것은 우리의 할 일이다.
　　ㄴ. 이것은 너의 읽을 책이다.
　　ㄷ. 여기가 우리들의 살 곳이다.

(30ㄱ,ㄴ)의 밑줄 친 풀이말은 남움직씨요, (30ㄷ)의 그것은 제움직씨
이다. 이들 보기를 속구조로 고쳐 써 보면 다음과 같다.

(31)ㄱ. 〔그것은 〔우리의 일을 하다〕이다〕
　　ㄴ. 〔이것은 〔너의 책을 읽다〕이다〕
　　ㄷ. 〔여기가 〔우리들의 곳에 살다〕이다〕

(31ㄱ,ㄴ)에서 보면 (30ㄱ,ㄴ)의 풀이말 「일이다」 「책이다」의 「일」
과 「곳」은 속구조에서 부림말이 되고 (31ㄷ)에서는 「곳」이 위치말이다.

　⑤ 『「이름씨 + 의」 + 풀이말 + 위치말』의 구조로 된 월

(32)ㄱ. 우리들의 갈 곳에 희망이 있다.
　　ㄴ. 그들의 노는 일에 문제가 있다.
　　ㄷ. 그의 하는 일에 의문이 있다.
　　ㄹ. 그의 아름다운 마음씨에 놀랐다.

(32ㄱ,ㄴ)의 밑줄 그은 풀이말은 제움직씨인데 이들의 속구조는 〔〔우리
들의 곳에 가다〕 희망이 있다〕와 〔〔그들의 일에 놀다〕문제가 있다〕로 되는
데 위의 보기들로만 보면 의미상 다소 이상한 듯하나 「우리들의 관심을
끄는 일에 문제가 있다」를 가지고 그 속구조를 보면 〔〔우리들의 일에 관
심을 끌다〕문제가 있다〕로 되는데 아주 자연스럽다. 따라서 (32ㄱ,ㄴ)의
속구조를 위에서 말한 바와 같이 보지 않을 수 없다. (32ㄷ)의 속구조는
〔〔〔그의 일을 하다〕에〕 의문이 있다〕로 되고 (32ㄹ)의 속구조는 〔〔〔그의
마음씨가 아름답다〕에〕놀랐다〕로 되는데 (32ㄷ)의 「일에」는 속구조에서는
부림말이 되고 (32ㄹ)의 「마음씨에」는 속구조에서 임자말이 된다.
　지금까지 다룬 이외의 겉구조가 『「이름씨 + 의」 + 풀이말 + 방편말』

의 구조로 되는 월도 있으며 그 기본 구조는 지금까지와 같으므로 여기서
는 줄이기로 한다.

2.3. 중주어론과의 과계로 본 딸림마디의 임자말스런 자리 에 쓰이는 「이」의 문제

중주어론을 펼치는 이들은 속구조의 「의」가 겉구조로 나타나면서 「이/
가」 또는 「은/는」으로 변형한다고 주장한다.

(33) ㄱ. 코끼리는 코가 길다
ㄴ. 내가 손이 크다
ㄷ. 아버지가 그가 좋으시대
ㄹ. 그가 선생이 아니다
ㅁ. 고기가 물이 좋다

(33ㄱ~ㅁ)의 속구조는 다음과 같다는 것이다.

(34) ㄱ. 코끼리의 코가 길다
ㄴ. 나의 손이 크다
ㄷ. 아버지의 그가 좋으시대
ㄹ. 그의 선생이 아니다
ㅁ. 고기의 물이 좋다

(33ㄷ~ㅁ)을 (34ㄷ~ㅁ)의 속구조로는 도저히 볼 수 없다. 따라서, 중
주어론은 성립되지 않는다. 그런데도 (33ㄱ~ㄴ)의 속구조는 (34ㄱ~ㄴ)
이라고 하는데, 만일 그렇다면, 여기서는 「의」가 겉구조에서 「이/가」로
변형한다고 보는데 이와 같은 관점과 딸림마디에서의 「이름씨 + 의 + 움
직씨」의 구조에서 「의」의 속구조를 「이/가」로 본다면 두 이론의 「의」의
다루는 법은 정반대가 된다. 말본이라는 것은 논자들의 편이에 따라 이렇게
도 저렇게도 다루어저서는 안 된다. 토씨에도 토씨 나름의 법이 있다. 그
런데, 이 법을 무시하고 다룬다면, 그 혼란함을 어떻게 할 것인가?

2.4. 2.1과 2.3의 두 이론의 「의」의 다루는 법은 정반대가 된다

이것을 우리가 풀이할 수 있는 뜻에 따라 소위 속구조라는 것으로 바꾸어 보면 두 이론의 「의」를 다루는 법은 정반대가 된다고도 볼 수 있다. 그러면 「의」는 「이」로만 바뀌는 것은 아니다. 「을」로도 바뀐다. 이것을 어떻게 규칙을 세워 설명할 것인가? 너무도 복잡하다. 본래 「의」의 의미는 너무도 다양하다. 귀에 걸면 귀고리 코에 걸면 코거리식의 이론은 지양하여야 한다. 본래 긴 월을 짧게 주릴 여러가지 말이나 토씨 대신에 「의」를 쓰는 경우가 있다.

> (35) ㄱ. <u>어머니가 찍은</u> 사진→ 어머니의 사진
>   ㄴ. <u>어머니를 찍은</u> 사진→ 어머니의 사진
>   ㄷ. <u>어머니가 가지고</u> 있는 사진→ 어머니의 사진

(35ㄱ~ㄷ)은 말하는 상황에서만이 (35ㄱ~ㄷ)의 어느것이 그 상황에 해당되는가가 판정된다. (35ㄱ~ㄷ)의 밑줄 부분은 「사진」에 대한 매김말이 되어 있다. 따라서 「의」로 대치될 수 있는 것이다. 즉 (35ㄱ)의 「어머니」는 행위자요 (35ㄴ)은 대상이요 (35ㄷ)은 소유주 즉 위치말(의미상)에 해당된다. 이런 여러가지 의미상의 말에 「의」가 쓰인 것이다. 이와 같은 여러가지 사실을 놓고 말한다면 「의」의 다음에 오는 풀이씨가 매김말로 쓰였을 때는 어디까지나 그 다음에 오는 이름씨를 매기는 말로만 보아야지 이것을 「의」와의 관계를 따져서 어떤 공식을 만들려고 하면 (33)~(35)와 같은 어려움에 맞부딪치게 된다.

> (36) ㄱ. 나의 살던 고향
>   ㄴ. 나의 착한 마음씨

에서 「내가 살던 고향」은 성립되나 「내가 착한 마음씨」는 말이 되지 않으므로 「살던」은 「나의」와 같이 「고향」의 매김말이요, 「착한」도 「나의」와 같이 「마음씨」의 매김말로 보면 될 것이다. 만약 굳이 이들 풀이씨를

「의」와 어떤 말본적 관계가 있는 것으로 본다면 (37)에서는 어떻게 다루어야 할까?

(37) ㄱ. 사랑하는 나의 고향
　　 ㄴ. 아름다운 나의 조국

(37ㄱ,ㄴ)을 억지로 그 속구조를 따진다면 다음과 같이 여러가지로 볼 수 있다.

(38) ㄱ. i 나의 고향을 사랑한다.
　　　　ii 나의 사랑하는 고향
　　　　iii 내가 사랑하는 나의 고향
　　　　iv 내가 사랑하는 고향
　　 ㄴ. i 나의 아름다운 조국
　　　　ii 나의 조국은 아름답다
　　　　iii 내가 아름다운 나의 조국

(37ㄱ)의 속구조를 (38ㄱ)으로 본다면 왜 「나의 사랑하는 고향」으로 되지 아니하고 (37ㄱ)으로 되었는가도 문제가 된다. 규칙이 없이 수의적임을 알 수 있다. 아마 가장 합리적인 속구조를 찾는다면 (38ㄱ)의 iii이 될 것이다. 여기에서 「내가」 줄고(37ㄱ)이 되었다고 하면 될 것이기 때문이다. (37ㄴ)은 궁하게 (38ㄴ)의 어느 것에서 변형되었다고 하지 말고 「아름다운」은 그대로 매김말로 보아야 할 것이다. 만일 그 속구조를 (38ㄴ)의 ii로 본다면 (37ㄱ)의 속구조가 (38ㄱ)의 iii으로 보는 것과 모순이 되기 때문이다.

이상에서 살핀 바와 같이 딸림마디에서의 「의」와 소위 중주어론에서 말하는 「의」와는 서로 상반된다는 간접적인 증거에 의해서라도 또 (37)과 (38)의 대비에서도 무리가 있는 것으로 볼 때, 딸림마디에서의 「의」는 그 속구조에서 「이」라고 보기는 어렵다. 더구나, (39)와 같은 경우는 어떻게 설명할 것인가도 궁색하다.

(39) ㄱ. i 내가 살던 고향
　　　　ii 나의 살던 고향
　　ㄴ. i 내가 아름다운 조국
　　　　ii 나의 아름다운 조국

(39ㄱ)에서 왜 i 은 속구조가 그대로 쓰였고 ii는 겉구조로 쓰였느냐고 따진다면 그 해결책은 무엇인가? 다만 뜻으로 볼 때, i 은 단순히 남이 살던 고향이 아니라 「내가 살던 고향」이란 뜻이고 ii는 「내가 살던 나의 고향」이란 뜻의 차이뿐이다. 말본으로는 그 이유를 설명할 길이 궁색하다. (39ㄴ)에서는 풀이씨가 그림씨이다. 이때는 (39ㄴ)의 i 은 성립되지 않기 때문에 항상 ii의 향식으로만 쓰인다. 즉 (39ㄴ)의 ii와 대비해 볼 때 (39ㄱ)의 ii는 (39ㄱ)의 i 이 변형된 것으로는 보지 말아야 한다.

3. 맺음말

본론에서 살펴본 바를 요약하여 결론을 내려 보면 다음과 같다.

① 딸림마디의 「의」는 속구조에서는 「가」라고 보던 지금까지의 설은 잘못된 것이다. 따라서 「의」는 어디까지나 「의」로 보아야 한다.
② 딸림마디의 「의」 다음에 오는 풀이씨가 움직씨일 때는 혹 「의」의 속구조가 「이」라 할 수도 있으나 그림씨 일 때는 절대로 그렇게 볼 수 없다. 그러므로, 딸림마디에서의 「의」는 어디까지나 「의」로 보아야 한다.
③ 중주어 문제와의 대비에 있어서도 딸림마디에서의 「의」는 속구조에서 「이」로는 볼 수 없다.
④ 딸림마디에서의 「의」는 다음과 같이 보아야 한다.

(40) ㄱ. i 나의 살던 고향
　　　　ii 나는 나의 고향에 살았다
　　ㄴ. i 나의 놀던 옛동산
　　　　ii 나는 나의 옛동산에서 놀았다
　　ㄷ. i 나의 아름다운 고향
　　　　ii 나의 고향은 아름답다

(40ㄱ)의 ⅰ의 속구조는 ⅱ로 보아야 하며 (40ㄴ)의 ⅰ의 속구조는 ⅱ로 보아야 하고 (40ㄷ)의 ⅰ의 속구조는 ⅱ로 보아야 한다. 혹 학자에 따라서는 (40ㄱ)의 ⅰ과 ㄴ의 ⅰ의 속구조를 (41)의 ㄱ과 ㄴ으로 각각 볼 수도 있을 것이나 (40ㄷ)의 ⅱ와의 대조상 어려움이 있다.

(41) ㄱ. 내가 살던 나의 고향
    ㄴ. 내가 놀던 나의 옛동산

⑤ 「의」는 본래 여러가지 뜻으로 쓰이기 때문에 그 뜻을 중심으로 「의」의 말본을 설명하거나 규칙을 세우려면 큰 무리가 있다. 따라서 어디까지나 그 말본적 구실을 중심으로 설명하되 뜻을 가지고 하는 설명은 최소화해야 한다.

참 고 문 헌

김승곤(1989), 「우리말 토씨 연구」, 건대 출판부.
박지홍(1992), 「우리 현대말본」, 과학사.
주시경(1991), 「국어문법」, 탑출판사.
최현배(1983), 「우리말본」, 정음문화사.
허 웅(1983), 「국어학」, 샘문화사.

---

* 이 논문은 「호서어문 연구」 1(1993, 호서대학교 국어국문학과) 7~25쪽에서 옮겨 실은 것임.

'-겠-'과 '-ㄹ 것이-'의 용법

고 창 운

1. 머리말

이 글은 '-겠-'과 '-ㄹ 것이-'의 용법의 차이를 밝히는 것을 목적으로 한다. 곧 '-겠-'과 '-ㄹ 것이-'의 사용을 제약하는 원리가 무엇인가를 찾아냄으로써 용법의 차이를 설명하고자 한다.

이 문제에 대해서는 그동안 상당한 연구(안명철(1983), 장경희(1985), 김용경(1990)들의 참고 문헌 참조)들이 있었다. 그러나 이들의 연구에서 제시된 설명은 모두 나름대로의 개연성을 지니고 있기는 하지만, '-겠-'과 '-ㄹ 것이-'의 차이를 분명히 하기에는 아직도 충분하지 못한 것으로 보인다.

이제 앞선 연구들에 있는 결함을 중심으로 이 문제를 다시 한번 살펴보고, 이를 토대로 문제 해결을 위한 가설을 설정한 다음, 그 가설이 얼마나 타당성을 지니는지 구체적인 보기를 통해 검토해 보기로 한다.

2. 기존 연구의 검토

'-겠-'과 '-ㄹ 것이-'에 대한 기존 논의들의 입장은 크게 몇 가지로 나누어 볼 수 있다.

첫째, 추정하는 내용이 실제의 사실과 얼마나 가까우냐 하는 확실성의 강약으로써 차이를 설명하려는 입장이다. 서정수(1978), 이기용(1978)들의 생각인데, 주장하는 내용이 서로 정반대인 것이 흥미있다. 곧

서정수(1978)는 '-ㄹ 것이-'를 더 확실한 추정으로 보는 것에 반해, 이
기용(1978)은 '-겠-'이 더 강한 것으로 보았다. 논리적으로 생각해볼
때, 이처럼 하나의 문제에 대해 전혀 상반되는 두 개의 해결책이 동시
에 참일 수는 없다. 둘 중 하나는 거짓이어야 한다. 그렇지만 두 사람
이 제시하고 있는 보기와 그에 따른 설명이 모두 다 상당한 개연성을
지니고 있는 것 또한 사실이다. 따라서 어느 주장이 옳은 지 알 수 없
다. 또, 어느 한쪽의 견해가 옳다고 하더라도 확실성의 강약을 구분해
주는 또 다른 기준이 제시되어야 하는 부담이 따르게 된다. 이런 경우,
우리는 이들의 주장을 만들어낸 기본적인 관점, 곧 추정 내용에 대한
확실성의 강약이라는 것이 '-겠-'과 '-ㄹ 것이-'의 차이를 밝히는 기준으
로서 충분하지 못하다고 할 수 있겠다.

    둘째, 추정의 근거가 갖는 특성을 토대로 '-겠-'과 '-ㄹ 것이-'의 차이
를 나누어보려는 생각이다. 여기에는 추정 근거의 주관성과 객관성을
기준으로 '-겠-'과 '-ㄹ 것이-'가 선택된다고 보는 서정수(1978)와 추정
근거가 현재의 경험이냐 과거의 경험이냐, 도는 과거에서 현재에 이어
지는 경험이냐에 따라 나누어보는 성기철(1979), 김용경(1990) 등이
있다. 서정수(1978)의 견해에 대해 지적할 수 있는 것은 주관적 근거
와 객관적 근거를 분명하게 구분해주는 기준이나 원리는 또 무엇이냐
하는 점이다. 이에 대한 확실한 제시가 없는 한 그의 주장은 검증될 수
없다. 또 성기철(1979), 김용경(1990) 등이 생각도 '-겠-'과 '-ㄹ 것이
-'의 차이를 분명하게 설명하지 못한다. 이들은 '-겠-'이 현재의 경험을
토대로 추정이 이루어진다고 했다. 그런데, 다음의 (1)처럼 과거에 경
험한 근거에 입각한 추정에도 '-겠-'이 사용된다.(장경희 1985:41)

    (1) 나도 어제 가서 봤는데, 그 방은 써클룸으로는 너무 작겠어.

    (1)은 추정의 근거가 되는 경험의 내용이 '나도 어제 가서 그 방을 보
았다'로서 분명히 과거의 경험이지만, '-겠-'이 자연스럽게 사용되었다.
결국 경험시간을 기준으로 한 설명도 불완전하다는 것을 알 수 있다.
    세번째는 안명철(1983)의 견해로서 '-겠-'은 발화현장에 존재하는

어떤 추정 근거를 기술하는 것인데 비해, '-ㄹ 것이-'는 발화현장에서 어떤 근거를 발견할 수 없는 추정에 사용된다는 것이다.

이러한 그의 생각은 사실에 매우 가까운 것으로 보인다. 그러나 아직도 문제는 있다.

(2) 언젠가는 구조선이 올 것이다.

안명철(1983)에 따르면, (2)가 무인도에서 표류생활을 하는 사람들끼리 구조선을 기다리면서 할 수 있는 말이다. '-ㄹ 것이-'가 사용된 것은 (2)의 발화상황에서 화자가 추정의 근거를 떠올리기가 쉽지 않기 때문이라고 본다. 그러나 이같이 설명하는 데에는 무리가 있다. 추정을 하기 위해서는 추정을 가능하게 해주는 어떤 근거가 전제로서 반드시 상정되어야 한다는 점을 생각하면, (2)를 말하는 사람이 추정의 근거를 떠올리지 못한다고 보는 것은 자연스럽지 못하다.

(2)에서 추정의 근거를 떠올리기가 힘든 것은 어디까지나 (2)를 듣는 청자의 입장에서이다. 화자의 입장에서는 반드시 어떤 근거에 기대어 (2)를 말한다고 보는 것이 타당하다. 앞으로 이 글에서 설정하는 가설도 모든 추정에는 근거가 있다는 원리에서부터 출발하게 될 것이다.

마지막으로 장경희(1985)의 견해가 있다. '-겠-'은 '가능성을 내포한 내적 상태 발생', '결과 짐작', '짐작', '의견', '능력', '의도' 등의 의미를 가진 것으로, '-ㄹ 것이-'는 '불확실성'의 의미를 가진 것으로 보고 있는데, '-겠-'과 '-ㄹ 것이-'에 대한 개별적인 논의만 전개하고 있을 뿐 이들을 대비한 설명은 찾아볼 수 없어서 아쉽다. 어쨌든 그녀가 밝혀낸 의미를 가지고도 두 표현의 차이를 밝혀내기가 힘들다. 곧 '-겠-'의 '짐작'과 '-겠-'의 '불확실성'이 어떻게 다른지 분명하지 않다. 장경희(1985:36)의 분석으로는 '짐작하다'가 '정보(+어림치)를 얻다'의 의미를 갖는다. 그렇다면 '-겠-'의 '짐작'은 어림치 정보와 관련이 있고 '-ㄹ 것이-'의 '불확실성'은 불확실한 정보와 관련이 있다고 볼 수 있는데, 이것은 앞에서 그 결함을 지적한 바 있는, 확실성의 정도로써 차이를 설명하려는 입장과 같은 것이다.

　지금까지 살펴본 것처럼, 기존 연구의 결과들은 저마다의 개연성을 갖고는 있으나, 다양한 문맥에서 쓰이는 '-겠-'과 '-ㄹ 것이-'의 근본 차이를 분명하게 밝혀내지는 못하고 있다.

3. '-겠-'과 '-ㄹ 것이-'의 용법

3.1. '추정'의 '-겠-'과 '-ㄹ 것이-'

　기존의 연구에서 밝혀진 '-겠-'의 의미는 '-ㄹ 것이-'의 의미에 비해 좀 더 다양하다. '-겠-'에 대해서는 '미래', '추정', '의도', '능력', '의견', '공손' 등의 여러 의미가 지적되어 왔음에 비해 '-ㄹ 것이-'에 대해서는 '추정'과 '의도'만이 언급되고 있다. 그리고 대부분의 연구에서 취하고 있는 입장은 '-겠-'과 '-ㄹ 것이-'에 대해 모두 '추정'이 기본 의미인 것으로 파악하고 있다.

　이 글의 설명도 기존 연구에서 이룩된 이런 성과를 받아들여 두 표현이 모두 '추정'을 기본의미로 갖는다고 보고 논의를 전개하려고 한다. 그러면, 이때 제기되는 문제는 크게 두 가지로 요약해 볼 수 있다. 첫째, '-겠-'과 '-ㄹ 것이-'의 사용을 제약하는 원리는 무엇인가 하는 점이다. 둘째, 그 제약원리에 따라 '-ㄹ 것이-'에 비해 다양하게 나타나는 '-겠-'의 여러 의미를 어떻게 설명할 수 있는가, 곧 어째서 '추정'을 나타내는 두 표현 가운데 유독 '-겠-'에만 여러 의미가 뒤따르는가 하는 문제이다.

　이제 다음의 보기를 살펴봄으로써 이같은 문제 해결을 위한 첫발을 내딛기로 한다.

　(3) 10시가 지난 걸 보니, 오늘 순이는
　　ㄱ. 안 오겠다.
　　ㄴ. 안 올거야.

장경희(1985:40)에 따르면, (3ㄱ)은 적절한 발화이지만, (3ㄴ)은 부적절한 발화라고 한다. (3ㄱ)에서 '순이가 오늘 안 오겠다'는 추정에 대한 근거가 '10시가 지났다'는 객관적인 사실이기 때문에 (3ㄱ)이 더 적절한 발화라는 것이다. 그러나, 이 글에서는 (3ㄱ)에 못지 않게 (3ㄴ)도 적절한 발화로 본다. (3ㄱ)과 (3ㄴ)의 사용은 다만 발화상황에서의 차이를 드러낼 뿐이기 때문에, 이같은 상황을 고려하지 않고 어느 것이 적절하다, 또는 적절하지 않다고 말하는 것은 잘못이라고 생각한다.

장경희(1985)는 (3ㄱ)에서 추정의 근거를 '10시가 지났다'는 사실에서 찾고 있다. 그러나 전적으로 이 사실만을 가지고 추정이 이루어지는 것은 아니다. 여기서, '10시가 지났다'는 사실이 추정을 가능하게 해주는 일차적인 근거를 제공하는 것은 분명하지만 이같은 근거와 추정내용이 연결되기 위해서는 또 다른 근거가 전제돼야 한다. 다시 말해 (3ㄱ)의 화자에게는 '10시가 지났다'는 사실과 '순이가 안 온다'는 추정사실을 직접 연결시킬 수 있게 해주는 또 다른 근거가 필요하다.

여기서 잠시 일반적인 추정의 과정을 그림을 그려 생각해 보면 다음과 같다.

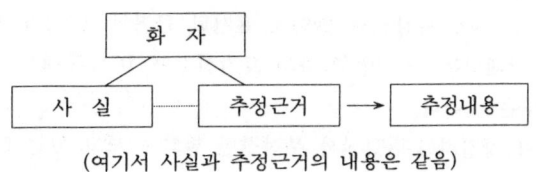

(여기서 사실과 추정근거의 내용은 같음)

이 그림에서 보는 것처럼, 화자는 어떤 사실에 대해 추정근거의 지위를 부여함으로써 추정근거를 갖게 되고, 그에 따라 추정발화를 한다. 여기서 우리는 두 가지 사실을 가정한다. 첫째, 모든 추정에는 근거(이 근거에는 구체적인 말로 표현된 사실뿐만 아니라, 발화되지 않았더라도 화자가 자신이 속해 있는 세계에 대해 알고 있는 사실, 화자의 믿음 등이 포함된다.)가 있다는 점이다.

이렇게 볼 때, 추정발화를 하는 화자는 자신이 갖고 있는 추정근거와 청자와의 관계에 대해서 주관적 도는 심리적으로 두 가지 태도를 취할 수 있다. 화자 자신이 갖고 있는 추정 근거를 청자도 갖고 있다고 믿는 경우와 청자는 갖고 있지 않다고 믿는 경우이다.

한편, 이런 화자의 믿음과는 별도로 실제 세계에 처해 있는 청자의 상태도, 두 가지의 경우를 생각할 수 있다. 하나는 화자가 가진 추정근거를 사실 세계에서 청자도 갖고 있는 경우이다. 또 다른 하나는, 이와 반대로 화자의 추정근거를 사실 세계에서 청자가 갖지 않는 경우이다.

이와 같은 가정들을 염두에 두고 다시 앞에 제시한 보기 (3)으로 돌아가자. 먼저 (3ㄱ)이 자연스럽게 쓰이는 경우를 생각해 본다. 예를 들어, 화자가 '막차 도착시간이 10시다'라는 사실을 알고 있고, 청자 또한 이같은 사실을 알고 있는 발화 상황에서는 (3ㄱ)의 사용이 자연스럽다. (3ㄱ)에서, '오늘 순이가 안 온다'는 사실에 대해 화자가 추정을 하는 근거가 '10시가 지났다'라는 사실인데, 이 사실을 추정사실과 연결하기 위해서는 또 다른 근거사실이 전제되어 있지 않으면 안된다. 그것이 바로 '막차의 도착시간이 10시다'라는 사실로서, 이것을 (3ㄱ)의 발화시점에서 화자와 청자가 모두 알고 있는 상황이면 (3ㄱ)은 적절한 발화가 된다. (3ㄱ)에서 '순이가 오늘 안 온다'에 대한 추정의 근거는 두 가지 사실로서 발화로 표시된 근거인 '10시가 지났다'와 상황에서 전제되는 근거인 '막차의 도착시간이 10시다'에서 추정적 사실이 도출되는 것이다.

한편 장경회(1985)에서 부적절한 발화로 보고 있는 (3ㄴ)은 적당한 발화상황만 주어지면, 충분히 쓰일 수 있는 말이다. 그 경우는 발화로 제시된 근거와 함께 추정사실을 연결해주는 또 다른 근거인 '막차의 도착시간이 10시다'라는 사실을 화자만이 알고 있을 때이다.

(4ㄱ) A : 10시가 지난 걸 보니, 오늘 순이는 안 오겠다.
    B : 그러게 말이야. 막차 도착시간이 벌써 지났잖아?
(4ㄴ) A : 10시가 지난걸 보니, 오늘 순이는 안 올거야.
    B : 왜?
    C : 막차 도착시간이 10시거든.

이 (4ㄱ)과 (4ㄴ)의 대화에서 분명하게 드러나는 것처럼, '-ㄹ 것이-'가 쓰인 추정문에서는 추정을 할 수 있게 해주는 모든 근거를 화자만이 갖고 있으며, '-겠-'이 쓰인 추정문에서는 화자뿐만 아니라 청자도 추정의 근거를 모두 갖고 있다.

여기서, 우리는 '-겠-'과 '-ㄹ 것이-'의 사용을 제약하는 원리에 대해 잠정적으로 다음과 같이 가정해 볼 수 있다.

즉, '-겠-'은 청자도 화자가 가진 것과 같은 추정근거를 갖고 있는 상황의 추정에 사용되고, '-ㄹ 것이-'는 화자만이 추정근거를 갖고 있는 상황의 추정에 사용된다는 것이다.

(5) 와, 되게 ㄱ. 아프겠다.
　　　　　ㄴ. *아플거야.
(6) 곧, 꽃이 ㄱ. 피겠어요.
　　　　　ㄴ. 필거예요.

우리의 가정에 따르면, (5ㄱ)의 적절함과 (5ㄴ)의 부적절함을 잘 설명할 수 있다. (5ㄱ)은 어떤 사람이 길을 가다가 돌부리에 부딪히는 것을 보고 할 수 있는 말이다. 이 경우, 돌부리에 부딪힌 청자를 보고 '아프다'는 사실을 추정할 수 있는 근거는 청자가 돌부리에 부딪혔다는 사실 자체이다. 그런데 화자의 이같은 추정근거를 청자도 발화상황에서 분명히 함께 갖고 있으므로 '-ㄹ 것이-'에 의한 추정을 할 수 없고 '-겠-'추정문만이 가능한 것이다.

(6ㄱ)과 (6ㄴ)에 대해서도 앞의 가정을 가지고 충분히 설명을 할 수 있다. (6ㄱ)이 자연스럽게 쓰이는 경우를 생각해보면, 화자와 청자가 함께 꽃봉오리를 보고 있을 때이다. 이때 '꽃이 핀다'는 사실을 추정할 수 있는 근거는 '꽃봉오리가 돋아났다'는 사실인데, 이 사실 근거를 화자와 청자가 같이 갖고 있기 때문에 '-겠-'에 의한 추정을 하는 것이다. 반면에, (6ㄴ)이 적절하게 쓰일 수 있는 상황은 화자만이 추정의 근거를 알고 있는 때이다. 예를 들어, 많은 돈을 들여서 사간 매화 분재를 들고 와서 꽃은커녕 꽃봉오리도 나지 않는다고 불평하는 성질 급한 손님에게 분재가게 주인이 매화에 성장촉진제를 주사하고 난 뒤라면,

(6ㄴ)이 적절하게 쓰인다. 이때, 화자가 갖고 있는 근거는 '성장촉진제
를 주사했다'는 사실과 '촉진제를 주사하면 성장이 빨라져서 금방 꽃이
핀다'는 사실이다. 여기서 청자는 매화에 어떤 약을 주사하는 것을 보
았을 뿐, 그 약이 무엇이고, 어떤 효과를 가져오는가에 대한 사실적 지
식이 없기 때문에 (6ㄴ)의 화자는 '-ㄹ 것이-'에 의한 추정을 하게 된
다.

그러나 이 가정은 아직까지 만족스러운 것이 되지 못한다.

(7) 할머니 : 이 색(노랑색)으로 사다주면, 영찬이가 좋아하겠다.
　　엄　마 : 왜요? 저는 파랑색이 더 좋은 것 같은데요.
　　할머니 : 너는, 애 엄마가 돼가지고 아직까지 영찬이가 노랑색을 좋아하
　　　　　　는 것도 모르고 있니?
　　엄　마 : 그래요? 그럼, 노랑색으로 하지요.

(7)의 대화는 직장생활을 하기 때문에 아이의 기호를 잘 모르는 영
찬이 엄마와 집에서 영찬이를 돌보기 때문에 아이의 기호를 잘 아는
할머니가 옷가게에서 아이에게 사줄 옷의 색깔을 고르면서 할 수 있는
대화이다.

앞에서 세운 가정에 따르면 할머니가 '-겠-' 추정문을 쓰는 것은 화
자인 자신뿐만 아니라 청자인 엄마도 같은 추정근거를 갖고 있는 때이
다. 이 경우, 할머니가 '영찬이가 좋아한다'고 추정할 수 있는 근거는
'노랑색 옷을 사다준다'와 '영찬이가 노랑색을 좋아한다'는 두 개의 사
실이다. '노랑색 옷을 사다준다'는 근거는 이미 발화에 드러나 있어서
화자와 청자가 모두 알고 있다. 문제는 '영찬이가 노랑색을 좋아한다'는
근거사실이다.

화자가 '-겠-' 추정문을 사용했기 때문에 앞에서의 가정에 따르면,
청자인 엄마도 '영찬이가 노랑색을 좋아한다'는 사실을 알고 있어야 한
다. 그런데, 실제로는 청자가 이 사실을 모르는 상황에서 '-겠-' 추정문
이 사용되고 있는 것이다.

그러나 엄마의 말에 뒤이은 할머니의 질문을 보면, 추정발화를 했던
할머니는 청자인 엄마도 '영찬이가 노랑색을 좋아한다'는 사실을 아는

것으로 생각하고 말했음을 알 수 있다.

여기서 우리는 모든 문장이 결국은 화자의 믿음의 표현이라는 점을 상기해볼 필요가 있다. 실재하는 사실세계와 그 사실세계를 가리키는 문장은 어김없이 그대로 일치하는 것이 아니다. 예를 들어 "전화 왔다" 라고 우리가 말했을 때, 이 단정문이 실재하는 사실세계에서 전화가 온 일이 발생했음을 100% 보장하지는 않는다. 건넌방에 켜놓은 TV에서 나는 전화벨 소리를 듣고도 실제로 전화가 온 것으로 확신하고 "전화 왔다"라고 말하는 수가 있는 것이다. 모든 발화는 실재하는 사실과는 독립하여 화자 자신의 믿음을 드러내는 것이다.

그러므로 "전화 왔다"라는 말은 '나는 전화가 왔다고 믿는다'는 화자의 믿음을 표현한 것이다. 그 믿음은 실재하는 세계에서 참일 수도 있고 거짓일 수도 있다. 그러나 이런 참·거짓의 문제는 화자에게 중요한 것이 아니다. 이 말을 하는 화자의 입장에서 중요한 것은 '내가 그렇게 믿는다'는 것이다. 다시, 앞의 가정과 보기(7)의 문제로 돌아가자. 앞에서 설정한 가정이 안고 있는 문제는 그 기술관점을 실재하는 사실세계에 두었다고 하는 것이다. '화자뿐만이 아니라 청자도 같은 추정의 근거를 갖고 있는 상황'이라는 식의 기술은 실재하는 사실세계와 관련해서만 그 타당성을 따질 수 있다. 문장이 실재하는 사실세계와는 독립적으로 화자의 믿음을 표현한다고 할 때, 순간마다 변하는 발화상황에서 화자가 '청자도 자기와 같은 추정의 근거를 갖고 있는 것'이 실재하는 사실세계에서 참인지, 거짓인지를 분명하게 따져보고 말한다고 볼 수는 없다. 그저 그렇게 '믿고' 말할 따름이다. 그 단적인 보기가 바로 (7)에 드러난 할머니의 발화이다.

이와같은 생각들을 고려해 볼 때 우리의 가정을 수정하여 다음의 가설과 같이 나타내는 것이 더욱 합리적이다.

'-겠-' : 화자 자신이 갖고 있는 추정근거를 청자도 갖고 있을 것이라는 믿음을 표시하는 추정에 사용한다.
'-ㄹ 것이-' : 화자가 자신이 갖고 있는 추정근거를 청자는 갖고 있지 않을 것이라는 믿음을 표시하는 추정에 사용한다.

　그러면, 지금부터 기존의 연구에서 나타난 보기들을 가지고 여기서
세운 가설이 얼마나 타당성이 있는지를 좀 더 자세하게 검토해 보기로
한다.

　(8) A : 걔 언니가 작년 미스코리아야.
　　　B : 그러면, 걔 언니는 참 ㄱ.예쁘겠다.
　　　　　　　　　　　　　ㄴ. *예쁠거야.

　(8)은 장경희(1985:39)에서 '-ㄹ 것이-'가 '-겠-'보다 확실성이 있다
는 서정수(1978)의 논의를 반증하기 위해서 든 보기이다. 그녀는 '걔
언니가 작년 미스코리아다'라는 객관적인 확실한 증거가 존재하는데도
'-ㄹ 것이-'를 사용하면 부적절하고 '-겠-'은 적절함을 지적함으로써 서
정수(1978)을 반박하고 있다. 그러나 그녀의 지적은 반박에 그칠 뿐,
(8)의 상황에서 어째서 '-겠-'만이 쓰이는지에 대한 설명은 제시하지
않고 있다.
　이제 이 글에서 세운 가설로 그 이유를 설명해 본다. 가설에 따르
면, (8)에서 화자 B가 '-겠-' 추정문을 사용하는 것은 화자가 자신이
갖고 있는 추정근거를 청자인 A도 갖고 있을 것이라고 믿기 때문이다.
(8)의 경우 '걔 언니가 예쁘다'라는 사실을 추정하기 위해서 필요한 근
거는 두 가지의 사실이다. 하나는 '걔 언니가 작년 미스코리아다'라는
사실로서 이것은 A의 발화에서 이미 드러나 있다. 다른 하나는 '미스
코리아는 예쁘다'라는 사실인데, 이것은 밖으로 드러나 있지 않다. 그
러므로 (8)에서 화자 B가 '-겠-' 추정문을 사용하는 것은 청자인 A도
'미스코리아는 예쁘다'라는 사실을 알고 있는 것으로 생각하고 있음을
나타낸다. (8)의 상황에서 화자 B가 이렇게 생각하는 것은 매우 자연
스러운 일이다. 왜냐하면, '미스코리아는 예쁘다'라는 사실은 정상적인
사람은 누구나 알고 있는 일반적인 사실이기 때문이다. 더구나 (8)에
서 A가 '미스코리아'라는 말을 언급했음을 생각해볼 때, '미스코리아'
를 아는 사람이 '미스코리아는 예쁘다'라는 사실을 모른다고 생각할 수
는 없는 것이다.

이와는 대조적으로 (8)에서 화자 B가 '-ㄹ 것이-' 추정문을 사용한다
면, 이는 B가 자신이 가진 추정근거를 청자 A는 갖고 있지 않다고 생
각하는 경우가 된다. 추정의 두 근거 가운데 하나는 A의 발화에서 이
미 드러나 있으므로, 여기서도 문제가 되는 근거는 '미스코리아는 예쁘
다'라는 사실이다. 그러므로 (8)에서 '-ㄹ 것이-' 추정을 하면, 화자 B
만이 상식적인 사실인 '미스코리아는 예쁘다'라는 근거를 알고, 청자인
A는 이를 모른다고 생각하는 것이 된다. 그러나 '미스코리아'를 아는
사람이 그 말에 부여된 한 속성인 '예쁘다'를 생각해 내지 못하는 경우
는 일반적으로 거의 있을 수 없으므로 (8)의 상황에서 '-ㄹ 것이-' 추
정문이 부자연스러운 것이다.

> (9) 비가 ㄱ. 오겠다.
>   ㄴ. 올 것이다.

(9)는 성기철(1979)이 제시한 보기이다. 그는 지금 상황이 쾌청한
데, 어제 일기예보에서 오늘 비가 온다고 했을 때, 화자가 사용하는 문
장은 (9ㄴ)이 되며, 현재 하늘에 구름이 잔뜩 끼어 있고 화자가 일기
예보 등 어떤 정보를 갖고 있지 않을 때는 (9ㄱ)의 사용이 자연스럽다
고 보았다. 그리고 그 이유에 대해서는 '-겠-'이 현장 또는 현재의 경험
사실에 판단의 근거를 두고 있으며, '-ㄹ 것이다'가 과거의 경험사실에
판단의 근거를 두고 있기 때문이라고 설명했다. (9)가 쓰이는 구체적
상황에 대한 성기철(1979)의 관찰은 옳은 것으로 보인다. 그러나 그의
설명은 안명철(1983), 장경희(1985) 등의 논의에서 지적되는 것처럼
만족스럽지 못한 것으로 드러나고 있다.

이제 우리가 설정한 가설로 (9)를 설명해 보자. 먼저 (9ㄱ)의 경우,
'-겠-' 추정문이 쓰이는 것은 화자 자신이 갖고 있는 추정근거를 청자
도 갖고 있을 것이라는 믿음을 표시하는 경우이다. (9ㄱ)의 추정이 가
능한 한 상황은 성기철(1979)의 관찰처럼 지금 눈앞에 보이는 하늘에
구름이 잔뜩 끼어 있을 때이다. 이때 화자가 가진 추정의 근거는 두
가지로 생각해 볼 수 있다. 하나는 '하늘에 구름이 잔뜩 끼어 있다'라는

사실이고, 다른 하나는 '하늘에 구름이 잔뜩 끼면, 곧 비가 온다'는 사실이다. 그러므로 (9ㄱ)의 화자는 청자도 이 두 개의 추정근거를 갖고 있을 것으로 믿는 셈이다.

그런데 (9ㄱ)의 발화 상황에서 청자가 이러한 추정근거를 실제로 갖고 있느냐, 있지 않으냐는 별개문제이다. 다시 말해 청자가 (9ㄱ)의 발화 순간에 추정근거를 갖고 있지 않은 경우에도 (9ㄱ)이 자연스럽게 발화될 수 있다.

예를 들어, A, B 두 사람이 방안에 앉아서 많은 대화를 나눈 뒤에 더 이상 대화를 이끌어나갈 화제를 찾지 못하고 잠시 침묵하고 있는 상황을 생각해 보자. 이때 한 사람이 대화상대로부터 시선을 옮겨 투명한 유리창을 통해서 구름낀 하늘을 보고는 어색한 침묵을 깨기 위해 (9ㄱ)을 발화해도 (9ㄱ)은 매우 적절하다. 이런 상황은 분명히 (9ㄱ)의 발화 순간에는 청자가 '하늘에 구름이 잔뜩 끼어 있다'는 추정근거를 갖고 있지 못한 상황인 것이다. 즉 화자가 표시하는 바와 실제로 청자가 처해 있는 상태가 모순되는 상황이다. 그러나 이 경우에도 (9ㄱ)이 쓰이는 것은 (9ㄱ)의 화자가 '-겠-'을 통해 자신이 가진 추정근거를 청자도 갖고 있을 것이라는 믿음을 표시함으로써 어떤 효과를 기대하기 때문이다. 곧 청자로부터 추정근거에 대한 관심을 이끌어냄으로써 결국, 자신이 하고 있는 추정행위에 청자를 동참시키는 것이다.

(9ㄱ)이 발화되는 순간, 이것을 듣는 청자는 '비가 온다'가 실제세계에서 참이 될 가능성이 있다는 내용과 함께 (9ㄱ)의 화자는 청자인 자신도 그 추정근거를 갖고 있을 것이라는 믿음을 표시하고 있다는 내용을 받아들이게 된다. 그래서 자신을 돌아보게 되는데 자신은 현재 아무런 추정근거를 갖고 있지 않다. 따라서 청자는 화자가 자신도 갖고 있을 것이라고 믿는 추정근거가 무엇인가에 대해 관심을 기울이게 되어, 이 경우 그 추정근거의 하나가 될 수 있는 '하늘에 구름이 잔득 끼어 있다'라는 사실을 눈앞에 실재하는 세계로부터 직접 확인하고, 또 자신이 이미 갖공 있는 세계에 대한 지식으로보터 '구름이 잔뜩 끼면, 비가 온다'는 사실을 끌어낸 다음, 화자와 같은 과정을 거쳐 추정행위를 반복하게 되는 것이다. 그러므로 이런 경우에는 좀처럼 (9ㄱ)의 청

자가 화자에게 "왜?"라는 질문을 하게 되지 않고 대체로 화자의 진술에 대해 동의하는 수가 많아서 '비가 온다'에 대한 추정을 사실로서 전제하고 다른 이야기를 이끌어내는 것이 자연스럽다.

그러면 지금부터는 (9ㄴ)에 대한 설명을 해보기로 한다. (9ㄴ)은 성기철(1979)의 관찰처럼, 지금의 상황은 쾌청한데, 어제 들었던 일기예보에서 오늘 비가 온다고 하였을 때 화자가 할 수 있는 말이다.

우리의 가설에 따르면, (9ㄴ)을 통해 화자는 자신이 갖고 있는 추정근거를 청자는 갖고 있지 않을 것이라는 믿음을 표시하는 셈이다.

이 경우, 설정한 상황에서 드러나는 것처럼 화자가 갖고 있는 추정근거는 두 개의 사실로 생각해 볼 수 있다.

'어제 일기예보에서 오늘 비가 온다고 했다'는 사실과 '일기예보는 대체로 들어맞는다'는 사실이 그것이다. 여기서도 뒤의 사실은 정상적인 사람은 누구나 알고 있는 일반적인 사실이므로 문제가 되지 않고, 화자가 자기만 갖고 있을 것이라고 믿는 사실은 '어제 일기예보에서 오늘 비가 온다고 했다'라는 것이다.

이때도 청자가 실제로 처해 있는 상태를 두 경우로 나누어 볼 수 있다. 하나는 화자가 알고 있는 일기예보의 내용을 청자도 알고 있는 경우이다. 예를 들어, 화자는 라디오에서 일기예보를 들었고, 청자도 이미 신문에 실린 일기예보를 본 경우이다. 이런 경우에는 (9ㄴ)의 청자는 "알아, 나도 신문에서 일기예보 봤어"라는 정도의 반응을 보인다. 곧, (9ㄴ)에서 화자가 '-ㄹ 것이-'를 통해 '일기예보에서 오늘 비가 온다고 한 사실을 너는 모를 것이다'라는 믿음을 표시한 데 대해, 화자의 믿음이 그대로 들어맞는 상태, 즉 청자가 일기예보에 대한 사전정보를 실제로 갖고 있지 않을 때 청자는 지금 날씨가 쾌청하기 때문에 추정내용에 대한 근거를 찾아내기가 쉽지 않다. 그러므로 이때 청자는 화자의 믿음을 그대로 인정하게 되는 것이다. 그런데, 여기서 자신이 가진 추정근거를 청자는 갖고 있지 않을 것이라는 화자의 믿음을 사실로 인정하고 난 뒤의 청자의 반응에는 두 가지의 경우가 있을 수 있다. 하나는 적극적인 반응으로서 화자만이 갖고 있다는 추정근거를 확인하기 위해 "왜?"라는 질문을 하는 경우이다. 이때는 이미 알고 있는 사실

로부터 끌어낸 어떤 근거를 제시하면서 묻는 경우가 많은데, "왜? 일기
예보에 비온다고 했니?" 정도가 된다. 다른 하나의 반응은 이와는 대조
적으로 (9ㄴ) 화자의 추정근거에 아예 관심을 보이지 않는 경우다. 따
라서 추정 내용을 받아들이는 일에서도 (9ㄴ)의 화자의 입장에 동의해
야 하는 부담감 없이 청자 자신의 판단에 따라 받아들이고 받아 들이
지 않는 것을 자유롭게 선택할 수 있게 된다.

한편, 화자가 자신이 갖고 있는 추정근거를 청자도 갖고 있다는 사
실을 분명히 알면서도 '-ㄹ 것이-' 추정을 쓸 수 있는가 하는 문제로
관심을 돌려보자. 더 말할 것도 없이, 이런 상황에 쓰인 '-ㄹ 것이-'는
매우 이상한 말이 되고 만다. 그렇다면 그 이유는 무엇일까? 우리의
가설로 어떻게 설명할 수 있을까? 앞에 있는 (9ㄴ)의 설명에서 잠시
언급했듯이, '-겠-'이 나타내는 내용인 '화자 자신이 가진 추정 근거를
청자도 갖고 있을 것이라고 믿는다'를 이 내용과는 전혀 상반된 실제세
계, 즉 화자가 가진 추정근거를 청자가 갖고 있지 않은 상황에서도 나
타낼 수 있었고, 또 그로써 화자는 청자에게 동의를 구하는 효과를 기
대하는 것을 보았다. 즉 이 경우는 실제세계에 대해 화자가 알고 있는
사실과 화자가 표시하는 믿음의 내용이 모순되는데도, 화자가 의도적
으로 사실과 다른 자신의 믿음을 표시하여 청자를 자신의 추정행위에
끌어들이는 긍정적인 효과를 거둘 수 있었다.

반면에, 자신이 가진 추정근거를 청자는 갖지 않을 것이라는 화자의
믿음을 표시하는 '-ㄹ 것이-'는 화자가 가진 추정근거를 청자도 갖고
있는 사실세계에 쓰인다면, 부정적인 효과밖에 거둘수 없기 때문에 정
상적인 발화로는 쓰이지 않는다. 이 문제를 좀 더 자세히 설명하기 위
해 (9ㄴ)에 구체적인 상황을 부여해 보자. 예를 들어, (9ㄴ)이 발화되
는 시각이 낮이고 날씨는 구름 한점 없이 화창하다고 하자. 또, (9ㄴ)
의 화자와 청자는 어제 오후 신문의 일기예보를 함께 보면서 이미 오
늘의 날씨 이야기를 나누었기 때문에 '일기예보에서 오늘 비가 온다고
했다'라는 사실을 알고 있다고 하자. 상황을 이렇게 설정하고 보면, 화
자가 가진 추정근거를 청자도 실제로 갖고 있는데, 화자가 '-ㄹ 것이-'
추정을 하는 것이 된다.

이런 상황에서 (9ㄴ)의 청자에게 일어나는 일의 과정은 다음과 같다. 먼저, '비가 온다'가 실제세계에서 참이 될 가능성이 있다는 내용을 받아들인다. 이와 동시에 (9ㄴ)의 화자가 청자인 나는 그 추정근거를 갖고 있지 않을 것이라는 믿음을 표시하고 있음을 알아챈다. 그래서 그러한 화자의 믿음이 맞는지, 다시 말해 청자인 내가 추정근거를 정말로 갖고 있지 않은지를 돌이켜본다. 돌이켜보니, 나는 어제 신문의 일기예보를 보았기 때문에 추정근거를 갖고 있음을 안다. 또, "(9ㄴ)의 화자와 함께 신문을 보았고, 날씨이야기도 함께 나누었던 기억이 있다. 그러니 (9ㄴ)의 화자가 나도 추정근거를 갖고 있음을 분명히 안다는 데에 생각이 미친다. 그런데, 지금 (9ㄴ)의 화자는 내가 추정근거를 모르는 것으로 믿고 있음을 표시했다. 그러므로 이것은 분명히 (9ㄴ)의 화자가 나를 놀리는 것이거나, 아니면 정신이 나간 것이거나 둘 중의 하나라고 생각하게 된다. 여기서 (9ㄴ)의 청자가 갖게 되는 이런 생각은 결국 (9ㄴ)의 화자에게는 불리하고 부정적인 반응이다. 그런데 이런 부정적인 반응을 화자가 기대하는 일은 정상적인 경우에서는 있을 수 없으므로, 발화가 되고 마는 것이다. 물론, 이때에도 일부러 미친 척하는 경우처럼 부정적인 (9ㄴ)은 비정상적인 반응을 이끌어내기 위한 의도를 화자가 갖고 있다면, (9ㄴ)도 실제의 발화에서 충분히 쓰일 수 있다.

지금까지 (8)과 (9)를 통해서 드러난 것처럼, 이 글에서 세운 가설은 상당한 설명력이 있다. 기존의 연구들을 주로 추정문이 발화되는 상황, 즉 사실세계에서 차지하는 근거의 설격에만 관심을 보였기 때문에 그 결과가 만족스럽지 못했다. 여기에 비해 이 글에서는 말이란 결국 사실세계와는 독립적으로 화자의 믿음을 표시한다는 데에 주목함으로써 다양한 문맥에서 쓰이는 '-겠-'과 '-ㄹ 것이-'의 용법상의 차이를 좀더 분명하게 설명할 수 있었다. 지금까지의 논의는 다음과 같이 정리된다. 첫째, '-겠-'은 자신이 가지고 있는 추정근거를 청자도 갖고 있을 것이라는 화자의 믿음을 표시한다. '-겠-' 추정문은 청자가 실제로 추정긍거를 갖고 있느냐, 있지 않으냐에 관계없이 모두 쓰일 수 있다. 청자도 실제로 추정근거를 갖고 있는 경우에 화자가 '-겠-'을 통해 그런 믿음을 표시하는 것은 당연한 일이다. 한편, 발화현장의 사실세계에 있는 청자의 상태와 '-겠-'을 통해 드러나는 화자의 믿음이 어긋나는 경우에도 '-겠-' 추정문은 사용될 수 있다. 즉 청자가 추정근거를 갖고 있지 않은데도 사용된 '-겠-'은 자신의 추정에 청자를 끌어들이는 화자의 의도적인 행위로 설명이 된다.

다음, '-ㄹ 것이-'는 화자가 갖고 있는 추정근거를 청자는 갖고 있지 않을 것이라는 믿음을 표시한다. '-겠-'과 비교하여 주목되는 점은 사실세계에 있는 청자의 상태와 '-ㄹ 것이-'를 통해 표시되는 화자의 믿음이 어긋날 때, 즉 청자도 화자 자신이 가진 추정근거를 갖고 있다는 사실을 화자가 분명히 아는 상황에서는 정상적인 발화로 쓰일 수가 없다는 사실이다. 청자가 화자에 대하여 부정적 반응을 보이기 때문이다.

3.2. '의도'의 '-겠-'과 '-ㄹ 것이-'

'-겠-'과 '-ㄹ 것이-'가 쓰인 발화는 '추정'뿐만 아니라 경우에 따라 화자의 '의도'를 나타내기도 한다. 다음과 같은 보기(안명철(1983))들이 그것이다.

(10) 내가 10시에 그곳에 ㄱ. 가겠다.
                              ㄴ. 갈 것이다.
(11) 나는 ㄱ. 못 가겠다.
            ㄴ. 못 갈 것이다.

안명철(1983)에서는 '-겠-'이 나타내는 '의도'는 '-겠-'이 뜻하는 불투명세계의 사건이 참일 현장적 근거가 의도로만 해석이 된다고 보기 때문에 '-겠-'의 본래의 의미를 벗어나지 않는다고 보는 반면, '-ㄹ 것이-'가 나타내는 의도는 부차적으로 지니는 의미이기 때문에 의도의 의미가 약해진다고 보고 있다. 그래서 (10ㄴ)과 (11ㄴ)보다는 (10ㄱ)과 (11ㄱ)이 의도의 의미가 강하다고 기술하고 있다. 그러나 이런 관찰은 잘못된 것으로 보인다.

(12) 나, 이제 집에 갈거야.

(12)가 쓰일 수 있는 구체적인 상황을 생각해 보자. 예를 들어, 집에 5~6살 먹은 어린이가 있는데, 집안에만 있는 것이 답답해서 엄마를 졸라 놀이터에 갔다고 하자. 2시간쯤 그네도 타고 미끄럼틀도 타면서 신나게 놀다가 그만 지쳐서 집에 가서 낮잠을 자고 싶은데, 엄마가 마침 놀이터에서 만난 동네 아주머니와 수다를 떠느라고 어린이에게 관심을 보이지 않을 때, 어린이가 떼를 쓰면서 할 수 있는 말이다. 떼를 쓰면서 할 수 있는 말이기 때문에 화자의 의도가 강하게 드러나는 상황인데도 이런 상황에서 '-ㄹ 것이-'가 '-겠-'에 우선하여 선택되는 것이다.

그리고, (11)은 의도로만 해석하기에는 무리가 있다. 순수하게 의도로만 해석되려면 부정부사 "못"이 "안"으로 바뀌어야 한다. 이런 점들을 고려해 볼 때, 안명철(1983)의 기술은 만족스럽지 못하다.

그러면, 화자의 의도가 드러나는 이런 보기들에 대해서 우리의 가설로는 어떻게 설명되는지 살펴보자. 먼저, 설명의 편의를 위해 (10ㄱ)이 쓰이는 실제 상황을 설정해 본다. 예를 들어, 한 학생이 집에 있는 지도교수에게 전화를 했다고 하자. 그 학생은 추가등록을 하려고 학교 경리과에 있다. 그런데, 담당 직원은 추가등록기간이 하루 지났다고 접수를 해주지 않는다. 다만 지도교수의 확인서명이 있으면 10시까지는 접수가 가능하다는 것이다. 전화를 한 학생은 이런 상황을 이야기하고 서명을 받기 위해 지도교수의 집을 방문해도 되느냐고 묻는다. 이때 전화를 받은 지도교수는 어려운 처지에 놓여 있는 학생을 도와주겠다는 생각으로 (10ㄱ)을 말할 수 있다.

이런 상황에서, 화자가 (10ㄱ)과 같이 말하게 되는 근거는 여러가지를 생각해 볼 수 있다. 먼저, 앞뒤 상황에서 드러나는 것처럼, '화자가 확인서명을 해야 한다'는 사실과 '화자가 10시에 학교에 가서 청자를 만나면 서명을 해줄 수 있다'라는 사실을 들 수 있다. 그러나 이 경우 이 두 사실만을 근거로 (10ㄱ)을 말할 수 있는 것은 아니다. (10ㄱ)은 일반적인 추정과는 달리, 화자 자신의 일에 관한 추정으로 행동의 주체가 화자 자신이라는 점이 주목된다. 따라서 (10ㄱ)은 서술어가 나타내는 행동을 할 수 있는 화자의 능력과 그 행동을 하려는 화자의 의도가 있어야만 참이 된다는 특성을 갖게 된다. 그러므로 여기서 '화자의 의도'와 '화자의 능력'도 앞의 두 사실과 함께 (10ㄱ)의 추정에 대한 근거로서 전제되어야 한다.

이제 우리의 가설을 따르면, (10ㄱ)을 듣는 청자는 다음돠 같은 인식과정을 거치게 된다. 곧, '화자가 10시에 학교에 온다'가 참이 될 가능성이 있다는 내용과 함께 '이 추정에 대한 근거를 청자도 갖고 있을 것으로 화자가 믿는다'는 내용을 인식하는 것이다.

이때 청자는 자신도 갖고 있을 것으로 화자가 믿는 추정근거가 무엇인자를 돌이켜 보게 된다. 돌이켜보니 화자가 (10ㄱ)을 말하게 되는 상황적 근거인 '화자가 확인서명을 해야 한다'와 '화자가 10시에 학교에 가서 청자를 만나면 서명을 해줄 수 있다'는 사실은 청자 자신도 이미 알고 있다. 또 한편으로 생각해 보니 (10ㄱ)은 화자 자신에 관한 일로서 행동의 주체가 화자이므로 화자의 능력과 의도가 있어야 참이 된다는 사실을 알게 된다. 그런데, 화자가 10시에 학교에 올 수 있는 능력이 있다는 사실도 청자가 평소에 이미 알고 있는 사실이다. 그렇다면, (10ㄱ)은 바로 지금 화자의 의도가 있어야만 참이 된다는 데에 생각이 미쳐서 결국 화자의 의도에 관심을 쏟게 된다. 즉, 발화시점에서 중요시되는 것은 이미 알고 있는 사실이 아니라, 새로운 사실이기 때문에 여기서 '화자의 의도'가 특별하게 부각되는 것이다.

이렇게 볼 때, (10ㄱ)에서 두드러지는 '화자의 의도'는 결코 '-겠-' 자체가 갖고 있는 의미는 아니라는 사실을 확인할 수 있다. '-ㄹ 것이-'가 보이는 '의도'에 대해서도 상황적 근거 사실만 다를 뿐, '의도'가 부각되는 이유를 같은 방법으로 설명할 수 있다.

한편, 앞에서 설정한 지도교수와 학생의 전화 대화 상황에 (10ㄴ)이 쓰일 수도 있다. 발화시점에서 화자가 갖고 있는 추정근거 사실을 청자가 모르는 경우이다. 예를 들어, 다른 이유로 지도교수가 10시에 학교에 가는 것이 학생이 전화를 걸기 전에 미리 결정되어 있는 경우이다. 그러므로, (10ㄴ)이 쓰이는 경우, 청자인 학생은 지도교수에게 고맙다는 느낌을 덜 갖게 된다. 이에 대해 (10ㄱ)이 쓰이는 경우는 '순전히 확인 서명을 해주기 위해 학교에 간다'는 의미가 뚜렷하기 때문에 학생은 지도교수를 매우 고맙게 여기게 된다.

　지금까지의 논의에서 드러나는 것처럼, '-겠-'과 '-ㄹ 것이-'에 대하여 이 글에서 설정한 가설은 '의도'의 의미가 두드러지는 경우에서도 여전히 상당한 설명력을 갖고 있다고 할 수 있다.

3.3. '-겠-'의 그 밖의 용법

　'-ㄹ 것이'와는 달리 '-겠-'에 대해서는 '추정'과 '의도' 외에도 '능력, 의견, 공손' 등의 의미가 있는 것으로 지적되고 있다. '-겠-'과 '-ㄹ 것이-'의 의미를 '추정'으로 보고, 다만 추정근거에 대하여 표시하는 화자의 믿음의 차이로써 이 둘의 용법을 구분하는 이 글의 입장에서 '-겠-'이 가진다고 지적된 이같은 여러 의미들을 설명해보기로 한다.

　　(13) 나도 그런 문제는 풀겠다.
　　(14) 이런 관점에서 숙어는 어휘의 범주에 든다고 보겠다.
　　(15) 다음 정착역은 종로 5가역이 되겠습니다.

　장경희(1985)는 이 보기에 대해 각각 순서대로 '-겠-'이 '능력, 의견, 공손'이라는 의미를 가진 것으로 지적하고 있다. 그러나 '-겠-'의 이런 의미들이 어디에서부터 나오게 되는가에 대한 구체적 설명은 제시하지 못하고 있다.

　이제 (13)을 살펴보면 상황에 따라서는 화자의 '능력'뿐만 아니라 '의도'도 느낄 수 있다. 여기서 '능력'이 더 부각되는 것은 일반적으로 문제를 푸는 데에는 '능력'이 전제되기 때문이다. 하여튼 (13)을 '능력'으로 해석한다고 해도 이 '능력'은 '-겠-'이 가진 본래의 의미는 아니다.

　여기서도 화자가 '-겠-'을 통해 나타내는 것은 '내가 그런 문제를 푸는 것이 사실이 될 가능성이 있다'는 것과 '이런 추정에 대한 근거를 청자도 가질 것으로 믿는다'는 것이다. 이때 (B)처럼 화자가 추정하는 근거는 바로 자신이 갖고 있는 능력에 대한 믿음이다. 즉, '내가 그런 문제를 풀 능력이 있다'는 믿음을 근거로 (13)을 말하는 것이다. 대체로 (13)은 청자가 화자의 능력에 대해 의문을 나타내는 상황이나 청자가 화자의 능력을 전혀 모를 때에 사용한다. 다시 말해, (13)은 화자가 청자에 대하여 표시하는 믿음과 청자가 발화현장의 사실세계에서 처해 있는 상태가 모순될 때에 쓰인다. 그러나 이때의 모순은 결코 모순 그 자체로서 끝나버리는 것이 아니다. 화자가 (13)의 '-겠-'을 통해 '청자도 추정근거를 가질 것으로 믿는다'는 내용을 표시하기 때문에 청자는 그때까지 자신이 갖고 있지 않은 그 추정근거에 적극적인 관심을 보이고 결국 '화자가 그런 문제를 풀 능력이 있다고 믿기 때문에 (13)을 말한다'고 인식하게 되는 것이다. 그러므로 (13)이 갖는 '능력'의 의미는 바로 이 과정에서 나오는 것으로 '-겠-' 자체가 '능력'을 뜻하는 것은 아니다.

(14)의 경우도 '-겠-'이 '의견'의 의미를 갖는다고 볼 수는 없다. (14)에서 '의견'의 의미가 있다고 느끼는 것은 '-다고 보-' 때문이다.

지하철에서 들을 수 있는 안내방송인 (15)에 대해서도 이 글에서 설정한 가설로 일관성 있는 설명을 할 수 있다. 먼저, 화자가 (15)를 말하는 근거는 '안내원으로서 지하철역에 대해 알고 있는 지식 즉, '다음역이 종로5가 역이다'라는 사실이다. 한편 (15)를 듣는 승객은 크게 두 부류로 나누어볼 수 있다. 한 부류는 지하철을 자주 타고 다녀서 안내원 못지 않게 지하철역의 순서와 이름을 훤히 알고 있는 승객이다. 다른 한 부류는 그렇지 못한 승객이다. 이때 (15)를 듣는 두 부류의 승객들에게는 어떤 일이 일어날까? 지하철역의 순서와 이름을 잘 아는 부류의 승객은 (15)에 대해 저항감을 느끼지 않고 수용한다. 왜냐 하면, 화자가 청자에 대하여 표시하는 믿음과 사실세계에서 청자가 처해있는 상태가 일치하기 때문이다. 반면에 지하철을 처음 탄 승객은, (15)의 '-겠-'이 청자도 추정근거를 가질 것이라는 화자의 믿음을 표시하므로, 자신이 갖지 않은 근거를 찾기 위해 관심을 쏟게 되어 결국 '다음 역이 종로5가역이기 때문에 안내원이 (15)을 말한다'고 인식하는 것이다. 그런데 여기서 한가지 문제에 부닥치게 된다. 어째서 (15)의 경우, 분명한 사실을 근거로 그와 똑같은 내용의 사실을 추정하는가

하는 점이다. 즉, 확실한 사실을 왜 불확실하게 표현하는가 하는 문제
이다.

이 문제에 대해서는 두 가지의 설명이 가능하다. 먼저 (15)가 과연
올바른 말인가 하는 데 의문을 제기해 볼 수 있다. 비록 (15)처럼 사
실을 근거로 그와 똑같은 내용의 사실을 추정하는 표현이 실제 언어생
활에서 때때로 쓰이기는 하지만 (15) 같은 표현에 대해 무언가 어색하
다는 느낌을 갖는 것도 사실이기 때문이다. 즉, (15)를 부적절한 말로
보는 입장에 서면, 그 부적절성의 이유에 대해 확실한 사실을 '-겠-'을
통해 불확실하게 표현했기 때문이라고 설명할 수 있다.

이와는 반대로 (15)를 적절한 말로 받아들인다면 다른 방법이 설명
이 있어야 한다. 이 경우 우리는 '-겠-'이 표시하는 '추정'과 화자의 믿
음 가운데 화자의 믿음에 더 주목해야 한다. 곧, '-겠-'이 표시하는 화
자의 믿음 때문에 (15)의 청자도 자신이 처해 있는 실제의 상황과는
관계없이 추정 근거인 '다음역이 종로5가 역이다'라는 사실을 알고 있
는 것으로 화자로부터 인정을 받고 있다는 것이다. 이것은 화자가 청
자를 화자 자신과 같은 능력을 가진 사람으로 대우한다는 것으로 확대
해석할 수 있다. (15)는 지하철역의 이름과 순서를 모르는 사람들을
대상으로 발화되는 말이다. 그런데 (15)의 화자는 이러한 청자들을 자
신과 같은 능력을 가진 사람으로 대우하는 것이다.

청자가 어떤 사실을 모르는 것을 분명하게 알면서도 화자가 이처럼
표현하는 것은 만에 하나, 청자도 화자가 가진 추정근거를 갖고 있을
경우를 대비한 매우 조심스러운 마음에서 나온 것이라고 볼 수 있다.
이렇게 본다면, (15)에서 묻어나는 '공손' 의미는 화자의 이런 조심스
러운 태도를 청자가 느끼기 때문이라고 설명할 수 있다.

지금까지의 논의에서 드러나는 것처럼 이 글에서 설정한 가설로써
'추정'과 '의도' 외에 '-겠-'에 묻어나는 여러 의미들이 어떻게 나오게 되
는가 하는 문제에 대해서도 일관성 있는 설명을 할 수 있었다.

4. 맺음말

이 글은 '-겠-'과 '-ㄹ 것이-'의 용법의 차이를 밝히는 것을 목적으로 하였다. 지금까지의 논의를 정리하면 다음과 같다.

'-겠-'과 '-ㄹ 것이-'의 차이를 분명히 하지 못한 기존 연구들의 결함을 극복하기 위해 먼저 두 개의 사실을 가정하고 논의를 전개했다. 첫째, 모든 추정에는 반드시 그 근거가 있다고 보았다. 둘째, 어떤 사실에 대해 그것을 추정근거로 이용하는 것은 화자로서 이 일은 주관적으로 행해진다고 보았다. 이런 기본적인 가정을 토대로 이 글에서는 다음과 같은 가설을 설정했다.

> '-겠-' : 화자가 자신이 갖고 있는 추정근거를 청자도 갖고 있을 것이라는 믿음을 표시하는 추정에 사용된다.
>
> '-ㄹ 것이-' : 화자가 자신이 갖고 있는 추정근거를 청자는 갖고 있지 않을 것이라는 믿음을 표시하는 추정에 사용된다.

이 가설에 대해 실제로 다양한 문맥에 쓰인 '-겠-'과 '-ㄹ 것이-' 구문의 보기를 갖고 그 타당성을 검토한 결과, 상당한 설명력이 있음을 알 수 있었다. 특히, '추정'과 '의도' 외에 '-겠-'에만 묻어나는 여러 의미에 대해서도 이 글에서 설정한 가설로써 일관성있는 설명을 할 수 있었다.

'-겠-'의 용법 가운데 두드러진 점은 청자의 상태에 대해 화자가 실제로 알고 있는 사실과 '-겠-'으로 표시되는 화자의 믿음이 모순될 때에도 사용된다는 것이다. 이것은 마치 거짓말을 하는 사람의 경우처럼, 청자로부터 자신에게 유리하고 긍정적인 반응이 있을 것을 기대하는 화자의 의도가 있기 때문이다.

참 고 문 헌

김용경(1990), 『현대국어의 미정법 연구』, 건국대학교 석사학위 논문.
서정수(1978), '-ㄹ 것'에 관하여', 『국어학』 6.
성기철(1979), 경험과 추정, 『문법연구』 4.
안명철(1983), 현대국어의 양상 연구, 『국어연구』 56.
이기용(1978), 언어와 추정, 『국어학』 6.
장경희(1985), 『현대국어의 양태범주』, 탑출판사.

---

* 이 논문은 『건국어문학』 제15·16합집(1991, 건대 국어국문학회)에서 옮겨 실은 것임.

현대국어의 양태 실현에 대하여

김 주 미

1. 머리말

인간 언어 활동의 실제는 통사 단위의 문장이라기보다는 그것들의 연속 과정인 발화이다. 화자는 발화를 통해서 일정한 정보를 전달하고 의사를 표현한다. 또 현실이나 어떤 사태에 부딪치게 되면 반드시 그에 대한 인식 및 정서적 태도를 수반하게 되며 이들이 문장에 더해짐으로 해서 문장이 완성된다. 이때 화자는 이들을 분명하게 전달하기 위해 보다 효과적인 언어 구조와 그에 적합한 표현 양식을 갖는다.

이러한 발화 가운데서 쓰인문장들은[1] 통사론적 층위나 의미론적 층위에서와는 다른 화용론적 층위에서의 구체적인 의미를 실현한다. 쓰인문장들은 보통 화자가 말하고자 하는 가능한 사태의 묘사 또는 상황 그 자체인 명제(proposition) 부분과 화자가 이에 대해 혹은 청자에 대해 갖는 자세, 믿음, 감정 등과 같은 표현 의미인 양태(modality)로 구성된다.

문장이 명제와 양태로 구성되어 있다는 논의들 가운데 황병순(1988 : 5,예문 18)에서는 국어의 문장 구성을 다음과 같이 제시하고 있다.

(1) 다행히, 그분은 빨리 안 돌아오시었$_1$ 었$_2$ 겠습더이다.

그리고 위의 문장을 명제요소 "그분은 빨리 안 돌아오시었$_1$"과 그 외의

---

1) 쓰인문장이란 발화 및 문장(text)내에서 실제 상황이나 다른 문장(sentence)과의 맥락에 의해 그 의미가 분명하게 드러나는 문장을 이름이다.

양태(황병순의 용어로는 양상) 구성 요소로 분석하고, 명제구성소에 조동사가 사건을 보다 잘 드러내기 위해 사용되는 것이라는 점에서 보조동사를 더하고 있다(1984). 이러한 분류는 문장에서의 명사들과 동사의 어간까지를 명제로 보는 것과는 달리 명제와 양태가 갖는 통사·의미론적 특성을 고려한 태도이다.

그러나 문장수식부사와 동사의 활용어미들의 일부를 양태 실현의 형식들로 본 위의 입장은 기능적 관점에서의 양태를 모두 논의한 것은 아니라고 생각된다.

양태는 철학이나 논리학의 개념으로 오늘날 자연언어의 의미 구명에 이용되고 있으며 서법이나 문체법 등과 함께 논의되고 있다. 외국인 학자들의 서법과 양태에 대한 연구 고찰 및 서법과 양태의 관계를 구명한 고영근(1986 : 386)에 따르면, 서법이란 사태나 현실에 대한 화자의 심리적 태도가 일정한 동사의 활용형 즉 선어말어미로 구현되는 직설법 등의 통사범주이고, 양태는 서법 형태 및 그밖의 어휘적 수단에 의해 나타나는 인식양태 등의 의미 자체를 가리키는 의미범주이다. 서정수(1986 : 116)과 이을환 외(1980 : 186)에서는 서법은 구문적으로 문장의 서술구절 속에 속하는 문법요소들에 의하여 말할이의 심리적 태도를 나타내는 의미기능적 특성의 문법범주로 정의하고, 필요에 따라 문말형태의 서법 기능인 문체법과 선행문말형태의 서법 기능인 양태로 구분하려는 태도를 보이고 있다. 그밖에도 선어말어미와 어말어미 등에 의해 실현되는 사건에 대한 화자의 정신적인 태도를 장경희(1985), 황병순(1984)에서는 각각 양태 및 양상으로 명명하고 있다.

이렇듯 문체법과 서법, 양상과 양태, 서법과 양태 등 명칭상의 혼란이 야기되고 있다. 뿐만 아니라, 선어말어미가 문장 내용에 대한 화자의 심리적 태도만을 실현한다거나 어말어미에 의해서는 화자의 청자에 대한 태도가 실현된다는 이원적 구분은 그 한계가 분명하지 않다.

따라서 필자는 양태를 발화 가운데서 사건이나 상태 자체를 서술하는 명제에 대한 화자의 정신적 태도 표현의 의미범주이며, 그것의 실현은 상당히 넓은 범위에 이르는 것으로 생각한다.

이제까지 국어의 양태에 관한 논의들은 첫째, 양태가 일정한 의미기능의 언어 현상이라고 생각하면서도 다른 문법범주들과는 달리 양태를 실현하는 형식들에 대한 개별적인 연구만이 있어 왔다. 그래서 국어에서 양태가 어떤 층위에서 어떻게 실현되고 있는지 전반적인 체계에 대해서는 논의되지 않고 있다. 둘째, 양태의 언어 형식이 포함되지 않은 상태의 발화와 그것이 참여한 쓰인문장과의 차이, 즉 무표형 : 유표형의 대립을 형식면으로나 내용면으로 자세히 기술되어야 함에도 일부에 국한하여 논의되어 왔다.

따라서 본고에서는 현대국어의 쓰인문장을 대상으로 각각의 언어 층위에서 양태가 실현되는 양상을 개괄하고 그것들의 의미기능을 논의하고자 한다.

2. 음운론적 층위에서의 양태 실현

음운론적 층위에서의 양태 실현은 의미가 변별된다거나 문장의 유형을 결정하는 음소 이외의 길이(length), 세기(stress), 높이(tone · intonation) 등의 운율적 특징에 의한다.

먼저 길이에 의한 양태는 형용사나 부사 등과 같은 정도의 차이가 있는 단어에서이다. 다음과 같은 예를 살펴보자.

(2) ㄱ) 그 바위는 크다.
ㄴ) 그 바위는 굉장히 크다.
ㄷ) 그 바위는 굉장히 크:다.
ㄹ) 그 바위는 굉:장히 크:다.

위의 예문에서 2-ㄱ)은 그밖의 문장들에 비해 화자가 사물에 대해 자신이 느낀 상태를 단순하게 서술한 것이다.[2] 그리고 2-ㄴ)은 부사에 의한

---

2) 2-ㄱ)보다 더 객관적인 표현이라고 생각되는 문장은 "바위가 크다"이다. 이에 대해 화자가 어느 하나를 지칭, 제한하려는 의도에서 관형어를 써 "그 바위가 크다"라는 문장을 발화한

어휘론적 층위에서의 양태 실현인데, 해당 사물에 대한 화자의 주관적인
판단이 더해져 있음을 알 수 있다. 더 나아가 2-ㄷ)과 2-ㄹ)에서는 각각
부사와 형용사에 길이를 부여하여 사물의 상태를 설명하고 있는 명제에다
강조의 표현 가치를 실현하고 있으며, 그 강도도 2-ㄱ) 2-ㄴ) 2-ㄷ) 2-
ㄹ)의 순서대로 점차 커지고 있다.

그외에도 다음과 같은 문장들을 살펴볼 수 있다.

(3) ㄱ) 저녁노을이 곱다.
　　ㄴ) 저녁노을이 참: 곱:다.
(4) ㄱ) 철수는 늘 공부한다.
　　ㄴ) 철수는 늘: 공부한다.

3과 4의 예는 같은 유형의 문장이나, 발화에 있어서는 차이를 보인다.
즉 3-ㄱ)에다 부사 "참"과 길이를 더하고 "곱다"에 길이를 더한 "곱:다"의 3
-ㄴ)은 단지 3-ㄱ)에 비해 명제 내용을 더 강하게 전달하려는 의미기능을
실현한 것이다. 그러나 4-ㄱ)과 4-ㄴ) 사이에는 화자의 의도가 달리 실
현되는 표현의 차이를 보인다. 그것은 문장 주체의 행위에 대한 화자의 태
도가 4-ㄱ)에서는 긍정적 -칭찬함-인데 반하여 4-ㄴ)에서의 그것은 부정
적 -비꼼이나 질투-인 점이다. 4-ㄴ)의 부정적 감정의 표현은 "잘했다"와
"잘:(자알)했다" 사이의 화용론적 층위의 양태 가운데 반어적 표현과도 같
다.

세기는 단어나 문장의 어떤 요소에 놓이는 음의 강도라고 정의할 수 있
으며, 일반적으로 지속이 수반된다. 본고에서는 세기가 통사적 단위의 표
시 혹은 규칙적인 경계 표시로서의 고정적 강세를 제외한다
이러한 세기는 화자가 문장 구성 요소 중 강조하고자 하는 내용을 의도
적으로 드러내고자 할 때 이용된다. 그리고 의문문에서 화자 자신이 청자

다. 나아가 '다른 것이 아니고 그'라는 것을 한정 혹은 대조를 나타내기위해 2-ㄱ)을 발화
한다고 보아지는데, 본 항에서는 논외로 한다.

에게 어떤 내용의 대답을 요구하고 있는지에 대한 의도를 실현하기 위해 쓰기도 한다.

의도적인 강조와 관련된 논의로는 이병근(1986 : ff. 11)이 있다. 발화 행위에 관해 언급한 위 논문에서 "이것이 책이다"의 부정은 문장의 주어를 주제화한 "이것은 책이 아니다"가 가장 자연스러운 문장이며, 주제화된 주어를 주의집중시키기 위하여 "이것은"의 "-은"에 강세를 둔다. 그리고 나아가 부정문 가운데 "책이"의 "-이"에 강세가 실현되면 단순한 부정 이외에 '그 책이 좋은 책으로서의 가치를 가지지 못한다'는 사실을 뜻할 수도 있으며, 그러한 점을 청자에게 역설하려는 화자의 의지를 나타낸다고 한다.

청자의 대답을 제한하는 의도 실현은 다음과 같은 문장에서 볼 수 있다.

(5) ㄱ) 영수야 어디 가니?
    ㄴ) 영수야 어´디 가니?
    ㄷ) 영수야 어디 가´니?

위 5의 예문들에서 5-ㄱ)의 대답으로는 "예, 학교에 가요" 혹은 "아니오, 아무 데도 안 가요" 등이 모두 가능하다. 그러나 5-ㄴ)과 5-ㄷ)과 같이 세기를 더하면 5-ㄴ)은 장소를 묻는 것으로, 5-ㄷ)은 가는지의 여부에 대한 질문으로 생각되고 따라서 그에 관한 대답을 기대하고 있는 화자의 태도를 볼 수 있다.

높이(tone · intonation)는 종결어미와 함께 문법적 대립을 이루어 문장 유형을 결정한다. 종결법, 화식, 문체법, 서법, 의향법 등으로 불리우는 문법범주의 기능은 화자의 청자에 대한 의사 및 태도 표시라고 논의되어 왔다.

그러나 실제적으로 서술, 의문, 명령, 청유, 약속, 허락 등의 문법범주는 종결어미나 높이에 의해서만 실현되는 것은 아니다.

(6) ㄱ) 나는 두 시에 거기에 있을게.

ㄴ) 나는 두 시에 거기에 있을 것을 약속한다.
(7) ㄱ) 창문을 닫아라.
ㄴ) (나는 너에게) 창문을 닫을 것을 명령한다.
(8) ㄱ) 너는 가라.
ㄴ) 너 안 가니?
ㄷ) 너 안 가면 죽일거야.
ㄹ) 너 안 가면 죽인다.

위의 문장에서 볼 수 있듯이 약속이나 명령 등의 의도는 해당 문법 형식에 의해서만 실현되는 것이 아니라 서술문에서 더욱 강하게(specific) 실현되고 있음을 알 수 있다(Lyons : 1977, ff. 728).

본고에서는 발화된 문장의 어말어미에 놓이는 높이가 일반적으로 수행하고 있다고 생각되는 것과는 다른 의미기능의 실현 양상을 살펴보고자 한다.

(9) ㄱ) 철수는 선량한 사람이야. ↓
영수가 책을 읽는다. ↓
ㄴ) 철수는 선량한 사람이야. ↑
영수가 책을 읽는다. ↑

9-ㄱ)의 예문들은 문장 끝을 하강시킴으로써 화자는 자신이 알고 있거나 그렇다고 믿고 있는 사실 및 상황을 단순히 서술하고 있다. 그러나 문장 끝의 높이를 달리하여 발화한 9-ㄴ)에서는 9-ㄱ)의 항들에서는 드러나지 않았던 화자의 심리적 태도를 알 수 있다. 즉 화자는 9-ㄴ)을 발화함으로써 문장 내용에 대한 반문 및 문장 주체에 대한 자신의 부정적 생각 - 경멸- 등의 언표내적 효과를 거둔다.

위에서 살펴본 바와 같이 음운론적 층위에서의 양태의 양상은 강세나 길이의 있고 없음에 따라, 그리고 문장 끝의 일반적인 높이에 변화를 줌으로써 무표형과 유표형의 대립을 보인다. 이 가운데 유표형의 문장 및 단어들은 양태를 실현하고 있으며, 위에서 논의한 것 이외에도 음운론적 층위에서의 양태 실현 양상은 다양할 것으로 생각된다.

3. 형태론적 층위에서의 양태 실현

형태론적 층위에서의 양태는 크게 파생과 굴절 및 반복에 의한다.

먼저, 파생에 의한 양태 실현은 접두사와 접미사 그리고 음성상징과 관련되는 내적파생에 의해서 이루어진다.

접두사 파생에 의한 양태 실현은 색체형용사 및 동사에 덧붙어 의미 첨가 및 보다 강한 화자의 색체 인식 표현의 예를 들 수 있다.

(10) ㄱ) 하늘이 파랗다.
  ㄴ) 하늘이 새파랗다. / 샛파랗다.
  ㄷ) 하늘이 시퍼렇다. / 싯퍼렇다.

10-ㄴ)과 10-ㄷ)은 10-ㄱ)의 형용사 "파랗다"에 접두사 "새(샛)-/시(싯)-"이 더해진 것이다. 이들 접두사는 상징모음의 대립체계에 따라 저모음의 작은어감과 고모음의 큰어감으로 각각 분화하고 있으며(채완 : 1987, 293), 어기와 모음조화를 이루고 있다. 여기서 우리는 화자가 10-ㄱ)보다는 10-ㄴ)을, 그보다는 10-ㄷ)을 사용함으로써 색깔의 농도에 대한 자신의 감정을 강하게 표현하고 있음을 알 수 있다.

이외에도 동사에 접두사가 통합된 형태는 다음과 같다.

(11) ㄱ) 그는 이제 갓스물이야.
  ㄴ) 쇠뿔에 들이받친 김서방이 몸져 누웠다.
  ㄷ) 나는 들고 있던 것을 내팽개쳤다.

예문 가운데 11-ㄱ)은 접두사 "갓-"으로써 화자가 문장 주체에 대해 '이제 막' 혹은 '겨우' 또는 '의외' 등의 감정을 실현하고 있음을 볼 수 있다. 그리고 "들이다"와 "내다"의 허사화 과정에 의해 점차 접사화하고 있는 "들이-"와 "내-"에 의한 양태 실현 양상은 11-ㄴ)과 11-ㄷ)과 같으며, 이들은 '몹시 세차게'란 의미를 나타내고 있다.

양태 실현의 접미사는 태접미사, 형용사 파생접미사 "-답-, -스럽-, -앟/엏-, -으스름하-" 및 사람의 호칭 아래에 붙어 높임을 실현하는 "-님" 등이 있다.

세상에 존재하는 모든 것들이 그 나름대로의 이유를 가지고 생성되었다는 문학적 표현을 빌린다면, 태(voice)를 실현하는 형식들은 언어에 따라 각기 다르기는 하지만 모두 일정한 의미기능을 갖는다. 국어에서 태는 형태론적, 어휘론적 및 통사론적 층위에서 이루어진다. 이들 가운데 "-당하다"와 "-되다"가 쓰인 문장의 양태를 살펴보면 다음과 같다.

(12) ㄱ) 인도가 영국을 점령하다.
　　ㄴ) 인도가 영국을 점령하였다.
　　ㄷ-1) 인도에게 영국이 점령당했다.
　　ㄷ-2) 인도에게 영국이 점령되었다.

"영국, 인도, 점령하다"로 이루어진 12-ㄱ)의 쓰인문장은 신문이나 잡지 등의 기사이며, 이에서는 객관성과 중립성이 보인다. 반면에 의도적으로 역사적 사실과는 정반대로 사건을 기술한 12-ㄴ)과 12-ㄷ)에서는 화자의 입장이 각각 인도와 영국에 치우쳐 있을 뿐만 아니라, 12-ㄷ)을 발화한 화자의 '인도에 대한 비난' 및 '영국에 대한 동정' 등의 정감성도 파악할 수 있다.

접미사에 의한 양태 실현의 두번째 기제로 형용사 파생접미사 "-답-"과 "-스럽-"이 있다. 이들 접미사는 문장 주체에 대한 화자의 태도를 실현하는데 그 예는 다음과 같다.

(13) ㄱ) 철수는 남자답다. / 군인답게 행동한다.
　　ㄴ) 순이는 어른스럽다. / 바보스럽다.

이들 접미사는 선행하는 주어 명사가 [+human]일 때, 대체로 "-답-"은 13-ㄱ)과 같이 주어가 해당 명사의 자질을 갖는 것이 긍정적이라고 생각되거나 그러한 자격이 있다고 인정될 때 통합한다. 반면에 "-스럽-"은

13-ㄴ)처럼 주어가 그만한 자격이 없는데 마치 그런 것처럼 행동한다는 화자의 부정적 측면의 정서을 나타내거나 〔+human〕 명사 가운데 좋지 못한 의미의 체언에 붙어 '그와 같이 못났다'라는 의미를 완결하는 것으로 생각된다.

그 외에 "붉다, 크다, 넓다"에 각각 "-ㅎ다, -다랗다"가 통합된 "빨갛다, 커다랗다, 널따랗다"는 접미사가 통합하기 이전의 형식들에 비해 '보다 큰'이라는 주관적 판단이 개입한 것으로 보이며, 그밖에도 형용사 파생 규칙 가운데서 "-다랗-, -직하-, -숙하-, -곰하-, -갑-" 등을 양태와 관련하여 논의하고 있는 이경우(1979), "-개" 파생에 의한 어린이 지칭 유정 명사 "오줌싸개, 똥싸개, 코흘리개, 침흘리개"가 '경멸'의 의미를 가진다고 논의한(송철의 : 1989)가 있다. 이와 같이 양태는 접미사들에 의해서도 실현되는 것을 알 수 있다.

내적파생에 의한 양태 실현의 양상은
첫째, 고모음 : 저모음의 대립이 있으며, 그 예는 14)와 같다.

(14) ㄱ) 빨갛게 / 뻘겋게 타오르는 불꽃이 아름답다.
　　 ㄴ) 쟁반 같이 동그란 / 둥그런 보름달이 하늘에 떠 있다.

둘째, 자음의 자질들에 의한 대립의 경우도 15)와 같다.

(15) ㄱ) 검게 탄 얼굴이 건강해 보인다.
　　 ㄴ) 캄캄한 골목은 혼자서 가기엔 무섭다.
　　 ㄷ) 깜깜한 밤이 되었다.

위의 문장 14에서 화자가 저모음에 의한 작은어감의 단어보다 고모음의 큰어감의 색체형용사를 선택하는 것은 색깔의 농도가 짙음을 나타내기 위함이거나, 색깔에 의해 수식되고 있는 주체들의 상태에 화자가 정감성을 더하고자 하는 의도에서이다. 또 15의 문장 가운데 화자가 평음의 형용사 어휘가 아닌 경음이나 격음의 어휘를 선택하는 것은 문장 14에서 큰어감의 단어를 선택하는 것과 같은 이유에서라고 생각된다.

반복에 의한 양태 실현은 단어 내부에서의 동의중복, 동일 문장 성분의 반복, 단어의 반복 등 그 실현 양상과 충위는 매우 다양하다.

> (16) ㄱ) 겨울방학에 나는 外家집에 다녀왔다.
> ㄴ) 몸이 아프면 병원엘 가야지 병원엘.
> ㄷ) 옛날옛날에 할머니와 할아버지가 살았는데.
> ㄹ) 그 일을 빨리빨리 해치우는 것이 좋겠다.
> ㅁ) 나라를 사랑하는 애국이 필요한 때다.
> ㅂ) 그 많고많은 사람들 중에 내 님은 어디에.

위의 문장 가운데 16-ㄱ)은 한자어 "外家"에 "驛前앞"이나 "腦裏속"처럼 우리말 "집"을 덧붙여 하나의 단어를 형성하고 있는데, 이는 의미의 강화 및 화자들의 한자어에 대한 이질성을 극복하려는 의식의 실현으로 생각된다. 16-ㄴ)의 문장에서는 부사어 "병원엘"을 반복하고, 16-ㄷ)과 16-ㄹ)은 각각 명사와 부사를 거듭하고 있는 양상을 보인다. 16-ㅁ)은 단어의 의미를 풀이하고 거기에다 해당 단어를 덧붙여 의미를 강조하고 있으며, 16-ㅂ)에서는 어미를 매개로 같은 동사를 반복하는 양상을 보이고 있다. 이들 반복 형식들은 언어 충위를 달리하지만, 기본적 의미기능은 강조이다.

굴절 형식에 의한 양태 실현은 특수조사, 격조사의 다른 쓰임, 동사 중간에 조사 개입, 접속어미와 활용어미들에 의해서이다.

쓰인문장 가운데 체언과 부사 및 문장에 연결되어 화자의 주관을 반영하는 특수조사는 물론, 격조사의 다른 쓰임에 의해서도 양태가 나타난다.

> (17) ㄱ) 우리집에서(부터) 학교까지 걸어서 10분이 걸린다.
> ㄴ) 철수는 학교에까지 가서 말썽을 피운다.

ㄷ) 철수는 학교에 가서까지 말썽을 피운다.
(18) ㄱ) 영이는 학교에 가고 싶었다.
　　ㄴ) 영이는 학교에 가고를 싶었다.
　　ㄷ) 영이는 학교에 가고는 싶었다.
(19) ㄱ) 순이가 대학을 졸업했다.
　　ㄴ) 순이가 대학을 졸업을 했다.
　　ㄷ) 순이가 대학을 졸업은 했다.

문장 17에서 17-ㄱ)의 "까지"는 시간적 공간적 구획을 정해주는 도달격의 기능을 하고 있다. 이것이 17-ㄴ)과 17-ㄷ)에서는 격기능을 상실하고 화자의 인식으로는 '말썽을 부리기에는 전혀 당치 않은 곳에서 조차'라는 주관적 판단과 그런 행위를 하는 주어에 대한 화자의 부정적인 감정을 실현하고 있다.[3]

그리고 18과 19의 문장은 각각 "가고 싶다, 졸업하다"의 서술어가 조사에 의해 내적확장된 것이다. 각 문장의 ㄱ)과 ㄴ)ㄷ)과의 차이는 다음과 같다. ㄴ)의 쓰인문장들은 각 예문 ㄱ)들의 강조 표현으로 생각된다. 그와는 달리, 18-ㄷ)은 '영이가 가고 싶긴 했으나 갈 수 없는 상황임'을, 19-ㄷ)은 '순이가 졸업은 했으나 취직을 못했다든가' 등과 같은 화자의 심리적 상태를 더해서 표현한 구조라고 생각된다.

동사 어간에 연이어지는 활용어미들에 의한 논의는 다양하게 이루어지고 있다. 그 가운데 강세를 실현하는 "-치-, -뜨리-"가 있다. 이들이 선행시킬 수 있는 동사 어간에는 심한 제약이 있으나, 동사 어간에 통합될 수 있는 어미들 중 가장 우선한다. 이 형식의 위상에 대해서는 일반적으로 두 가지 견해가 있다. 하나는 강세를 실현하는 보조어간으로 보는 견해이고, 다른 하나는 사동을 파생시키는 접미사로 보는 견해이다. 이들의 쓰임은 다음과 같다.

---

3) 물론, 예문 17의 "까지"를 17-ㄱ)에서는 통사·의미적 관계에서의 도달격 조사로, 17-ㄴ)과 17-ㄷ)에서는 '역시를 의미하는 동시에 일어날 가능성이 가장 적은 극단적인 예라고 화자가 판단함을 나타냄'의 의미를 가진 특수조사(채완 : 1997, 52)로 각각 그 범주를 달리한다면 격조사의 다른 쓰임은 아니다.

(20) ㄱ) 복남이가 유리창을 깼어요.

ㄴ) 복남이가 유리창을 깨뜨렸어요.

(21) ㄱ) 영이가 문을 밀었다.

ㄴ) 영이가 문을 밀쳤다.

20과 21의 각 ㄴ)의 문장들은 ㄱ)항들에 비해 화자는 문장 내용에 대한 강조와 더불어 청자에게 문장 주체가 행한 행동이 고의성이 있었음을 알리고자 하는 의도를 실현시키고 있다.

강세의 위 형식 다음에 오는 활용 어미는 "-시-"이다. 이는 쓰인문장이나 발화에서 화자가 문장 속의 주체에 대한 존경의 의도 실현을 위해 주격조사 "-께서"와 호응을 이루며 쓰이는 것이 일반적이다. 그러나 화자는 이 일반적인 상황을 고의적으로 위반함으로써, 더 나아가 "새끼"와 같은 욕설 및 "꼰대" 등과 같은 은어 따위를 씀으로써 자신의 심리적 태도를 실현하기도 한다. 이는 윗사람과 아랫사람, 선생과 학생, 정치가 혹은 국가 원수와 국민 등과 같은 대척적인 관계에서 보여진다. 즉 약자라고 생각하고 있는 국민, 학생, 아랫사람이 자신들보다는 강하고 힘이 있다고 여기는 상대에 대해 위의 일반적인 규칙을 깨뜨림으로써 부정적 감정을 표출하고 있다.

그리고 어떤 행위, 사건 및 상태의 시간적 위치를 나타내는 것으로 생각되어온 "-었-, -는-, -겠-" 등과 "-었었-, -었겠-, -었더-, -겠더-"의 양태 실현의 양상은 다음과 같다.

(22) ㄱ) 나는 밥을 먹었다. (완료)

어제 나는 밥을 먹었다. (습관)

나는 밥을 먹었으면 한다. (희망)

ㄴ) 해는 동쪽에서 떠서 서쪽으로 진다. (진리표현)

지구가 돈다. (진리표현)

ㄷ) 나는 밥을 먹겠다. (의지)

네가 가겠지? (의지)

그는 내일 출발하겠다. (추측)
어머니는 옛날에는 예뻤겠다. (추정)
ㄹ) 영수는 철수와 친구이었었다. (과거와의 단절)
ㅁ) 그때는 정말 못 참겠더라. (추정회상)
ㅂ) 예식장에 도착했을 때는 이미 끝났더군. (완료회상)

위의 문장들은 화자가 문장 내용에 대해 어떠한 태도를 가지고, 그것을 어떻게 파악하여 말하느냐에 따라서, 또 현재에서 과거의 사건들을 어떻게 인식하고 있는지를 표현하는 것이다. 위에서 논의한 "-겠-"을 이정민(1973)에서는 양상조동사로, "-더-"를 서정수(1986 : 128)에서는 보고성(reportive)의 양태범주로 다루고 있기도 하다.

그 외 화자 자신을 낮추고 청자를 높이는 의도 실현의 "-ㅂ-"이 있다. 화자는 상대방에 대해 격식을 갖추거나 상대방을 더 정중하게 대접하고자 할 때 이것을 통합한다.4) 또 주체존대어미 "-시-"만으로는 부족하다고 생각될 때 이를 덧붙인 "-십시-, -옵시-"로써 아주높임을 나타낸다(최현배 : 1937/1971, 358).

그 외 선어말어미에 의한 양태 실현의 형식은 직설법의 "-니-", 회상법의 "-디-", 추측법의 "-리-", 원칙법의 "-니-", 확인법의 "-것-, -엇-" 그리고 현대국어에서는 소멸된 감동법의 "-옷-, -ㅅ-" 등의 서법이 있다(고영근 : 1965 참조).

종결어미가 실현하는 문법범주는 화자가 자신의 언어 행위로 말미암아 청자가 무응답, 응답, 행위 등을 해 주기를 바라는 의향과 단언, 가정, 의지 등의 양태가 합해져 있음이 논의되고 있다(이상태, 1988). 그리고 서정수(1986)에서는 "-다" 서술형과 존대법상의 해라체를 기본으로 하여 다

---

4) 이것은 ㄱ) 선생님, 이리 앉으십시오.
　　　　ㄴ) 선생님, 이리로 앉으세요.
　에서 ㄱ)의 합쇼체와 ㄴ)의 반말체에 "-요"를 더한 해요체에서 보이는 차이이다. 위에서 언급한 것과는 반대의 경우, 즉 화자가 높임의 대상인 청자에게 격식을 갖추지 않고 친밀감을 나타내기 위해서는 ㄴ)의 문장을 발화하는 것이 보통이다.

른 종결 형식들과의 차이점을 비교한 결과 열 가지의 문체법 양상을 추출
하고 있다. 현대국어를 대상으로 양태를 논의한 장경희(1985)에서는 양태
소 "-네, -지, -구나" 등이 각각 '현재지각, 이미 앎, 처음 앎' 등을 실현
하고 있음을 밝히고 있다.

이와 같이 종결어미의 기능은 화자가 청자에 대한 태도를 표시하는 것
만은 아니다. 즉 서술은 문장 내용에 대한 화자의 인식이 객관적이고 사실
적임을, 의문은 사건에 대한 화자의 불확실의 심적 태도를 실현하고 있다.
또한 명령은 화자의 의지를 청자에게 실현시키려는 의도를, 청유는 화자가
문장 내용을 청자와 함께 하고픈 욕망을 표현한 것이다. 그밖에도 감탄은
화자의 명제에 대한 정감성을 표현하고, 허락은 문장 주체가 하고자 하는
행위에 대한 화자의 긍정적 태도 실현이고, 약속은 화자의 의지를 직접적
으로 표현하는 등 종결어미에 의해서도 다양한 양태 실현의 양상을 볼 수
있다.

이미 완결된 문장 다음에 붙어서 문장 전체를 강조하는 형식들이 있
다. 이런 형식들 가운데 권재일(1987)에서는 접속어미와 서법어미에 의해
실현되는 양태를 구명하고 있는데 그 예는 다음과 같다.

(23) ㄱ) 접속어미류가 결합한 경우
　　　철수가 학교에 갔다 {니까, 면서?, 나, 고(구)}
　　ㄴ) 서법어미류가 결합한 경우
　　　철수가 학교에 갔다 {ㄴ다, 느냐}

위의 문장들에서는 표현 내용이 청자에게 확인되었다는 것을 전제로 화
자의 감정적 태도 즉 강조를 실현한다고 한다.

그밖에도 다음과 같은 문장들이 있다.

(24) ㄱ) 걔는 벌써 갔습니다 그려.
　　ㄴ) 우리 집에 가자 응.
　　ㄷ) 저는요 지금요 갑니다요.
　　ㄹ) 선생님 말씀대로 하기는 하겠습니다마는.

24-ㄱ)의 문장에서는 감탄조사(최현배, 1937/1971 : 613)를, 24-ㄴ)에
서는 감탄사를 완결된 문장에 이어 각각 문장 내용을 강조하거나 청유의
권유를 반복하고 있다. 문장 24-ㄷ)은 주어와 부사에 어미 "-요"를, 그리
고 합쇼체 문장에 다시 "-요"가 덧붙은 형식이다. 화자는 장난삼아 혹은
주어와 부사를 두드러지게 하려는 의도에서 "-요"를 첨가한 것으로 생각
되며, 현대사회에서는 쓰이지 않는 것으로 생각되는 합쇼체 문장에 "-요"
가 접합된 형식은 과거 계급이 분명한 사회에서 아랫사람의 윗사람에 대
한 화법이었던 것으로 생각된다. 그밖에 24-ㄹ)에서는 화자의 양보 및 불
만 표시의 양태를 볼 수 있다.

어미들 가운데 문장과 문장 혹은 동사와 동사를 이어 주는 접속어미들
은 문장 내용에 대한 화자의 태도를 잘 반영하고 있다. 이는 화자가 전후
문장의 내용 관계를 어떻게 파악하고 있느냐에 따라, 또 화자의 감정에 따
라 문장의 연결 방식과 어미가 선택되기 때문이다.
　접속어미에 따른 몇몇 양태를 문장에서 살펴보자.

(25) ㄱ) 사람은 먹어야 산다.　(사실단언 및 조건·가정)
　　 ㄴ) 비가 그치면 가자.　(조건·가정)
　　 ㄷ) 영이는 공부를 열심히 해 우등생이 되었다.　(원인·이유)
　　 ㄹ) 요즘 아이들은 음악을 들으면서 공부를 한다.　(동시)
　　 ㅁ) 사람들은 잘 살려고 노력한다.　(의도·목적)

4. 통사론적 층위에서의 양태 실현

통사론적 층위에서 양태를 실현하는 언어 형식들로는 관형사형에 의존
명사가 뒤따르는 관용적 표현, 매인풀이씨 구문, 파생법의 다른 실현으로
서의 통사적 구성 및 분열문이 있다.

관형사형에 명사가 잇대어 양태를 실현하는 언어 형식 가운데 "-은 것
이다, -을 것이다"를 살펴보자.

(26) ㄱ) (하늘을 보니) 비가 올 것이다.
    ㄴ) (땅이 젖은 것을 보니) 비가 온 것이다.

이 두 문장은 화자의 심리적 판단을 표현한 것인데, 그 차이는 다음과
같다. 화자가 자신이 진술하려는 내용에 대해 확신을 갖지 못하고 다만
'그럴 것이다'라는 추측의 의도를 실현하기 위해서는 26-ㄱ)을 발화하는
반면, 26-ㄴ)은 어떤 사실에 근거하여 명제 내용에 대해 확신을 가지고
이야기할 때 선택되는 형식이다. 이러한 논지는 다음과 같은 문장에서 보
면 더욱 분명하다.

(27) ㄱ) 철수는 바보이다.
    ㄴ) 철수는 바보인 것이다.
(28) ㄱ) 철수가 도착했다.
    ㄴ) 철수가 도착했을 것이다.

위의 문장들의 ㄱ)과 ㄴ)의 차이는 명제 내용은 같으나, 화자의 명제
내용에 대한 확신의 정도에 차이가 있다. 즉 27-ㄴ)은 27-ㄱ)의 내용에
대해 화자가 확신을 가지고 있음을 나타내고, 28-ㄴ)은 28-ㄱ)의 내용을
단지 추측할 따름임을 나타내고 있는 것으로 생각된다.

그 외 "-어 먹다, -어 터지다, -어 빠지다, -어 죽겠다"와 같은 내포어
미를 매개로 내포문 동사와 매인풀이씨의 통합에 의한 양태 실현이 있으
며, 그 예는 다음과 같다.

(29) ㄱ) 그 이론은 틀려 먹었다.
    ㄴ) 전철은 사람들로 미어 터졌다.
    ㄷ) 냄비바닥이 닳아 빠져 구멍이 날 지경이다.
    ㄹ) 영수는 불고기 3인분을 혼자 먹어 치운다.

위의 문장들에서는 화자가 "이론, 전철, 냄비바닥, 영수" 등의 문장 주
체가 하는 행위 혹은 되어 버린 상황에 대해 '의외성, 놀라움' 및 '부정적

감정' 등을 실현하고 있음을 알 수 있다. 이에 대한 자세한 논의는 다음으로 미루기로 한다.

그리고 명사적 기능의 통사적 절차 가운데 분열문에 의한 양태 실현이 있다. 분열문을 이익섭·임홍빈(1983 : ff. 286)에서는 문장 성분들의 명사화라는 통사적 절차로, 또 권재일(1987)에서와 임성규(1989)에서는 강조의 문법범주 실현 방법들 중 통사론적 방법의 하나로 보고 있다.

(30) ㄱ) 신입생들이 오늘 오리엔테이션을 떠났다.
　　ㄴ) 신입생들이 오리엔테이션을 떠난 것은 오늘이다.
　　ㄷ) 신입생들이 오늘 떠난 것은 오리엔테이션이다.
　　ㄹ) 오늘 오리엔테이션을 떠난 것은 신입생들이다.

30의 예들은 문장 가운데 한 부분을 강조하기 위해 강조 부분을 제외한 나머지를 관형사형어미 "-은"으로 묶어 선행시키고 강조 부분을 서술어화 하였다. 이들을 프라그 학파의 CD(communicative dynamism)와 관련시켜 보면, 후행하는 서술 부분의 내용에 보다 중점을 두고 강하게 전달하고자 하는 화자의 심리적 태도를 실현한 것으로 생각된다.

그리고 "-게 하다, -게 되다, -도록 만들다, -어 지다" 등의 통사적 구성에 의한 피·사동 형식도 화자의 의도나 의지와 관련되는 의미 특성을 갖는 것으로 생각된다..

5. 어휘론적 층위에서의 양태 실현

어휘론적 층위에서의 양태 실현은 명사, 동사, 부사, 감탄사, 부정 형식 및 피·사동의 어휘적 실현에 의해서이다. 국어의 어휘들 즉 동사, 명사, 부사, 감탄사 등은 그 자체 내에 양태를 가지고 있다(고영근 : 1986 참조).

국어에서 양태부사는 문장 속의 서술어의 실질적인 뜻을 한정하는 부사와는 달리 화자의 태도를 나타낸다. 또한 한정 범위가 문장 전체에 미치며 문장 내의 이동이 자유로운 통사적 특징이 있다. 이와 같은 양태부사는 예를 들어, "혹시"는 "-ㄹ 것이다, -지 모른다, -ㄹ까" 등의 활용 형태들과만 공기하는 양상을 보이고 있다.

문장 내에서 양태부사의 있고 없음의 차이는 다음과 같다.

(31) ㄱ) 철수가 올 것이다.
ㄴ) 반드시 철수가 올 것이다.
ㄷ) 아마 철수가 올 것이다.
ㄹ) 기쁘게도 철수가 올 것이다.

위의 문장 가운데 31-ㄱ)은 화자가 '철수가 올 것임'을 단순히 서술하고 있다. 그러나 '철수가 올 사실'에 대해, 31-ㄴ)에서는 '확신'을, 31-ㄷ)에서는 '추측'을, 31-ㄹ)에서는 '기쁨'의 정감성을 각각 실현하고 있는 것으로 생각된다. 즉 화자는 양태부사가 가지고 있는 고유한 의미를 문장에 더함으로써 자신의 주관적인 심리적 태도를 실현하고 있다고 생각된다.

문장 수식 요소의 하나인 감탄사는 감동, 응답, 부름, 놀람 따위의 느낌을 나타내는 불변화사이다. 이 감탄사도 발화시에는 위에서 언급한 것과 같은 화자의 정서 및 의지를 표현하며 문장 어디에나 자유롭게 놓일 수 있다. 감탄사를 그것이 실현하는 양태를 중심으로 구분하여 논의한 신지연(1988 참조)이 있다(신지연의 용어로는 간투사임).

그밖에 문장 내용을 부정하는 형식으로 "아니"와 "못"이 있다. 이 두 부정 형식이 쓰인 문장은 다음과 같다.

(32) ㄱ) 철수는 공부를 안 했다.
ㄴ) 철수는 공부를 못 했다.

위의 두 문장에서 "아니"와 "못"은 부정의 실현이라는 의미기능은 같으나 양태 실현에 있어서는 차이를 보인다. 즉 32-ㄱ)은 문장 주체가 공부를 할 수 있는 여건이 마련되었음에도 '게으름이나 그밖의 자신의 의지에

따라 하지 않은 것'을 표현하고자 하는 화자의 의도에 따라 "안"이 선택
된 것으로 생각된다. 그와는 달리 32-ㄴ)은 화자가 생각하기에 문장 주체
가 '공부를 하고는 싶었으나 체력의 부족 혹은 그밖의 외부적 이유로 말
미암아 할 수 없었음'을 표현한 형식이다. 이 두 문장에서 우리는 화자가
주어가 가지고 있는 능력의 유무 판정과 더불어 각각 주어에 대한 질책
및 동정심 등의 정감성을 실현하고 있음을 볼 수 있다.

6. 화용론적 층위에서의 양태 실현

화용론적으로 한 문장 혹은 발화의 의미는 그것을 구성하는 어휘 의미
의 총계가 아니라, 이들 언어 형식에 일정한 다른 가치가 부여된다. 이러
한 화용론적 층위에서의 양태 실현은 완결 문장의 유표적 사용, 어순 바꿈
및 반어적 표현, 생략(말줄임) 등을 들 수 있다.

완결된 문장은 종결어미가 실현하는 문법범주에 따라 서술, 의문, 명령
등등으로 분류되고 있다. 그러한 분류의 문장들이 담화 차원에 이르러는
각기 다른 양상을 보이는데, 그것은 인간이 언어를 사용할 때 언어 형식이
갖는 의미대로 사용하는 것이 아니라 흔히 담화상에서 추론이나 함축 등
을 이용하여 자신이 의도하는 바를 간접적으로 드러내기도 하기 때문이다.
이렇게 형식 의미와는 다른 기능을 실현하는 간접화행의 양상은 다음과
같다.

    (33)   ㄱ) 선생님, 어디 가십니까?
        ㄴ) 아버지, 진지 잡수셨어요?
        ㄷ) 날씨가 무척 덥죠?
    (34) ㄱ) 영이야 방안이 덥지 않니?
        ㄴ) 네가 대신 가주겠니?
        ㄷ) 식사하러 안 가십니까?
        ㄹ) 이제부터 시작하도록 하겠습니다.
    (35) ㄱ) 너 정말 안 갈래?
        ㄴ) 철수야, 정말 안 먹을거니?

(36) ㄱ) 어이 춥다.
ㄴ) 목이 마르군.

위의 문장들이 언어 행위의 차원에서 실현하는 기능은 문장 유형과는 매우 다르다. 33의 예문들은 형식상 의문문인데, 이들이 대답을 요구하지 않는 친교적 기능을 목적으로 발화될 때는 의문문의 기본적 특성을 잃고 만다. 그래서 이 문장들은 화자가 청자에 대한 친밀감의 정서적 표현을 실현하는 데에 이용된다.

그리고 34의 예문들은 서술과 의문의 형식들을 이용하여 청유와 완곡한 명령을 실현하고 있다. 이는 청자에 대한 강한 명령이나 직설적 표현 및 화자 자신의 단언을 피하기 위한 의도로 발화된다.

그와는 반대로 35에서는 의문문을 이용해 강한 명령과 더불어 일종의 협박까지를 표현하고 있는 것을 알 수 있다.

그 외에도 36과 같은 서술적 발화가 웃어른의 독백인 경우에는 그것을 듣는 사람은 문을 닫거나 난로에 불을 지피거나 혹은 물을 떠오는 등의 행위를 유발시키는 명령 기능을 갖기도 한다다.

국어는 SOV언어로서 정치된 문장은 주어, 목적어, 술어가 차례대로 배열되는 어순을 갖는다. 그러나 화자가 단조로운 어조에 변화를 가하고자 하거나 문장 속에서 자신이 청자에게 어떤 특정 정보를 두드러지게 알리려는 의도를 실현하고자 할 때는 고의로 어순을 바꾼다.

도치된 요소가 강조를 실현한다고 생각되는 위치에 관한 논의는 세 가지가 있다. 하나는 강조되는 부분이 전치되어야 한다는 주장과 반대로 그것이 후치되어야 한다는 것, 그리고 후치되는 부분과 전치되는 부분 모두를 강조를 위한 어순 도치의 위치로 보는 것이 그것이다(임성규 : 1989, ff. 102). 도치가 되는 문장 성분은 서술어, 부사, 목적어, 보어, 독립어 등이다.

(37) ㄱ) 철수가 열심히 공부를 했다.
ㄴ) 열심히 공부를 했다, 철수가.

ㄷ) 철수가 공부를 했다, 열심히.
ㄹ) 공부를 철수가 열심히 했다.
ㅁ) 철수가 열심히 했다, 공부를.

위의 문장에서 37-ㄱ)이 가장 일반적인 어순의 문장 구성을 하고 있어서 무표적이라고 생각된다. 이에 비해 화자는 37-ㄴ)과 같이 주어를 맨 뒤로 옮겨 '누가'에 대한 "철수"를 강조하고, 37-ㄷ)에서처럼 '공부를 하긴 하는데 어떻게'라는 주어의 학습 태도를, 37-ㄹ)과 37-ㅁ)에서는 '무엇을'에 대한 대답으로서의 대상을 각각 청자에게 보다 강하게 주지시키려는 의도 실현을 위해 문장 성분들을 도치시키고 있다고 생각할 수 있다.

그밖에도 화자의 내면 의미와는 반대되는 언어 형식을 표면에 드러내는 반어적 표현에 의한 양태 실현을 살펴보자.

(38) ㄱ) 잘했다, 잘했어.
ㄴ) 그렇게 해서 깨지나.
ㄷ) 미워 죽겠어.
ㄹ) 멍게, 해삼, 말미잘 …….
ㅁ) 글쎄요.
ㅂ) 우리 생활이 정상이라고 생각해?
ㅅ) 아아 잊으랴 어찌 우리 그 날을.

위의 예들은 모두 표면 형식이 의미하고 있는 것과는 다른 화용론적 표현가치를 가지는데, 그것이 곧 양태이다. 38-ㄱ)과 ㄴ), 38-ㄷ)과 ㄹ)은 각각 청자의 행위와 상대방에 대한 화자 자신의 심리적 태도의 표현이다. 38-ㄱ)에서 화자는 "잘했다"라는 긍정적 표현을 빌려 직접적으로 잘못했다고 꾸짖는 것보다 더 심한 꾸지람을 하고있으며, 38-ㄴ)에서는 청자의 실수에 대한 비난을 볼 수 있다. 그와는 달리 38-ㄷ)과 38-ㄹ)에서는 좋아하거나 사랑하는 사람에 대한 화자의 심리적 태도의 실현을 볼 수 있다. 그러나 이들에서는 '지극히 사랑스러움'을 "미워 죽겠다"란 대척적인 표현을 빌려서, 또 생김새가 곱지 않은 사물을 들어 상대가 '아름다운 사람'

이라는 화자의 감정을 더욱 강하게 드러내고 있다. 그 외 예문 38-ㅁ)의 "글쎄"는 '예'도 아니고 '아니오'도 아닌 모호함의 양태 실현의 감탄사이며, "글쎄요"는 거기에 "-요"가 붙은 형식이다. 그러나 이것이 대답으로 발화될 때는 침묵과 함께 '강한 긍정'의 뜻으로 해석되어야 할 때가 있다고 한다. 그리고 38-ㅂ)과 38-ㅅ)은 각각 '비정상'과 '잊을 수 없음'을 반어적으로 실현하고 있는 것으로 생각된다.

말줄임 또는 생략이라 불리는 표면 형식들은 상당히 넓은 의미로 쓰여 왔다. 본고에서는 어떠한 성분이 생략 가능하고 어떠한 문장이 완전한 것인가하는 것은 논의하지 않고 우리가 실제로 쓰고 있는 문장들을 들어 그 것들이 실현하는 양태를 살펴보는데 그치고자 한다.

(39) ㄱ) 부르투스 너까지도 …….
    ㄴ) 열심히 공부를 하기는 했는데 …….
    ㄷ) 만나보기나 할 것을 …….
    ㄹ) 나갔다. 싸웠다. 이겼다.

위의 예들의 의미기능은 상황의존적이다. 화자는 문장에서 드러난 이외의 말을 줄임으로써 문장을 구성하는 성분들이 모두 갖추어진 것과는 다른 뉘앙스를 표현하고 있다. 39-ㄱ)에서 화자는 서술어를 생략하여 '청자의 행동이 화자에게는 전혀 의외임'을 표현하는 동시에 '강한 배신감'이나 '원망' 등의 복합 감정을 실현하고 있다고 생각된다. 또 39-ㄴ)에서는 상황에 따라 화자의 두 가지 상반되는 내심을 알 수 있다. 하나는 화자가 '스스로의 행위에 대한 자신감의 결여 표현'이고, 다른 하나는 '행위의 결과가 자신의 기대에 미치지 못한 것에 대한 불만족의 표현'이다. 또 37-ㄷ)과 같은 형식은 화자가 '자신의 행위에 대한 후회 및 아쉬움' 등의 심리적 태도와 정감성을 표현하고 있다. 39-ㄹ)은 주어 및 접속어미 등이 줄었거나 처음부터 서술어만으로 구성된 것으로 보이는 표어류의 언어 형식이다. 이는 문장 성분들이 줄지 않은 문장에 비해 승부를 걸고 무엇인가에 도전하는 상황에 있는 화자 자신이 '긴장감과 자신감을 가지려는 의도'에서 또는 누군가를 '격려하려는 의도'를 가진 이가 그의 의도를 실현하기 위해서 발화하는 것으로 생각된다. 또한 승부에 이긴 화자들이 그 '기쁨'을 보다 강하게 표현할 때 이러한 유형의 언어 형식들을 사용하는 것으로 보여진다.

7. 맺음말

이제까지 본고에서는 현대국어를 대상으로 양태 실현의 양상을 살펴보았다.

양태는 발화 가운데 쓰인문장에서의 의미 실현의 문제이므로 언어의 형식적인 측면보다는 기능적인 측면에서 고려되어야 할 것으로 생각된다.

쓰인문장은 명제와 양태로 구성되며, 사건이나 상태 자체를 서술하는 명제와는 달리 양태는 화자가 명제에 대한 정신적 태도를 표현하는 의미 범주이다.

이러한 양태는 의사소통을 하기 위해 표현되는 쓰인문장에서는 항상 수반되는 것으로 생각되며, 그것의 실현은 언어의 거의 모든 층위에서 이루어진다. 또 양태의 존립 근거는 그것을 실현하는 기제가 있고 없음의 형식적인 대립에 의해서이다

양태가 실현되는 양상은 다음과 같다.

첫째, 음운론적 층위에서의 양태 실현은 운율 자질인 세기와 길이의 유무 그리고 문장 끝의 일반적 높이의 변화 등에 의해 실현되는데, 대표적으로 화자의 문장 구성 대한 요소에 강조를 들 수 있다.

둘째, 형태론적 층위에서는 크게 파생과 굴절 및 반복 등으로 양태 실현의 기제를 분류할 수 있다.

파생에는 "새-, 시-, 갓-" 등의 접두사와 "-답-, -스럽-"의 형용사 파생접미사와 태접미사 및 모음과 자음 대립의 내적파생 등이 있다. 이들이 실현하는 양태는 화자의 주관적 판단과 긍정 혹은 부정적 태도 표현 외에도 강세 등의 정감성이다.

굴절에 의해서도 양태가 실현되는 것으로 보인다. 이에는 특수조사는 물론, 격조사의 일탈 현상과 동사의 내적 확장이 있다. 그 외에도 동사어간에 붙을 수 있는 요소들 중 가장 우선하는 강세보조어간을 비롯해 완결된 문장에 더해져 강조와 양보 등을 실현하는 어미에 이르기까지 그 실현 방법은 다양하다.

그 외에 반복에 의한 양태는 단어 내의 동의 중복, 문장 구성 요소의 반복 및 어미를 매개로 한 동일 동사어간의 반복이 있다. 이 반복은 형태 · 통사 · 의미론적 층위에서 다양하게 보여지는데, 이들의 기본 의미기능은 강조이다.

셋째, 통사론적 층위에서의 양태 실현의 기제는 점차 형태론적 구성으로 진화하는 것으로 생각되는 관형사형에 의존명사의 통합 구성과 태의 통사적 구성이 있다. 그외에도 "-것은 -이다" 형식의 분열문 구성이 있다. 이 분열문 구성은 후행하는 "-이다"에 실린 부분을 강조한다.

넷째, 국어는 명사, 동사, 감탄사 및 부사 등의 어휘들은 그 자체 내에 양태를 보유하고 있다. 이들 가운데 대표적으로 양태부사 및 부정을 실현하는 "아니"와 "못"을 살펴보았다. 양태부사가 삽입된 문장의 의미는 그것이 놓이지 않은 형식에 비해 이들이 갖는 고유의 의미기능이 더해진다. 나아가 이들 양태부사들은 공기할 수 있는 문체를 제한하기도 한다. 부정형식 "아니"와 "못"은 화자가 문장 주체에 대해 갖는 태도 실현 및 주어의 능력 유무를 판단하고 있다.

다섯째, 화용론적 층위에서의 양태는 일반적 문체의 다른 쓰임, 어순 바꿈, 생략, 반어적 표현 등에 의해서 실현되며 매우 다양한 화자의 정신적 태도를 실현한다.

이와 같이 현대국어에서의 양태 실현은 국어의 거의 모든 층위에서 이루어지고 있으며, 본고에서는 그 양상을 아주 개괄적으로 살펴보았다. 양태가 언어 표현의 기능적 측면에서의 논의이며, 넓게는 언어 사용이 곧 양태의 실현으로 인식할 수도 있어 그 범위를 한정하기란 쉽지 않다.

본고가 양태 실현의 개관을 목적으로 하고 있어 깊이 있는 논의를 하지 못했다. 또 위에서 살펴본 것 이외에도 양태를 실현하는 기제들이 더 있을 것으로 생각된다. 따라서 위에서 개괄한 양태를 보다 깊이 있게 논의하는 것과 본고에서 미처 다루지 못한 기제들에 대한 구명은 다음을 기약하고 자 한다.

참 고 문 헌

고영근(1965), 현대국어의 서법체계에 대한 연구 -선어말어미의 것을 중심으로 -, 『국어연구』 15, 국어연구회.

고영근(1986), 서법과 양태의 상관관계, 『국어학신연구』 1, 탑출판사.

권재일(1987), 문법범주 실현의 다양성에 대하여, 『한글』 196, 한글학회.

김경훈(1981), 국어의 양상구조에 대하여, 『개신어문연구』 1, 충북대 사범대학 국어교육과.

김명희(1984), 국어 동사 복합화 과정에 나타나는 의미자질에 대하여(2) -(v1+ 어 대다)와 (v1+와 쌓다)를 중심으로-, v 『성신연구논집』 19, 성신여대.

김주미(1988), 국어 복합동사의 의미론적 고찰, 동덕여대 대학원.

박선자(1983), 한국어 어찌말 연구, 부산대 대학원.

서정수(1986), 국어의 서법, 『국어생활』 17, 국어연구소.

송철의(1989), 국어의 파생어형성 연구, 서울대 대학원.

신지연(1988), 간투사 연구, 『국어연구』 83, 국어연구회.

심재기(1982), 『국어어휘론』, 집문당.

심재기(1988), 게일문법서의 몇가지 특징-원칙담의 설정과 관련하여-, 『한국문 화』 9.

이경우(1979), 파생어 형성에 있어서의 의미변화, 『국어교육』 39.40합병호, 한 국국어교육연구회.

이병근(1986), 발화에 있어서의 음장, 『국어학』 15, 국어학회.

이상태(1988), 국어접속어미 연구, 계명대 대학원.

이을환 외(1980), 『국어학신강』, 개문사.

이익섭·임홍빈(1983), 『국어문법론』, 학연사.

이정민(1973), 언어행위에 있어서의 양상구조, 『국어문법연구』, 계명대출판부.

임성규(1989), 현대국어의 강조법 연구, 충남대 대학원.

장경희(1985), 『현대국어의 양태범주 연구』, 탑출판사.

차현실(1986), 양상부사의 통사적 특성에 따른 의미분석 -'아마' '글쎄' '혹시' 를 중심으로-, 『말』 11, 연대 한국어학당.

채 완(1977), 현대국어 특수조사 연구, 『국어연구』 39, 국어연구회.

채 완(1979), 화제의 의미, 『관악어문연구』 4, 서울대.

채 완(1987), 국어 음성상징론의 몇 문제, 『국어학』 16, 국어학회.

최현배(1937/1971), 『우리말본』, 정음문화사.

황병순(1984), 국어 부사에 대하여, 『배달말』 9, 배달말학회.

황병순(1988), 국어 복문구조에 대하여, 『배달말』 13, 배달말학회.

Lyons, J.(1977), *Semantics*, Vol.1 & 2. Cambridge:Cambridge University
      press.

---

* 이 논문은 『논문집』 제31집(1990, 건국대학교 대학원), 11~31쪽에 실은 것을 다듬은 것이
  다.

의문문의 형식적 분류

박 기 완

1. 머리말

전통적으로 의문문에 대한 연구는 주로 움직씨, 그림씨, 잡음씨의 끝바꿈의 연구나 그 의미연구가 대부분이었다. 그리고 의문문의 종류를 나눔에 있어서도, 가부의문문, 의문사의문문, 간접의문문, 선택의문문, 부가의문문, 평서의문문, 반문의문문, 지시의문문 등과 같이 그 형식적인 면과 의미적인 면을 혼합하여 분류해 왔기 때문에, 그 이름만으로는 그 형식적인 면이나 의미적인 면을 완전히 파악하기가 어려웠다.

이 글의 목적은 의문문의 분류에 있어, 순수히 형식적인 면만을 고려한 분류를 시도해보는 데 있다.

2. 형태적 의문변형과 통어적 의문변형

이 글에서는 편의상 모든 의문문은 서술문에 의문변형이 가해져서 이루어진다고 본다. 변형생성문법에서는, 우리말의 의문변형은 의문어미나 의문사를 배치함으로써 이루어진다고 하는 바, 이 글에서도 이러한 의문변형의 개념을 그대로 이용해서, 형태적 의문변형과 통어적 의문변형이란 두 개념을 기본으로 의문문의 형식적 분류를 시도해본다.

형태적 의문변형이란, 하나의 서술문에 형태적 변형만이 가해져서 의문문이 만들어질 때, 이 변형을 일컫는 말이다. 형태적 의문변형으로는 풀이말의 물음꼴 끝바꿈이있을 수 있다. 그리고 통어적 의문변형이란, 서술문

에 통어적인 변형만이 일어나서 의문문이 될 경우, 이 변형을 일컫는 말이
다. 통어적 변형으로는 월성분의 차례바꿈이나, 삽입, 탈락, 대치 등이 있
을 수 있다.

(1) ㄱ. 수레가 네 살이다.
    ㄴ. 수레가 네 살이냐?
    ㄷ. 수레가 네 살이다고?
    ㄹ. 수레가 몇 살이냐?
    ㅁ. 누가 네 살이냐?

(1 ㄱ)은 형태적 의문변형에 의해 의문문(1 ㄴ)이 되었다. 여기서 (1
ㄱ)과 (1 ㄴ)의 차이점이란 오직 풀이말로 쓰인 잡음씨의 씨끝의 차이 뿐
이다.

이와는 달리 (1 ㄷ)은 (1 ㄱ)에 통어적 의문변형이 가해져 만들어진 의
문문으로서 그 차이는 단지 「-고」[1]의 유무에 있을 뿐이다.

그리고 (1 ㄹ, ㅁ)은 (1 ㄱ)과 비교하여, 잡음씨 씨끝의 차이 뿐만 아니
라, 각각 「네」가 「몇」으로, 「수레는」이 「누가」로 바뀐 차이가 있다. 이처
럼 형태적 변형 뿐만 아니라 동시에 통어적 변형까지 함께 가해져 의문문
이 이루어질 경우, 이 변형을 형태·통어적 의문변형이라 한다.

3. 형태변형 의문문

형태적 의문변형이 가해져서 이루어진 의문문을 형태변형 의문문이라
한다.

(2) 수레가 네 살이냐?

위의 예문(1 ㄱ)의 서술문에 형태적 의문변형을 가할 경우 (2)의 의문

---

1) 「-고」의 변이형태로 「-구」가 있다. 그리고 잡음씨일 경우, 「이다고」는 「이라고」로 바뀌는
   것이 자연스럽다. 그리고 통어변형의문문에 쓰이는 의문의 특수토씨로는 「-고」 외에도 「-
   지」와 「-며」가 더 있다.

문이 생겨날 수 있다. (2)의 예문은 가능한 모든 형태변형의문문의 대표
적 보기이며, 이때 풀이말의 씨끝으로는 「-느냐」 외에도 「-어/아, -지, -
으냐, -(는,을,던)가, -(는,을,던)고, -오, -소, -니」 등 여러가지가 올 수
있다.2) 그리고 그 여러가지 씨끝이 나타내는 의미에 따라 더 하위분류할
수도 있을 것이나 여기서는 의미적 분류가 목적이 아니기 때문에 더 이상
언급하지 않기로 한다. 위의 예문(2)는 의미적으로는 「수레가 네 살이다」
는 진술의 진위를 묻는 것이다. 이것은 전통적으로 가부의문문이라 불려오
던 것으로서 어떤 명제에 대한 가부나 진위를 묻는 의문문이다.

4. 통어변형 의문문

통어적 의문변형이 가해져 이루어진 의문문을 통어변형 의문문이라 한
다.

    (3) ㄱ. 수레가 네 살이다고?
        ㄴ. 저것을 보아라고?
        ㄷ. 수레가 네 살이냐고?
        ㄹ. 수레가 몇 살이냐고?
        ㅁ. 수레가 몇 살이다고?
        ㅂ. 무엇을 보아라고?
        ㅅ. 수레가 네 살이다지?
        ㅇ. 수레가 네 살이다며?
        ㅈ. 저것을 보아라지?
        ㅊ. 저것을 보아라며?

위의 예문들은 모두 통어적 변형만으로 의문문이 된 것들이다. 그리고
의미적으로는, 상대방이 말한 것을 상대방에게 확인하거나 또는 상대방이
말한 것 가운데 부분적으로 잘 알아듣지 못한 것을 되묻는 반문의문문이
다.
위의 (3 ㄱ,ㄴ)은 상대방이 말한 서술문과 명령문을 확인하기 위해 되

---

2) 여러가지 물음꼴 씨끝에 대한 살핌은 이 글의 목적이 아니므로 생략한다.

묻는 의문문이며, (3 ㄷ,ㄹ)은 상대방이 말한 의문문을 확인하기 위해 되묻는 의문문이고, (3 ㅁ,ㅂ)은 상대방이 말한 서술문과 명령문 가운데서 잘 알아듣지 못한 부분을 되묻는 의문문이다. 그런데 (3 ㄹ)은 보기에 따라서는 「수레가 네 살이냐?」라는 의문문에서 「네」를 잘 알아듣지 못하여서 되묻는 것으로 해석될 수도 있다.

전통적으로는 확인을 위한 의문문은 반문의문문이라 해왔고, 잘 알아듣지 못하여서 되묻는 의문문은 지시의문문이라 해왔으나, 이 둘은 그 문의 형식이 항상 「-고?」[4])로 끝난다는 점이 같기 때문에 여기서는 순수 형태적 분류에 입각하여 통어변형 의문문이라는 하나의 이름으로 합친다.

그리고 위의 (3 ㅅ,ㅇ)은 서술문에 「-고」 대신 「-지,-며」가 쓰여 의문문이 되었고, (3 ㅈ,ㅊ)은 명령문에 「-고」 대신 「-지,-며」가 쓰여 의문문이 되었다. 그리고 그 의미는, 「-지」가 쓰인 (3 ㅅ,ㅈ)의 경우는 제 3자의 서술문이나 명령을 상대방을 통해 확인하는 것이고, 「-며」가 쓰인 (3 ㅇ,ㅊ)의 경우는 상대방이나 제 3자의 서술문이나 명령을 상대방을 통해 확인하는 것이다. 이 「-지,-며」가 쓰인 의문문은 잘 알아듣지 못한 부분을 되물을 때에는 쓰이지 않는다. 다시말해 의미적으로 반문의문문이 될 뿐이지 지시의문문은 되지 못한다는 말이다.

그리고 통어변형 의문문에 쓰이는 「-고」를 어떻게 처리할 것인가가 문제이다. 통어변형 의문문에 쓰이는 「-고」는 본래 인용을 나타내는 특수토씨이었던 것으로 생각된다.

(4) ㄱ. 수레가 네 살이다고 말하느냐(생각하느냐)?
     ㄴ. 저것을 보아라고 명령하느냐?
     ㄷ. 수레가 네 살이냐고 묻느냐?
     ㄹ. 수레가 몇 살이냐고 묻느냐?
     ㅁ. 수레가 몇 살이다고 말하느냐(생각하느냐)?
     ㅂ. 무엇을 보아라고 명령하느냐?

위의 (4 ㄱ-ㅂ)은 (3 ㄱ-ㅂ)의 속구조라 생각된다. 따라서 (4 ㄱ-ㅂ)의 「-고」는 인용을 나타내는 특수토씨임이 분명하며 동시에 (3 ㄱ-ㅂ)의 「-고」도 그대로 인용을 나타내는 특수토씨로 볼 수 있을 것이다. 그러나 그

렇지 않고 (3 ㄱ-ㅂ)을 그 자체로 존재하는 의문문으로 본다면 이때의 「-
고」는 의문을 나타내는 특수토씨로 보아야 할 것이다. 또한 (3 ㅅ-ㅊ)에
쓰인 「-지,-며」는 의문의 특수토씨로 보아야 할 것이다.

5. 형태·통어변형 의문문

형태적 의문변형 뿐만 아니라 통어적 의문변형까지 동시에 가해져서 이
루어지는 의문문을 형태·통어변형 의문문이라 한다.

(5) ㄱ. 수레가 몇 살이냐?
    ㄴ. 누가 네 살이냐?

앞에서 든 예문 (1 ㄱ)에 형태·통어적 의문변형을 가하면 (5 ㄱ,ㄴ)의
두 가지 의문문이 만들어진다. (5 ㄱ,ㄴ)은 전통적으로 의문사의문문이라
불려왔으며, 이 경우 의문사 배치에 의한 통어적 의문변형 뿐만 아니라 형
태적 의문변형도 동시에 일어난다는 사실을 주목할 필요가 있다.

6. 중첩의문문

두개 또는 그 이상의 의문문이 경우에 따라서는 하나의 문으로 나타날
수 있으며, 이때 이것을 중첩의문문이라 한다.

(6) ㄱ. 수레가 네 살이냐, 세 살이냐?
    ㄴ. 수레가 네 살이냐, 나래가 네 살이냐?
    ㄷ. 누가 네 살이고, 누가 세 살이냐?
    ㄹ. 수레가 몇 살이고, 나래가 몇 살이냐?

위에 든 (6 ㄱ-ㄹ)의 의문문들은 모두 (7 ㄱ-ㄹ)과 같이 두개의 의문문
으로 나뉘어질 수 있으며, (6 ㄱ-ㄹ)과 (7 ㄱ-ㄹ)의 각각의 의문문들은 그
뜻에는 아무 차이가 없다.

(7) ㄱ. 수레가 네 살이냐? + 수레가 세 살이냐?

ㄴ. 수레가 네 살이냐? + 나래가 네 살이냐?

ㄷ. 누가 네 살이냐? + 누가 세 살이냐?

ㄹ. 수레가 몇 살이냐? + 나래가 몇 살이냐?

따라서 (6 ㄱ-ㄹ)의 의문문들은 (7 ㄱ-ㄹ)에서 보인 것과 같이 두개의 의문문이 하나의 문으로 나타난 중첩의문문이다. 이때 하나로 연결될 수 있는 의문문의 수는 제한이 없다. 즉 (8 ㄱ-ㄹ)에서 보듯이 무한히 많은 의문문들이 하나의 문으로 연결될 수.있는 것이다.

(8) ㄱ. 수레가 네 살이냐, 세 살이냐, 두 살이야...?

ㄴ. 수레가 네 살이냐, 나래가 네 살이냐, 누리가 네 살이냐...?

ㄷ. 누가 네 살이고, 누가 세 살이고, 누가 두 살이고...?

ㄹ. 수레가 몇 살이고, 나래가 몇 살이고, 누리가 몇 살이고...?

그리고 (6 ㄱ, ㄴ)은 (9 ㄱ, ㄴ)과 같이 그 뜻으로는 아무 차이가 없는 형태·통어변형 의문문으로 나타낼 수도 있다.

(9) ㄱ. 수레가 네 살과 세 살 가운데 몇 살이냐?

ㄴ. 수레와 나래 가운데 누가 네 살이냐?

(9 ㄱ)은 좀 어색한 듯이 보이나, 이것과 형식적으로 같은 (10)의 보기를 보면 쉽게 이해될 것이다.

(10) 너는 사과와 배 가운데 무엇을 먹느냐?

또한 (6 ㄱ, ㄴ)은 형태변형 의문문이 두개 연결된 의문문으로서, 이때 중첩의문문에서는 두개의 풀이말이 모두 물음꼴 씨끝으로 끝나고 있다. 반면 (6 ㄷ, ㄹ)은 형태.통어변형 의문문이 두개 연결된 의문문으로서, 이때 중첩의문문에서는 맨 나중에 오는 풀이말만 물음꼴 씨끝으로 끝나고, 그 앞에 오는 풀이말들은 이음꼴 씨끝으로 끝나고 있다.3)

---

3) 중첩의문문에서는 형태변형 의문문과 형태·통어변형 의문문이 각각 그들끼리만 연결되어 나타날 수 있다.

7. 내포의문문

의문문이 다른 문 안에 하나의 마디로 포함되어 있을 때, 이 포함된 의문문을 내포의문문이라 한다. 이것은 전통적으로는 간접의문문이라 불려왔으나, 「간접」이라는 말이 이 의문문의 특성을 제대로 밝혀주지 못하고 있어, 이 글에서는 「내포」라는 말을 쓰기로 한다.

(11) ㄱ. 너는 수레가 네 살인지 (아닌지) 아느냐?
    ㄴ. 나는 수레가 네 살인지 (아닌지) 안다.
    ㄷ. 너는 수레가 네 살인지 (아닌지) 말하여라.
    ㄹ. 너는 수레가 네 살인지 (아닌지) 아는구나.
    ㅁ. 수레가 몇 살이냐가 문제이다.
    ㅂ. 문제는 수레가 몇 살이냐이다.
    ㅅ. 나는 수레가 몇 살이냐를 묻고 있다.
    ㅇ. 문제는 수레가 몇 살이냐에 달려있다.

위의 (11 ㄱ-ㄹ)은 이러한 내포의문문을 가진 모문이 각각 의문문, 서술문, 명령문, 감탄문으로도 나타날 수 있다는 점을 보이며, (11 ㅁ-ㅇ)은 내포의문문이 각각 임자마디, 기움마디, 부림마디, 어찌마디로도 나타날 수 있다는 점을 보이는 것이다.

또한 내포의문문은 (11 ㅁ-ㅇ)에서처럼 완형보문으로 나타날 수도 있고, (11 ㄱ-ㄹ)에서처럼 「-ㄴ지」를 보문자로 하는 불구보문으로 나타날 수도 있다.[4]

8. 무변형 의문문

의문문 가운데는 아무런 의문변형의 흔적이 없이 단지 월가락만으로 서술문과 구별되는 의문문이 있는데, 이러한 의문문을 무변형 의문문이라 한다.

---

4) 완형보문과 불구보문에 대해서는 남기심(1973) 「국어 완형보문법 연구」를 참조할 것.

(12) ㄱ. 수레가 네 살이다?
    ㄴ. 저것을 보아라?

위의 (12 ㄱ,ㄴ)은 문의 끝에서 월가락이 내려가면 각각 서술문과 명령문이 되고, 월가락이 올라가면 무변형 의문문이 된다. 이처럼 무변형 의문문에서는 문 끝의 월가락이 상승조가 된다.

또한 (12 ㄱ,ㄴ)은 독백형 의문문으로서, 들을이나 답할이가 반드시 있어야 할 필요는 없다. 다시말해 이것은 의미적으로는 이미 존재하는 서술문이나 명령문에 대한 <u>말할이 자신의 의아심</u>을 나타내는 의문문이다.

9. 맺음말

필자는 지금까지 우리말 의문문을 그 형식적 특색에 따라 형태변형 의문문, 통어변형 의문문, 형태·통어변형 의문문, 중첩의문문, 내포의문문, 무변형 의문문의 6가지로 나누어 보았다. 그리고 그러한 분류의 기본에 형태적 의문변형과 통어적 의문변형이라는 두 개념을 이용하였다.

형태적 의문변형이란, 하나의 서술문에 형태적 변형만이 가해져서 의문문이 만들어질 때, 이 변형을 일컫는 말이다. 형태적 의문변형으로는 풀이말의 물음꼴 끝바꿈이있을 수 있다. 그리고 통어적 의문변형이란, 서술문에 통어적인 변형만이 일어나서 의문문이 될 경우, 이 변형을 일컫는 말이다. 통어적 변형으로는 월성분의 차례바꿈이나, 삽입, 탈락, 대치 등이 있을 수 있다.

6가지로 분류된 의문문 각각의 특색을 살펴보면 다음과 같다.

(1) 형태변형 의문문......형태적 의문변형만으로 이루어진 의문문.
(2) 통어변형 의문문......통어적 의문변형만으로 이루어진 의문문.
(3) 형태·통어변형 의문문......형태·통어적 의문변형으로 이루어진 의문문.
(4) 중첩의문문......두개 이상의 의문문이 하나의 문으로 연결되어 나타난 의문문.

이때 형태변형의문문과 형태·통어변형 의문문은 각각 그것들끼리만 연결될 수 있다. 그리고 형태변형 의문문들이 연결될 때에는 모든 풀이말이 물음꼴 씨끝으로 끝나지만, 형태·통어변형 의문문들이 연결될 때에는 맨 나중에 오는 풀이말만 물음꼴 씨끝으로 끝나고 그 앞에 오는 풀이말들은 이음꼴 씨끝으로 끝난다.

    (5) 내포의문문......다른 문 안에 하나의 마디로 포함되어 있는 의문문. 이 내포
        의문문은 완형보문으로 나타날 수도 있고, 「-ㄴ지」를 보문자로 하는 불구보
        문으로 나타날 수도 있다.
    (6) 무변형 의문문......의문변형의 흔적이 없고 단지 서술문 끝의 월가락만을 올
        려서 만드는 의문문. 이 무변형 의문문은 말할이 자신의 의아심을 나타내는
        독백형 의문문임이 특색이다.

이상과 같은 형식적 분류가 과연 우리말 의문문 연구에 얼마나 도움이 될 것인지는 아직 미지수이나, 이렇게 순수 형식적 분류와 그에 알맞은 이름으로 인해 우리말 의문문에 대한 인식이 좀더 명확해질 수 있다면 이 글의 큰 보람이 아닐 수 없다.

그리고 이와는 달리 의문문의 순수 의미적 분류 또한 가치 있는 일이라 생각되어 훗날 더 연구해 볼 것을 다짐한다.

참 고 문 헌

김 승곤(1986), 『한국어 통어론』, 서울, 아세아문화사
김 영희(1975), 의문문의 이접적 특성, 『문법연구』 2, 문법연구회
이 익환(1980), 의문문의 의미, 『어학연구』 16-2, 서울대 어학연구소
이 현규(1978), 국어 물음법의 변천, 『한글』 162, 한글학회
최 현배(1983), 『우리말본』, 서울, 정음문화사
허   웅(1983), 『국어학』, 서울, 샘문화사

---

* 이 논문은 『한글』 212호(1991, 한글학회) 89~100쪽에서 옮겨 실은 것임.

이유의 접속대용어 연구

조 오 현

1.

가리킴그림씨 '이러하다, 그러하다, 저러하다'에 이유의 이음씨끝 '-어서', '-으니까', '-으므로', '-기에', '-기로' 등이 결합하여 이유를 나타내는 대용어로 쓰이는 경우가 있다.

> 이래서, 이러니까, 이러느라고, ?이러므로, ?이러기에, ?이러기로, 그래서, 그러니까, 그러느라고, 그러므로, 그러기에, 그러기로, 저래서, 저러니까, 저러느라고, ? 저러므로, 저러기에, 저러기로

대용어는 앞선 문맥을 대용하는 문맥대용과 말할이와 들을이가 직접 보고있는 담화주변의 상황이나 의식속을 나타내는 상황대용으로 나누기도 한다(김일웅,1982). 가리킴그림씨 '이러하다', '저러하다' 에 이유씨끝이 결합하면 상황대용만 나타나고, '그러하다'에 결합하면 문맥대용과 상황대용이 모두 나타난다. 이 글은 문장층위에서 나타나는 이유표현 접속대용어의 화용상의 특징을 밝히는 것을 목적으로 한다. 따라서 '그러하다'에 결합되는 대용어를 대상으로 하되, 그 가운데서도 문맥대용어만 대상으로 살핀다.

2.

이유의 접속대용어'그래서','그러니까','그러느라고'등이 뒤에 오는 월의 풀이말 가운데 특정한 씨끝이나 낱말을 제약하는 경우가 있다.

(1) 가. 요즈음 사치풍조가 만연하고 있다. 「그래서, 그러므로, *그러니까」계층
　　　간의 갈등은 날로 심각하다.
　　나. 요즈음 사치풍조가 만연하고 있다. 「그래서, ?그러므로, *그러니까」우
　　　리는 검소한 생활을 계몽하는 캠페인을 벌이기로 했다
　　다. 요즈음 사치풍조가 만연하고 있다. 「*그래서, *그러므로, 그러니까」우
　　　리는 검소한 생활을 계몽하는 캠페인을 벌여야 한다.

(1 가)의 경우는 '그래서', '그러므로'가 들어가면 문법적인데, '그러니까'
가 들어가면 비문이 되며,(1 나)의 경우는 '그래서'가 들어가면 문법적이
고, '그러므로'가 들어가면 비문은 아니나 어색한 문이 되며, '그러니까' 가
들어가면 비문이 된다. 또, (1 다)의 경우는 '그러니까'로 접속된 월만 문
법적인 월로 기능한다. 이 경우 어떤 때에 비문이 되고 어떤 때에 문법문
이 되나 하는 점에 대해서는 의향법제약 임자말제약 등 문법적 제약관계
를 살핌으로 어느 정도의 윤곽은 알 수 있다.[1] 그러나 이러한 문 현상을
모두 밝힐 수는 없다. 가령 '그래서'나 '그러느라고'가 약속의 씨끝이나 시
킴법, 꾀임법을 제약하고, '그러므로'와 '그러기에'가 감탄씨 씨끝, 약속의
씨끝, 물음법, 시킴법, 꾀임법을 제약하는 것은 알 수 있으나, 의향법상의
제약이 없는 '그러니까'가 제약되는 경우와 마찬가지로 의향법과 관련되지
않은 제약도 있다. 이 경우는 화용이론을 토대로 검토하는 것도 한 방법이
라고 생각된다.

　Searle(1975)은 언표내적행위(illocutionary act)를 다음과 같이 분류
했다.[2]

① 기술형(Represententives)
　가. 진술, 기술, 주장, 예정, 분류 등과 같이 사건의 특정한 양상을
　　기술하는 행위
　나. state, describe, assert, explain, predict, classify, insist
② 지시형(Derectives)

---

1) 의향법제약은 조오현(1991) 참조.
2) 배태영(1987, 209-211) 요약.

가. 명령, 지시, 요구 등과 같이 청자로 하여금 무엇인가를 하도록 하
　　려는 의도를 가진 행위

나. order, command, request, instruct, plead, ask, invite

③ 구속형(Commissives)

가. 약속, 서약, 제공 등과 같이 장래의 어떤 일에 대하여 화자에게
　　구속을 주는 행위

나. promise, vow, pledge, offer, contemplate, bet, agree, intend

④ 표명형(Expressives)

가. 감사, 축하, 환영 등과 같이 어떤 사건들의 양상에 관하여 화자의
　　태도를 표명하는 행위

나. thank, congraturate, condole, welcome, greet, deplore

⑤ 선언형(Declaratives)

가. 선전포고, 성혼선언, 해고 등과 같이 말한 것에 대응하는 어떤 수
　　행이 이야기되는 행위

나. declare, appoint, veto, excommunicate, pronounce, sentence

위 다섯 개의 범주를 국어의 형태적 특성을 고려하여 체계를 세우면 다
음과 같다.

① 기술형

가. 진술(state) ; ~한다.

나. 단언(assert) ; ~이다.

다. 주장(insist) ; ~야 한다.

라. 예언(predict) ; ~일 것이다.

② 지시형

가. 명령(order) ; ~라

나. 물음(ask) ; ~냐?

③ 구속형

가. 약속(promise) ; ~마

나. 작정(intend) ; ~기로 (결심)했다.

④ 표명형

　가. 감사(thank) ; 고맙습니다.

　나. 축하(congraturate) ; 축하합니다.

　다. 위로(condole) ; 위로합니다.

　라. 환영(welcome) ; 환영합니다.

　마. 한탄(deplore) ; 한탄합니다.

⑤ 선언형

　가. 선언(declare) ; 선언합니다.

위는 Searle가 풀이말을 언표내적 행위에 따라 분류한 것인데, 국어를 이 체계에 대입시키면 기술형(진술, 단언, 주장, 예언)과 지시형(시킴, 물음)과 구속형(약속, 가정)은 씨끝으로 표현되고, 표명형(감사, 축하, 위로, 환영, 한탄)과 선언형(선언)은 풀이말로 표현된다. 교착어인 국어의 특성을 고려하여, 위 다섯 범주 가운데 씨끝과도 관련이 있는 ①기술형, ②지시형, ③구속형 만을 대상으로 해서 대용어와의 호응 관계를 살피면 다음과 같다.

　(2) 비가 온다. 그래서 우산을 산다.

　(3) 말썽을 부린다. 그래서 큰일이다.

　(4) 비가 온다. 그래서 우산을 사야 한다.

　(5) 비가 온다. 그래서 집에 올 것이다.

　(6) 비가 온다. 그래서 우산을 사느냐?

　(7) 비가 온다. 그래서 떠나기로 했다.

　(8) 비가 온다. 그러니까 우산을 산다.

　(9) 비가 너무 온다. 그러니까 우산을 사야 한다.

　(10) 비가 온다. 그러니까 집에 올 것이다.

　(11) 비가 온다. 그러니까 우산을 사라.

　(12) 비가 온다. 그러니까 빨리 가마.

이유의 접속대용어와 기술형, 지시형, 구속형과의 호응관계를 그림으로 나타내면 다음과 같다.

〈이유의 접속대용어와 언표내적 행위와의 호응관계〉

뒤월 \ 대용어	그래서	그러니까	그러느라고	그러므로	그러기에	그러기로
기술형 ~한다	○	○	○	?	○	×
기술형 ~이다	○	×	×	○	×	×
기술형 ~야 한다	○	○	×	?	×	×
기술형 ~일 것이다	○	○	×	○	×	×
지시형 ~라	×	○	×	×	×	×
지시형 ~냐	○	×	○	×	○	○
구속형 ~으마	×	○	×	×	×	×
구속형 ~기로 했다	○	×	×	×	○	×

이상의 내용을 요약하면 다음과 같다.

'그래서'는 「시킴」이나 「약속」의 이유가 되지 못한다.
'그러니까'는 「작정」이나 「단언」의 이유가 되지 못한다.
'그러느라고'는 「진술」과 「물음」의 이유로만 쓰인다.
'그러므로'는 「단언」과 「예언」의 이유로만 쓰인다.
'그러기에'는 「진술」, 「물음」, 「작정」의 이유로만 쓰인다.
'그러기로'는 「물음」의 이유로만 쓰인다.

3.

이유의 접속대용어는 이와같이 언표내적 행위와 관련되어 특정의 씨끝이나 풀이말을 제약하는 외에 접속대용어 뒤에 오는 임자말을 제약하기도 한다.

(13)가. 비가 온다. 그래서 우산을 사야 한다.
　　나. 비가 온다. 그러니까 우산을 사야 한다.

(13 가)와 (13 나)의 차이는 뒤에 오는 월의 임자말이다. 즉, (13 가)

의 경우 우산을 사는 주체가 말할이이지만 (13 나)의 경우 우산을 사는
주체가 들을이이다.

(14)가. 비가 온다. 그래서 우산을 사느냐?
　　나. *비가 온다. 그러니까 우산을 사느냐?

그러나 물음월에서는 다르다. (14 가)의 경우 우산을 사는 주체가 들을
이이며 물음의 초점이 「이유」에 있지만, '그러니까'로 접속된 (14 나)의 경
우는 비문이 된다.

(15)가. 비가 온다. 그래서 우산을 산다.
　　나. 비가 온다. 그러니까 우산을 산다.

(15 가)의 경우 뒤 월의 임자말이 말할이가 되지만, (15 나)의 경우는
뒤월의 임자말은 제3자이다. 이와 같이 '그래서'는 물음월을 제외하고는 모
두 뒤 월의 임자말이 말할이인 데 반해 '그러니까'의 경우 말할이가 임자말
로 쓰이는 경우는 없다. 이와 같은 임자말관계는 '그래서', '그러니까' 뒤에
Searle(1975)의 표명형에 해당하는 '고맙습니다, 축하합니다, 위로합니다,
환영합니다, 한탄합니다' 등을 대입시키면 더욱 명확해진다.

```
                  ┌  고맙습니다.
                  │  축하합니다.
   (16)   그래서   │  위로합니다.
                  │  환영합니다.
                  └  한탄합니다.

                  ┌  *고맙습니다.
                  │  *축하합니다.
   (17)   그러니까 │  *위로합니다.
                  │  *환영합니다.
                  └  *한탄합니다.
```

말할이의 심리나 태도를 표명하는 표명형이 '그래서' 뒤에는 호응이 자
연스러우나 '그러니까' 뒤에서는 제약되는데, 이는 '그러니까' 뒤에 오는 임
자말이 모순되기 때문이다. 즉, 표명형은 어떤 사건의 양상에 대하여 화자

의 태도를 표명하는 행위이므로 1인칭의 임자말을 필요로 한다. 그런데 '그러니까'는 뒤에 1인칭의 임자말을 제약하므로 '그러니까'와 표명형은 같이 나타날 수 없는 것이다.

그러나 표명형이라 하더라도 자기의 의견을 표명하는 것이 아닌, 제3자에 대한 태도를 관찰할 때는 '그러니까' 뒤에도 자연스레 올 수 있다.

(18)
```
┌ *고맙다.
│ 축하한다.
│ 위로한다
│ 환영한다.
└ 한탄한다.
```

(18)에서 '고맙다'가 제약되는 것은 '고맙다'의 말쓰임은 말할이의 의견을 표명할 때에만 쓰이기 때문이다. 그러나 남의 태도를 관찰하고 진술할 수 있는 '축하한다, 위로한다, 환영한다, 한탄한다' 등은 호응이 자연스러운데, 이때 뒤 월의 임자말은 모두 3자에 해당해 자기의 의견을 표명한 것이 아닌 진술형이기 때문이다. 앞에서 '그래서' 뒤에 오는 월은 「시킴」, 「약속」의 씨끝이 제약되고, '그러니까' 뒤에 오는 월은 「작정」의 뜻을 지닌 말이 올 수 없다고 했는데, 그 이유는 '그래서'는 말할이 자신의 의견이나 행위를 표명하는 이유로 쓰이기 때문에 들을이의 행위를 나타내는 「시킴」, 「약속」의 씨끝이 제약되며, '그러니까' 뒤에는 3인칭의 임자말만 오는데 풀이말이 말할이 자신의 심리를 나타내는 「작정」의 말이 올 경우 임자말이 모순되기 때문이다.

문맥대용이 아닌 상황대용의 경우도 '그러니까' 뒤에 표명형이 올 수 있다.

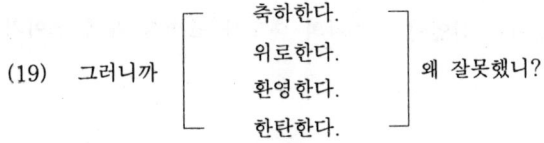

(19) 그러니까
```
┌ 축하한다.      ┐
│ 위로한다.      │  왜 잘못했니?
│ 환영한다.      │
└ 한탄한다.      ┘
```

　(19)의 경우는 임자말이 화자 자신인 월로 얼핏 보아 '그러니까' 뒤에 1
인칭의 임자말이 오는 것처럼 인식될 듯 하나, 이 경우는 문맥대용이 아닌
상황대용이며 문맥대용에서 '그러니까' 뒤에 1인칭의 임자말이 쓰이는 경
우는 없다. 이와 같은 방법으로 이유를 나타내는 접속대용어와 표명형, 선
언형의 호응관계를 살피면 그림과 같다.

〈이유의 접속대용어와 표명형, 선언형과의 호응〉

		그래서	그러니까	그러느라고	그러므로	그러기에	그러기로
표명형	고맙습니다	○	×	×	×	×	×
	축하합니다	○	×	×	×	×	×
	위로합니다	○	×	×	×	×	×
	환영합니다	○	×	×	×	×	×
	한탄합니다	○	×	×	×	×	×
선언형	선언합니다	○	×	×	○	○	×

　이상에서 이유의 접속대용어와 표명형, 선언형의 제약관계를 살폈다. 표
명형의 경우는 '그래서'와만 접속 가능하며, 선언형의 경우는 '그래서, 그러
므로, 그러기에'와만 접속 가능하다.
　'그러니까', '그러기로'가 표명형과 선언형을 모두 제약하는 것은 이들의
뒤 월의 임자말이 3자이어야 하는 조건에 위배되기 때문인 듯하며, '그러
느라고', '그러기에'가 표명형, 선언형을 제약하는 것은 이들이 행위와 관련
된 이유만을 나타내야 하는 조건에 위배되기 때문인 듯하다. 또, '그러기
로'가 표명형과 선언형을 제약하는 것은 '그러기로'는 상대의 행위가 적절
한 이유를 갖지 못할 경우 그 행위에 대해 강한 불만과 의문을 나타낼 때
에만 쓰이는데, 표명형과 선언형은 화자의 태도를 표명할 때에 쓰이기 때
문이다.

4.

이상의 내용으로 보아 이유를 나타내는 접속대용어의 문맥상의 제약은 의향법, 임자말, 언표내적 행위와 관련되는데, 이를 요약하면 다음과 같다.

'그래서' ;「약속」,「꾀임」,「시킴」의 이유대용으로 쓰이지 않는다.

'그러니까' : 의향법제약은 없으나 언표내적 행위와 관련된「작정」,「단언」과 표명형, 선언형에는 쓰이지 않으며, 뒤 월의 임자말은 1인칭을 제약한다.

'그느느라고' ;「단언」,「주장」,「예언」,「작정」,「시킴」,「약속」,「꾀임」과 표명형, 선언형에는 쓰지 않는다.

'그러므로' ;「단언」,「예언」등의 이유를 대용할 때 쓰인다.

'그러기에' ;「진술」,「물음」,「작정」의 이유를 대용할 때 쓰이며, '그러기에' 뒤에는 1인칭의 임자말만 온다.

'그러기로' ;「물음」의 이유를 대용할 때에만 쓰이며, 뒤에 나타나는 임자말은 1인칭을 제약한다.

참 고 문 헌

김일웅(1981), 우리말 대용어 연구, 부산대학교 박사학위 논문.
도수희(1987),『국어 대용어 연구』, 탑출판사.
배태영(1987),『현대 언어학 개론』, 서린문화사
신현숙(1989), 담화대용표지의 의미 연구,『국어학』19, 국어학회.
양동휘(1980), 기능적 대용화론,『한글』170, 한글학회.
조오현(1991),『국어의 이유구문 연구』, 한신문화사.

---

* 이 논문은『건국어문학』제19 · 20합집(1994, 건대 국어국문학 연구회), 657~682쪽에서 옮겨 실은 것임.

현대 국어의 매김마디 연구

허 원 욱

1. 머리말

이 논문은 현대 국어 매김마디의 통어적 구조를 연구대상으로 한다.

매김마디 풀이말과, 그것의 꾸밈을 받는 임자씨와의 통어적 제약관계를 살피고, 매김마디의 속구조를 통하여 매김마디의 통어적 특성을 살피는 것이 이 논문의 연구목적이다.

빠져나간 매김마디에서, 매김마디 풀이말의 씨범주와 빠져나간 월성분 사이에는 특별한 제약관계가 있는데, 이것이 이 논문의 촛점이 된다.

2. 매김마디의 특질

2.1 때매김법의 표시

매김 씨끝은 매김법 이외에 때매김법[1]을 동시에 나타낸다.

「-는」 : 매김마디의 풀이말이 움직씨일 때만 나타나며, '현실법'을 표시한다.

(1) 밥을 <u>먹는</u> 사람

---

1) 이 책의 때매김법 체계는, 허웅:국어 때매김법의 변천사 (샘문화사. 1989)에 따른다.

「-은」: 움직씨일 때에는 '완결법'을 나타내고, 그림씨.잡음씨일 때에는 '현실법'을 나타낸다.

(2) ㄱ. (움직씨) 밥을 <u>먹은</u> 사람
　　 ㄴ. (그림씨) <u>붉은</u> 꽃이 피었다.
　　　 (잡음씨) 나의 <u>친구인</u> 너.

「-을」: 일반적으로 '미정법'을 나타내지만, 때로는 때매김이 중화될 때도 있다.

(3) ㄱ. (미정법) 나와 함께 갈 사람은 여기 모여라.
　　 ㄴ. (중화) 옛날에는 <u>먹을</u> 쌀도 흔하지 않았어.

2.2 임자자리 토씨의 변형

속구조의 월이 겉구조의 매김마디로 바뀌면서, 임자자리토씨가 그대로 유지되는 경우도 있지만, 때로는 매김토씨로 바뀌는 일이 있다.

(4) ㄱ. 나의 살던 고향은… ⇐『내가 살던 고향』
　　 ㄴ. 나의 사랑하던 여인은… ⇐『내가 사랑하던 여인』

2.3 생성과정

〈홑월에서 변형〉

　〔 홑월 〕-ㄴ/ㄹ (머리말)2) ～ (풀이말)

_____

2) 매김마디의 매김을 받는 임자씨를 '머리말'이라고 하겠다.

「어제 신문에 나왔던 사람이 저기 간다」

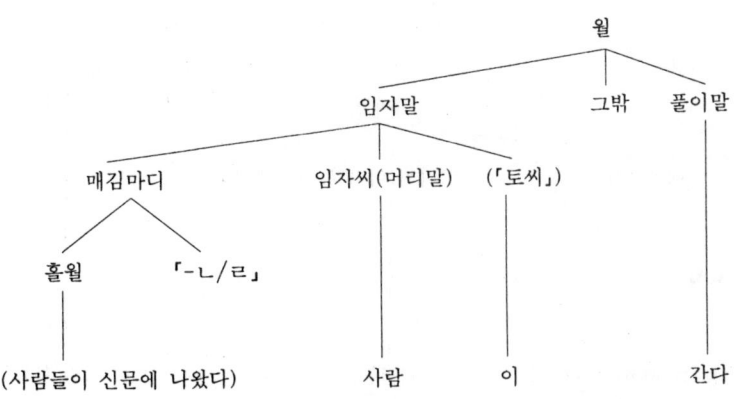

속구조의 홑월의 풀이말이 씨끝 「-ㄴ/ㄹ」로 활용하여 매김마디로 변형되는 경우이다. 이 때 속구조의 한 월성분이 빠져나가 매김마디의 매김을 받는 경우와, 아무런 성분도 빠져나가지 않는 경우가 있다.

〈겹월에서 변형〉

속구조의 겹월이 매김마디로 변형되는 경우이다
〔 겹월 〕-ㄴ/ㄹ (머리말) ~ (풀이말)

「먹고 마시고 즐기기만 하는 사람들은 반드시 후회하게 된다」

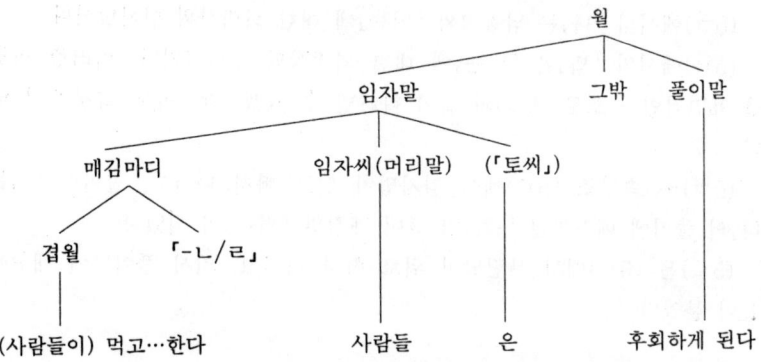

「배가 터지도록 밥을 먹는 사람들은 어리석다」

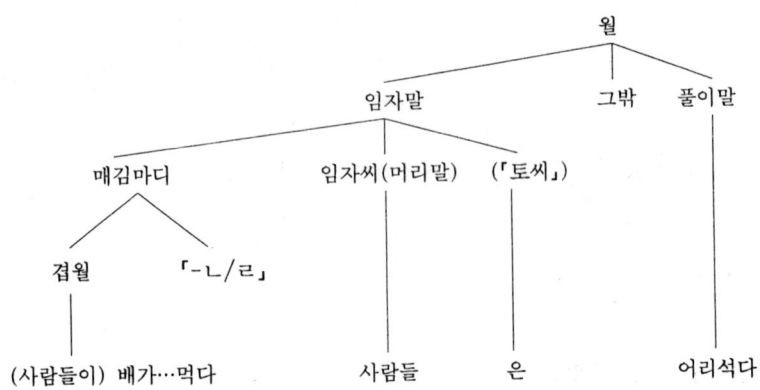

2.4 매김마디의 하위 분류

이 논문에서는 매김마디의 통어론적 구조를 설명하는 방법으로 '속구조'를 사용한다. 속구조란 어떠한 통어적인 구조가 내포하고 있는 속뜻을 표면적으로 표시한 것이다.

(5) ㄱ. 밥을 먹는 나
　　ㄴ. 내가 먹는 밥
　　ㄷ. 내가 밥을 먹는다.

(5ㄱ)에서의 「나」는 남움직씨 「먹는」에 대한 의미상의 임자말이다.

(5ㄴ)에서의 「밥」은 「먹는」에 대한 의미상의 부림말이다. 이러한 속뜻을 표면적인 구조로 (5ㄷ)과 같이 나타낼 수 있겠는데, 이를 '속구조'라 한다.

(5ㄱ)은 속구조 (5ㄷ)에서 임자말이 뒤로 빠져 나가고, 풀이말 「먹는다」의 줄기에 매김씨끝 「-는」이 붙어 매김말 「먹는」이 되었다.

(5ㄴ)은 (5ㄷ)에서 부림말이 뒤로 빠져 나가고, 역시 풀이말에 매김씨끝이 붙었다.

어떠한 매김마디와 그것이 꾸미는 임자씨와의 통어적 구조를 이렇게 속
구조로 돌이킬 수 있을 때는, 속구조의 어떠한 월성분이 위와 같이 뒤로
빠져 나가는 경우이다. 이러한 매김마디를 '빠져나간 매김마디'라 하는데,
각 월성분이 빠져나가는 방식은 다 같지는 않다. 각 월성분이 빠져 나가는
방식을 표로 보이면 다음과 같다.

〈각 월성분이 빠져 나가는 방식〉3)

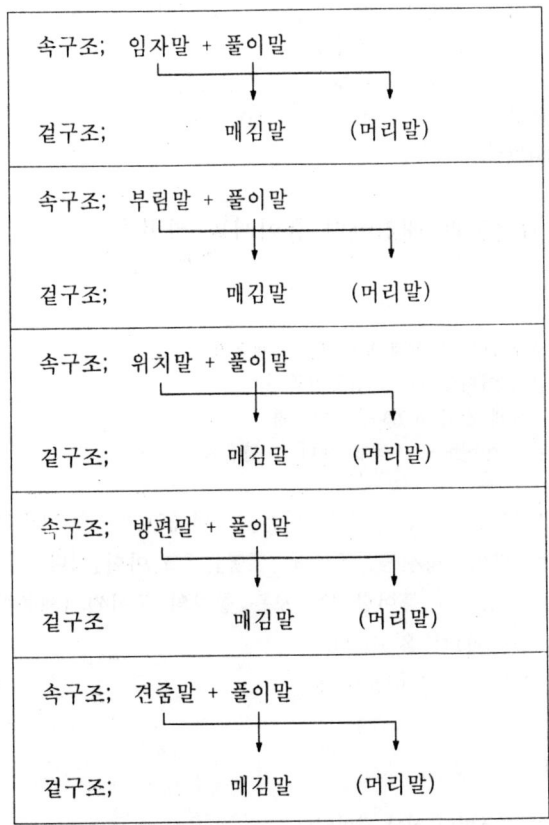

3) 허웅:우리 옛말본(840-841쪽 참조)

반면, 「나는 그곳에 간 일이 없다」

위와 같은 월에 있어서는, 매김마디의 매김을 받는 머리말 「일」이 매김마디를 만들 때에 뒤로 빠져 나간 것이 아니다. 이러한 매김마디를 '완전한 매김마디'라 한다.

이에 따라 매김마디는 다음과 같이 하위분류 된다.

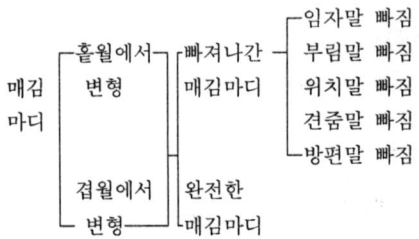

2.5 빠져나간 월성분과 매김마디 풀이씨의 씨범주

2.5.1 임자말 빠짐

(6) ㄱ. 서울에 가는 학생들이 역 앞에 모였다. : 제움직씨
   ㄴ. 밥만 먹는 사람이 어디있니? : 남움직씨
   ㄷ. 아름다운 꽃이 산에 많이 피었다. : 그림씨
   ㄹ. 천재인 그 아이는 이번에도 수석을 했다. : 잡음씨

(6)에서의 매김말 「가는」, 「먹는」, 「아름다운」, 「천재인」의 속뜻(속구조)의 임자말은 각각 그 뒤의 「학생들」, 「사람」, 「꽃」, 「그 아이」이다.

임자말이 빠져 나가는 경우의 풀이말에는 모든 종류의 풀이씨 (제움직씨, 남움직씨, 그림씨, 잡음씨)가 올 수 있다.

모든 풀이씨는 임자말을 가지기 때문이다.

2.5.2 부림말 빠짐

(7) ㄱ. 내가 먹은 빵은 제조일이 지난 것이었다.
   ㄴ. 그가 죽인 사람은 여자였다.
   ㄷ. 내가 그 때 찾던 책을 이제야 찾았다.

(7)은 부림말이 빠진 예인데, 남움직씨만이 매김말로 올 수 있다. 남움직씨는 부림말을 이끌기 때문이다.

「그는 학교를 갔다」라는 월을 매김마디로 변형하면, 「그가 간 학교」가 된다. 「가다」는 제움직씨이므로, 제움직씨의 경우도 부림말이 빠질 수 있다고 볼 수도 있다. 그러나 이러한 경우는 우리말 토씨의 중의적 성격에서 비롯된 것이므로 예외로 돌린다.

즉, 「학교를 갔다」는 「학교에 갔다」의 변이형으로 본다.

이렇게 보는 이유는, 어떠한 겉구조를 속구조로 돌이킬 때는 되도록 하나의 월성분으로 귀착하는 것이 좋기 때문이다.

그러므로, 「그가 간 학교」의 속구조는 「그가 학교에 가다」로만 보기로 한다.

2.5.3 위치말 빠짐

(8) ㄱ. 그녀가 <u>간</u> 곳에는 꽃이 많았다.
　　　그가 여기에 <u>온</u> 시간이 언제였더라?　: 제움직씨
　　ㄴ. 내가 그를 <u>묻은</u> 곳이 바로 저기다.
　　　누군가를 <u>사랑했던</u> 날들만을 기억해라.: 남움직씨
　　ㄷ. 사람이 <u>없는</u> 곳에는 가지를 마라.　　: 그림씨

(8)은 위치말이 빠진 예로서, 속뜻에서 위치말을 이끌 수 있는 제움직씨, 남움직씨, 그림씨가 올 수 있다.

2.5.4 방편말 빠짐

(9) ㄱ. 연필 <u>깎는</u> 칼을 가지고 오너라.
　　ㄴ. 그대를 <u>사랑하는</u> 마음을 알아 주시오.
　　　　⇐「마음으로 사랑하다」

(9)는 방편말의 빠짐으로, 속뜻에서 방편말을 이끌 수 있는 남움직씨만이 올 수 있다.

제움직씨가 올 수 있을 듯 하나, 올 수 없다. 다음의 매김마디는 우리말답지 않다.

> 『황혼은 밤으로 <u>변하였다</u>』
> → 「*황혼이 <u>변한</u> 밤」
> 『그 이는 나쁜 사람으로 <u>변하였다</u>』
> → 「*그이가 <u>변한</u> 나쁜 사람」

다음의 예문을 보면, 방편말이 빠져나간 매김마디의 풀이말에 제움직씨가 올 수 있을 것 같다.

> 『틈으로 물이 샌다』
> → 「물이 새는 틈」

그러나 이러한 예는 의미적으로 위치말이 빠져나간 것으로 보는 것이 좋다. 즉,

> 「물이 새는 틈」
> ←『틈에서 물이 샌다』

이렇게 보는 것도 역시, 겉구조를 속구조로 돌이킬 때는 되도록 하나의 월성분으로 귀착하는 것이 좋기 때문이다.

2.5.5 견줌말 빠짐

(10) ㄱ. 그가 함께 <u>가는</u> 저 여자.
　　　내가 어렸을 때 같이 놀던 친구들.　　: 제움직씨
　　ㄴ. 그가 함께 빵을 <u>먹는</u> 여자.
　　　범인이 그를 죽일 때 함께 <u>죽인</u> 공범.　: 남움직씨

(10)은 견줌말의 빠짐으로, 속뜻에서 견줌말을 이끌 수 있는 제움직씨와 남움직씨가 올 수 있다.

그림씨가 올 수 있을 듯 하지만, 올 수 없다.

『그 꽃은 민들레와 비슷하다』
  → 「*그 꽃이 비슷한 민들레」
『물이 옥처럼 맑다』
  → 「*물이 맑은 옥」

빠져나간 월성분에 따른, 매김마디의 풀이말의 씨범주는 다음과 같다.

〈빠져나간 매김마디의 풀이말의 씨범주〉

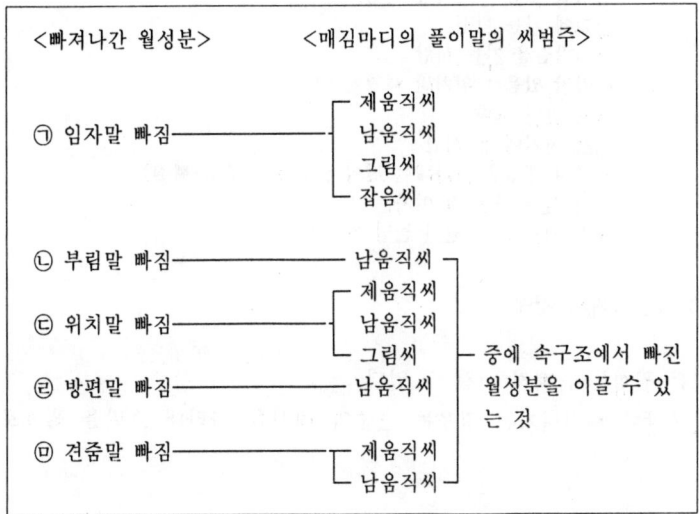

2.6 매김마디 풀이말의 씨범주에 따라 빠져나간 월성분을 가려내는 방법

매김말의 씨범주에 따라 빠져 나간 월성분을 가려내는 방법을 풀이하면 다음과 같다.

① 제움직씨의 경우:

임자말, 위치말, 견줌말이 빠지는 세 경우가 있다.

견줌말의 경우는 「같이, 함께, 다르다」 등과 같은 견줌의 대상을 나타내
는 말을 필요로 한다.

임자말과 위치말 중 어느것이 빠졌느냐 하는 것은 풀이말 앞의 월성분
에 좌우된다. 풀이말 앞에 임자말이 있으면 위치말이 빠진 것이고, 임자말
이 없으면 임자말이 빠진 것이다.

(11) ㄱ. 〈임자말 없음 : 임자말 빠짐〉
        학교에 <u>가는</u> 학생
        가시밭길을 <u>가는</u> 사람
    ㄴ. 〈임자말 있음 : 위치말 빠짐〉
        내<u>가</u> <u>살던</u> 고향
        그<u>가</u> 여기에 온 시간
    ㄷ. 〈견줌의 대상을 나타내는 말이 있음 : 견줌말 빠짐〉
        그가 <u>함께</u> <u>가는</u> 저 여자.
        내가 어렸을 때 <u>같이</u> <u>놀던</u> 친구들.

② 남움직씨의 경우:

모든 월성분이 빠져 나갈 수 있다.

<u>견줌말</u>이 빠져나가는 경우는 견줌의 대상을 나타내는 말을 필요로 한
다.

(12) 그가 <u>함께</u> 빵을 <u>먹는</u> 여자.

<u>방편말</u>이 빠질 때는 매김을 받는 임자씨(머리말)가 매김말 풀이씨의 도
구가 될 수 있을 때이다. 물론 매김말 바로 앞의 월성분은 부림말이 되어
야 한다.

(13) 풀을 <u>베는</u> 낫

위치말이 빠지는 경우의 남움직씨는 그 수가 많지 않다. -「보내다」,「먹이다」,「주다」 따위 - 이러한 남움직씨 앞에 부림말이 있어야 하고, 다시 그 앞에 임자말이 있어야 한다. (「밥을 보낸 사람」만으로는 「사람」이 의미상의 임자말인지 위치말인지 알 수 없다. 「그가 밥을 보낸 사람」처럼 임자말이 있어야 위치말의 빠짐이라는 것을 알 수 있다.)

(14) 내가 그를 보낸 곳이 바로 저기다.

「창고는 물건을 넣는 곳이다」 와 같은 예는 임자말이 없는 것이 일반적인 월의 형식이지만, 의미적으로는 「(사람이) 물건을 넣는 곳」 이 되므로 임자말이 있는 것으로 간주한다.

임자말의 빠짐인가 부림말의 빠짐인가를 결정하는데는 우선 매김을 받는 임자씨의 성격으로 판가름된다.

즉 「먹는 밥」의 경우는 이것만으로도 「밥」이 의미상의 부림말이라는 것을 쉽게 알 수 있다. 「밥이 먹다」가 성립되지 않기 때문이다.

그러나 이 경우, 매김말 앞의 월성분에 기대야 하는 경우가 있다. 즉 「먹은 사람」의 경우는, 그것만으로는 「사람」이 의미상의 임자말인지 부림말인지 알 수 없게 된다. 「식인종이 먹은 사람」과 같이 되면 「사람」은 의미상의 부림말이 되고, 「밥을 먹은 사람」과 같이 되면 「사람」은 의미상의 임자말이 되기 때문이다. 즉 매김을 받는 임자씨(머리말)가 매김말 풀이씨의 주체가 될 수 있고, 매김말 앞에 부림말이 있으면 임자말의 빠짐이 되고, 매김을 받는 임자씨(머리말)가 매김말 풀이씨의 대상이 될 수 있고, 매김말 앞이 임자말이면 부림말 빠짐이 된다.

③ 그림씨의 경우:

임자말이 빠져 나가는 경우와 위치말이 빠져 나가는 경우가 있다. 임자말이 빠질 때는 매김말 앞에 임자말이 없고, 위치말이 빠질 때는 매김말 앞에 임자말이 있다.(위치말이 빠질 때의 그림씨의 종류는 극히 제한되어 있다. -「있다」,「없다」-)

④ 잡음씨의 경우 :

임자말이 빠지는 경우는 하나 뿐이다.

이상에서 설명한 것을 표로 보이면 다음과 같다.

〈매김말의 씨범주에 따라 빠져나간 월성분〉

매김말 풀이씨의 종류	판단의 기준	빠지는 월성분
제움직씨	매김말 앞에 임자말이 없다.	임자말
	매김말의 앞에 임자말이 있다.	위치말
	견줌의 대상을 나타내 주는 말이 있다.	견줌말
	매김을 받는 임자씨가 매김말의 주체가 될 수 있다. 매김말 앞이 부림말.	임자말
남움직씨	매김을 받는 임자씨가 매김말의 대상이 될 수 있다. 매김말 앞이 임자말.	부림말
	매김말 앞에 임자말, 부림말이 다 있다.	위치말
	매김을 받는 임자씨가 매김말의 도구가 됨.	방편말
	견줌의 대상을 나타내 주는 말이 있다.	견줌말
그림씨	매김말 앞에 임자말 없다.	임자말
	매김말 앞에 임자말 있다.	위치말
잡음씨		임자말

2.7 매김마디에 안긴 마디(겹월에서 변형된 매김마디)

2.7.1 이은 겹월에서 변형

〔이은 겹월〕-ㄴ/ㄹ

이은 겹월의 뒷마디의 마침법 씨끝이 매김법 씨끝으로 바뀌어 매김마디로 기능한다.

(15) 〔가난하고 불쌍한〕 사람들을 위하여…
　　　〔못 생기기는 했지만 마음은 착한〕 사람이었구나.

2.7.2 안은 겹월에서 변형

〈이름마디를 안음〉

$_2[\ _1[\quad]_1\text{-ㅁ}]_2\text{-ㄴ/ㄹ}$

$_2[\ _1[$선생님의 가르치심$]_1$ 을 열심히 따른$]_2$ 학생들은…
　⇐〔 (임)〔 선생님이 가르치시다 〕-ㅁ「-을」 열심히 따르다〕-ㄴ
$_2[\ _1[$다른 사람보다 먼저 일을 하기$]_1$ 를 싫어하는$]_2$ 사람은 성공할 수가 없다

〈매김마디를 안음〉

$_2[\ _1[\quad]_1\text{-ㄴ/ㄹ}]_2\text{-ㄴ/ㄹ}$

$_2[\ _1[$가장 평범한$]_1$ 진리를 일깨워 주신$]_2$ 스승님
$_2[\ _1[$긴$]_1$ 끈으로 묶은$]_2$ 것

〈인용마디를 안음〉

$_2[\ _1[$인용$]_1\ ]_2\text{-ㄴ}$

$_2[\ _1[$죽겠다$]_1$ 고 했던$]_2$ 말은 $_2[$ 진짜 $_1[$죽겠다$]_1$ 고 한$]_2$ 말이 아니고…
$_2[\ _1[$ 너를 사랑한다$]_1$ 고 한$]_2$ 이유는…

〈어찌마디를 안음〉

$_2[\ _1[$ 어찌 $]_1\ ]_2\text{-ㄴ/ㄹ}$

₂[₁[배가 터지도록]₁ 밥을 먹은]₂ 것은 배가 고파서였다
₂[₁[네 몸에 맞게]₁ 입을]₂ 옷이 없니?
₂[병이 ₁[씻은 듯이]₁ 나은]₂ 까닭은...

〈풀이마디를 안음〉

₂[₁[풀이]₁]₂-ㄴ/ㄹ

코끼리가 코가 큰 것은 무엇 때문일까?
⇐ ₂[₁[코끼리가 코가 크-]₁]₂-ㄴ 것은

3. 맺음말

이 논문은 현대 국어의 매김마디를 대상으로 하여, 그 통어적 특색을
살폈다. 요약하면 다음과 같다.

① 매김 씨끝은 매김법 이외에 때매김법을 동시에 나타낸다.
「-는」 : 매김마디의 풀이말이 움직씨일 때만 나타나며, '현실법'을 표시
한다.
「-은」 : 움직씨일 때에는 '완결법'을 나타내고, 그림씨·잡음씨일 때에는
'현실법'을 나타낸다.
「-을」 : 일반적으로 '미정법'을 나타내지만, 때로는 때매김이 중화될 때
도 있다.

② 속구조의 월이 겉구조의 매김마디로 바뀌면서, 임자자리토씨가 그대
로 유지되는 경우도 있지만, 때로는 매김토씨로 바뀌는 일이 있다.
나의 살던 고향은... ⇐ 『내가 살던 고향』

③ 매김마디에는 홑월에서 변형된 매김마디와 겹월에서 변형된 매김마
디가 있다.

④ 매김마디는 다음과 같이 하위분류 한다.

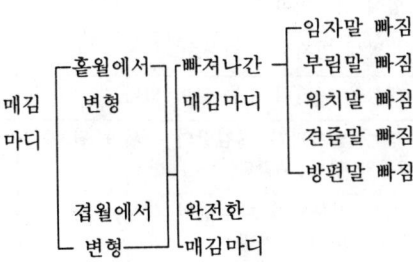

⑤ 빠져나간 월성분과 매김마디 풀이말의 씨범주 관계는 다음과 같다.

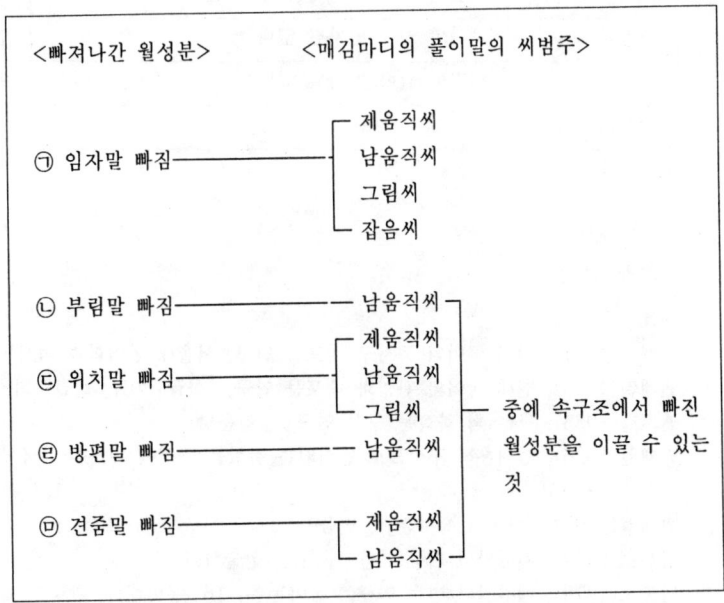

⑥ 매김말의 씨범주에 따라 빠져나간 월성분을 판단하는 기준은 다음 과 같다.

매김말 풀이씨 의 종류	판단의 기준	빠지는 월성분
제움직씨	매김말 앞에 임자말이 없다.	임자말
	매김말의 앞에 임자말이 있다.	위치말
	견줌의 대상을 나타내 주는 말이 있다.	견줌말
	매김을 받는 임자씨가 매김말의 주체가 될 수 있다. 매김말 앞이 부림말.	임자말
남움직씨	매김을 받는 임자씨가 매김말의 대상이 될 수 있다. 매김말 앞이 임자말.	부림말
	매김말 앞에 임자말, 부림말이 다 있다.	위치말
	매김을 받는 임자씨가 매김말의 도구가 됨.	방편말
	견줌의 대상을 나타내 주는 말이 있다.	견줌말
그림씨	매김말 앞에 임자말 없다.	임자말
	매김말 앞에 임자말 있다.	위치말
잡음씨		임자말

참 고 문 헌

권재일(1977), 현대 국어의 동사구 내포문 연구, 서울대 언어학과 석사논문.
권재일(1980), 현대 국어의 관형화 내포문 연구, 『한글』 167, 한글학회.
권재일(1985), 『국어의 복합문 구성 연구』, 집문당.
권재일(1986), 형태론적 구성으로 인식되는 복합문 구성에 대하여, 『국어학』 15, 국어학회.
권재일(1992), 『한국어 통사론』, 민음사
김봉모(1978), 매김말의 기능, 『한글』 162, 한글학회.
김봉모(1979), 매김말의 변형 연구, 『동아논총』 16, 동아대.
김봉모(1983), 국어 매김말 연구, 부산대학교 문학박사 학위논문.
김석득(1971), 『국어 구조론 -한국어의 형태 통사 구조론 연구』, 연세대학교 출판부
김승곤(1969), 관형격 조사고, 『문호』 5, 건국대학교.

김승곤(1986), 「한국어 통사론」 아세아 문화사.

김승곤(1987), 「우리말 토씨 연구」 건국대학교 출판부.

김영송(1973), 관형 변형 연구, 부산대학교 논문집.

김영태(1972), 관형사고, 「경남학보」 5, 경남대학교.

김영태(1973), 관형 변형 연구, 「논문집」 16, 부산대학교.

김영희(1988), 「한국어 통사론의 모색」, 탑출판사.

김주원(1984), 통사변화의 한 양상, 「언어학」 7, 한국언어학회.

리의도(1982), 매김말의 기능, 「국제어문」 3, 국제대학.

서정수(1978), 「국어 구문론 연구」, 탑출판사

서태룡(1979), 내포와 접속, 「국어학」 8, 국어학회.

양동휘(1978), 국어 관형절의 시제, 「한글」 162, 한글학회.

이상춘(1947), 「국어 문법」, 조선국어학회.

이필영(1981), 국어의 관계 관형절에 대한 연구, 「국어연구」 48, 국어 연구회.

정인승(1956), 「표준 고등 말본」, 신구문화사.

최현배(1978), 「우리말본」, 정음사.

허 웅(1975), 「우리 옛말본」, 샘문화사.

허 웅(1981), 「언어학」, 샘문화사.

허 웅(1983), 「국어학」, 샘문화사.

* 이 논문은 「한말연구」 1(1995, 한말연구모임) 243~259쪽에서 옮겨 실은 것임.

현대 국어의 인용마디 연구

허 원 욱

1. 머리말

이 논문은 현대 국어 인용마디의 통어적 구조를 연구대상으로 한다.

직접인용과 간접인용의 구분을 체계화하고, 다양하게 분화되어 있는 간접인용을 유형별로 체계화 시키는 것이 이 논문의 목적이다.

인용마디는, 인용말이 한 월 안에 안기는 안긴마디를 뜻한다. 그러므로 인용마디는 그자체가 하나의 월의 형식이며 마침법 씨끝으로 끝나는 것이 원칙이다.

우리말 말할이는, 직접인용보다는 간접인용을 훨씬 더 즐겨 사용하고 있다. 그럼으로 인하여, 우리말 간접 인용구조는 매우 다양하게 발달되어 있다. 직접인용보다는 간접인용을 더 즐겨 사용한다는 것은, 우리의 언어 의식 구조가 말할이와 들을이 중심이라는 것과도 밀접한 관계가 있을 것이다.

아직 학계에서는 직접인용과 간접인용을 나누는 확실한 경계선이 그어 있지 않은 실정이다. 이 글은 그 경계선을 확실히 나누고자 하는 것이며, 간접인용의 복잡한 양상을 체계적으로 분류하고자 한 것이다.

2. 현대 국어 인용마디

2.1. 인용마디의 하위분류

인용은 직접인용과 간접인용으로 크게 나눌 수 있는데, 국어에 있어서는 그 구분이 쉽지가 않다. 이는 우리말 특성 중의 하나인데, 남의 말을 옮길 때, 말할이가 자신의 주관적 입장을 개입시키려는 의도가 강한 데에서 비롯된 것이다.

통어론의 기술에 있어서, 이 둘의 구분은 일관성 있게 체계화되어야 한다.

직접인용은, 누군가가 한말(자기 자신이 한 말도 포함)을 말할이가 그대로 옮긴 것이다. 이러한 직접인용을 제외한 인용은 모두 간접인용에 속하게 된다. 그러므로 간접인용은 그 종류가 매우 다양하다.

간접인용은 다시 '추상적 간접인용'과 '변형적 간접인용'으로 나눈다.

추상적 간접인용이란, 그 형식은 직접인용과 같지만, 누군가의(자기 자신도 포함) 생각을 인용화 시킨다든가, 누군가가 할 말을 가정적으로 인용화 시킨 것 따위를 뜻한다.

예) 나는 …라고 생각한다 / 그가 설령 …라고 하더라도

변형적 간접인용이란, 누군가가 한 말 중의 어느 한 부분을, 말할이가 자기 자신의 입장에서 주관화하여 변형한 것을 뜻한다.

예) 그는 " 내가 그 일을 했어 " 라고 했다
    ⇒ 그는 자기가 그 일을 했다고 했다

변형적 간접인용은 다시, 속구조의 인용마디의 성분 중에 어떤 것을 변형시키는 '성분 변형'과, '말풀이의 의미를 가진 인용구조의 변형'으로 나눈다.

15세기 인용마디의 하위분류는 다음과 같이 한다.

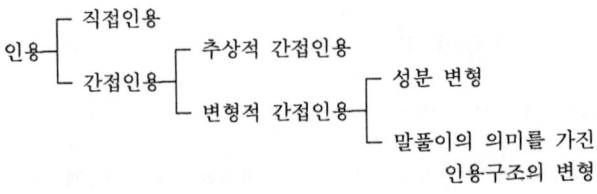

2.2. 직접 인용

직접인용은 누군가가 한 말을 그대로 옮긴 것이다.
직접인용의 기본 유형은 다음과 같다.

임자말 "(인용말)" 라고 말하-

「-라고」는 일반적으로 직접인용에 붙는 '인용 토씨'인데, 때로는 「-라고」
의 「라」가 생략되어, 「-고」만이 인용토씨의 기능을 하는 경우도 있다.
「고」의 생략은 인용말 마침법 씨끝에 따라 결정된다. (인용마디를 이끄는
「말하-」는 일반적으로 「하-」로 대치될 수 있다.)

2.2.1. 인용마디 마침법 씨끝과 인용토씨

〈서술법〉

「-라고」의 「라」를 생략할 수 있는 경우는, 서술법 씨끝 중에는 「-다/
라」 뿐이다. 「라」를 생략하고도 직접인용으로 그대로 남을 수 있는 경우
는, 인용말의 풀이말이 움직씨·그림씨인 경우이고, 잡음씨의 경우는 간접
인용으로 바뀌게 된다.

1) ㉠ (움직) 그는 "산에 눈이 왔다"(라)고 말했다.
   ㉡ (그림) "대자연은 한없이 아름답다"(라)고 사람들은 이야기한다.

인용말의 풀이말이 잡음씨인 경우에는 특이한 현상이 일어난다.

2) ㉠ 사람들은 "공자는 성인이다"라고 말한다.
   ㉡ *사람들은 "공자는 성인이다"고 말한다.
   ㉢ '사람들은 공자는 성인이라'고 말한다.

㉠은 직접인용의 예문이다. 이런 경우는 ㉡처럼 단순히 「라」만을 생략
할 수 없다. 「라」가 생략되면 인용말 서술법 씨끝 「-다」는 「-라」로 변동하

여 ㉢으로 실현된다.

즉 ㉢과 같은 경우, 「이라」의 「라」는 서술법 씨끝 「다」의 변형이고, 「고」는 인용토씨로 본다. 이러한 유형은 간접인용(말풀이의 의미를 가진 간접인용)으로 본다.1)

다른 서술법 씨끝이 올 때는 「라」를 생략할 수 없다.

3) ㉠ "나는 가네"라고 말하-
　　 ㉡ "그 꽃 매우 보기 좋아"라고 말하-
　　 ㉢ "달도 밝구나"라고 말하-
　　 ㉣ "요사이 날씨가 꽤 차이"라고 말하-
　　 ㉤ "꼭 가마"라고 말하-
　　 ㉥ "그런 일은 매우 많소"라고 말하-
　　 ㉦ "나는 가오"라고 말하-

〈물음법〉

물음법 씨끝 중에는 「-냐」의 경우에만 인용토씨의 「라」가 생략될 수 있다.

4) ㉠ "집이 어디냐?"(라)고 물었다.
　　 ㉡ "어디에 가느냐?"(라)고 물었다.

나머지 물음 씨끝에는 「라」가 생략될 수 없다.

5) ㉠ "그 꽃이 좋아?"라고 물-
　　 ㉡ "저것이 무엇이지?"라고 물-
　　 ㉢ "내일은 눈이 올가?"라고 물-
　　 ㉣ "밤이 깊어가오?"라고 물-
　　 ㉤ "사람이 많소?"라고 물-

---

1) 이러한 유형은 '3-2.(2) 말풀이의 의미를 가진 인용구조의 변형' 참조.

〈시킴법〉

시킴법의 경우에는 「라」를 생략할 수 없다.2)

6) ㉠ "빨리 먹<u>어라</u>"라고 말하-
　　㉡ "빨리 오<u>너라</u>(와라)"라고 말하-
　　㉢ "빨리 하<u>여라</u>(해라)"라고 말하-
　　㉣ "빨리 가<u>거라</u>(가라)"라고 말하-

　단, 6)㉣ 「가거라」의 경우, 「가라」의 어형도 인정한다면, 이 경우는 「라」의 생략이 가능하게 된다. 그렇게 보면 「가라」의 경우만 예외인 것 같지만 그렇지 않다.

　이는 '간접인용'으로 바뀌는 규칙에 적용된 것이다. 시킴법 직접인용이 간접인용으로 바뀔 때는 다음의 세가지 규칙이 적용된다. 단 〈규칙3〉은 절대적이 아니다.

　규칙1〉 인용토씨의 「라」 탈락
　규칙2〉 시킴법 씨끝 (아라, 어라, 거라, 너라, 여라) 중 앞 음절의 탈락
　규칙3〉 인용마디를 이끄는 「말하-」는 「시키-, 명령하-」 따위로 바뀜

　위의 세가지 규칙의 적용을 받아, 예문 6)은 다음과 같이 간접인용화 된다.

7) ㉠ '빨리 먹으라'고 시키-
　　㉡ '빨리 오라'고 시키-
　　㉢ '빨리 하라'고 시키-
　　㉣ '빨리 가라'고 시키-

---

2) 간접인용으로 바뀔 때는 「라」가 탈락되는데, 이에 대해서는 '3-2(1) 성분 변형' 참조.

〈꾀임법〉

「-라고」의 「라」를 생략할 수 있는 경우는, 꾀임법 씨끝 중에는 「-자」
뿐이다.

8) "빨리 가<u>자</u>"(라)고 말하-

나머지 꾀임법 씨끝의 경우는 「라」가 생략되지 않는다.

9) ㉠ "같이 가<u>세</u>"라고 말하-
   ㉡ "같이 가(<u>아</u>)"라고 말하-

2.2.2. 직접 인용에 있어서의, 안은마디와 안긴마디의 임자말 제약

인용 구조의 임자말 연결은 다음의 네 유형으로 나눌 수 있다.

    ① 1인칭 〔 2,3인칭 〕   ② 1인칭 〔 1인칭 〕
    ③ 2,3인칭 〔 2,3인칭 〕   ④ 2,3인칭 〔 1인칭 〕

  ① 안은마디의 임자말은 1인칭이고, 안긴 인용마디의 임자말은 2,3인칭
인 경우이다.
  안은마디의 임자말이 1인칭이면 일반적으로 간접인용이 되는 것이지만,
(뒤의 '3.1.(7)' 참조) 여기에서는 이러한 구조가 직접인용이 되는 경우,
그 이유를 밝히고자 한다.

10) ㉠ 내가 예전에 분명히 "태산이 높다"(라)고 하는 말을 들었는데...
    ㉡ 내가 방금 전에 "빨리 일을 끝내라"(라)고 말하지 않았니?

  위의 예문은 모두, 과거에 자기자신이(1인칭) 들었거나 말했던 내용을,
현재에 와서 회상하여 인용한 것이다.
  곧, 이러한 구조가 직접인용이 될 수 있는 것은, <u>인용마디를 이끄는 풀</u>

이말의 때가 '과거'이기 때문이다.

② 안은마디의 임자말은 1인칭이고, 안긴 인용마디의 임자말도 1인칭인 경우이다.

11) 내가 그 어려운 시절에도 "부지런히 돈을 벌어 집이라도 장만해야지"라고
   하면서 열심히 일을 했었지.

위의 예문들 역시 말할이 자신이 과거에 했던 말(마음 속으로 했던 말도 포함)을 회상하여 인용한 것이다. 이것이 직접인용이 되는 이유도, 앞의 '① 1인칭[2,3인칭]'의 경우와 마찬가지로, 안은마디의 때가 과거이기 때문이다.

③ 안은마디의 임자말은 2,3인칭이고, 안긴 인용마디의 임자말도 2,3인칭인 경우이다. 안은마디의 임자말이 2,3인칭인 유형은 직접인용의 일반적 구조이다.

12) ㉠ 그는 "내 처도 인제 나이가 마흔이라네"라고 말하면서...
   ㉡ "어디에 가도 그 사람은 없었어요"라고 말하는 그녀의 눈은 이미 젖어
      있었다.

위의 예문은 '3인칭[3인칭]'구조이다. 다음의 '3인칭[2인칭]' 구조에서는, 안긴마디의 임자말은 '들을이'가 된다.

13) 그녀는 "무슨 용건으로 또 찾아 왔나요?"라고 한마디 묻고는...

④ 안은마디의 임자말은 2,3인칭이고, 안긴 인용마디의 임자말은 1인칭인 경우이다. 안긴마디의 임자말과 안은마디의 임자말은 동일인이 된다.

14) 그는 "내가 직접 하리라"고 나에게 다짐했다.

2.3. 간접 인용

간접인용은 '추상적 간접인용'과 '변형적 간접인용'으로 나눈다.

추상적 간접인용이란, 그 구조는 직접인용과 같지만, 말할이가 누군가의 말을 듣고 그것을 그대로 인용한 것이 아닌 인용을 뜻한다.

변형적 간접인용이란, 인용 가운데의 어느 한 부분을, 말할이의 입장에서 주관화 시킨 인용을 뜻한다. 이것은 일반적 의미로서의 간접인용이다.

2.3.1. 추상적 간접 인용

추상적 간접인용이 되기 위한 조건은 몇가지가 있는데, 그에 따라 나누어 설명하기로 한다.

(1) 추상적 의미의 풀이말이 올 때

추상적 간접인용이 되기 위한 첫째 조건은 ; 인용마디를 이끄는 풀이말이 추상적인 의미를 지니고 있는 경우이다(생각하-, 의심하-, 걱정하-…따위). 이러한 경우의 인용말은, 직접 들었던 말을 그대로 옮긴 것이 아니라 말할이가 추상화 시켜 인용한 것이므로, 추상적 간접인용에 속하게 된다. (자기 자신이 생각했던 것을 인용한 경우도 추상적 간접인용에 속하게 되는데, 다른 경우에 비해 추상화가 약하다고 할 수 있다.)

15) ㉠ 사람들은 모두 '그 사람이 그러지 않았을까'하고 <u>생각하지만</u>…
    ㉡ 그는 '그녀가 분명히 그랬을거야'라고 <u>의심하지만</u>…
    ㉢ 나는 하루종일 '내가 그것을 할 수 있을까'하고 <u>걱정을 했다</u>.

(2) 미정법 때매김의 풀이말이 올 때

인용마디를 이끄는 풀이말의 때매김이 미정법이면, 그 인용의 내용은 말할이가 추상적으로 가정한 것이 되므로 '추상적 간접이용'에 속하게 된다.

16) ㉠ 만약 그 사람이 '내가 죽었다'고 할 것 같으면…
　　 ㉡ 나도 그 사람에게 '그래서는 안된다'고 말 하겠지마는…

(3) 가정의 뜻을 가진 이음법 씨끝이 올 때

가정의 뜻을 가진 이음법 씨끝(「-어도」,「-은들」,「-으면」 …따위)을 가진
풀이말이 인용마디를 이끄는 경우도 추상적 간접인용에 속하게 된다.

17) ㉠ 비록 '아무 말도 하지 않겠다'고 말을 하더라도…
　　 ㉡ 그 사람이 '그 일을 했다'고 한들 내가 믿겠니?
　　 ㉢ 네가 만약 '그랬다'고 하면 용서해 줄 것이다.

(4) 안은마디가 시킴법일 때

안은마디가 시킴법일 때는, 「네가 …라고 하라」는 식이 되므로, 직접
들은 말을 인용한 것이 아니다.

18) 네가 가서 '아무 일도 없으니 걱정하지 말고 집에 가 있어라'고 해라.

(5) 부정을 나타내는 말이 올 때

인용을 이끄는 말(「말하-」)을 부정하는 말이 나오면, 간접인용에 속하
게 된다.

19) ㉠ 가서 절대로 '그 사람이 죽었다'고 말하지 마라.[3]
　　 ㉡ 나는 절대로 '내가 죽었다'고 말하지 않았다.

(6) 인용마디가 안은마디 풀이말의 의미상의 목적이 될 때

---

3) '시킴법'도 간접인용에 관여하고 있다.

인용마디 자체가 안은마디 풀이말의 의도나 목적을 나타내는 경우도 추상적 간접인용에 속하게 된다.

20) ㉠ 그는 '그녀를 꼭 보리라'고 기다리고 있다.
    ㉡ '그녀한테 잘 보이리라'고 별 짓을 다 해 봤지만...
    ㉢ '중생 구하리라'고 밥 빌어 먹습니다.

이러한 인용구조는 모두 특이한 유형으로, 인용말의 풀이말은 모두 「-려고, -고자」로 대치할 수 있다(㉠그녀를 꼭 보려고 ㉡잘 보이려고 ㉢중생 구하려고)

「-려고」를 사용하지 않고 인용구조로 만든 이유는, 1인칭의 의지를 덧보태어 나타내기 위한 것이다 (「-려고」로는 '의지'의 뜻은 나타낼 수 없고, '목적'의 의미만 나타낼 수 있다).

(7) 안은마디의 임자말 인칭과 때매김

안은마디의 임자말이 1인칭이고, 풀이말의 때가 현재일 때는, 「나는 지금 ...라고 말한다」는 식이 되므로, 자기가 지금 하고 있는 말을 인용의 형식으로 표현한 것이므로, 추상적 간접인용에 속하게 된다.

21) ㉠ 내가 오늘 너희들에게 말하고자 하는 것은 '원수를 사랑하라'고 하는 것이다
    ㉡ 나는 지금 너에게 '사랑한다'라고 말하고 싶다.

임자말의 인칭과 풀이말의 때매김은, 서로 관련성을 가지고서, 직접인용이냐 추상적 간접인용이냐를 결정해 준다.

단, 인용마디를 이끄는 풀이말이, 추상적인 의미를 지니고 있는 경우는 (「생각하-」,「의심하-」,「걱정하-」...따위) 이러한 판별이 필요가 없다. 이를 요약하면 다음과 같다.

	2,3 인칭	1 인칭
현 재	직접인용	간접인용
과 거	직접인용	직접인용
미 래	간접인용	간접인용

과거인 경우는 무조건 직접이 되고, 미래인 경우는 무조건 간접이 된다 (이에 대해서는 이미 앞에서 설명했다).

현재인 경우에만 인칭과 관련을 맺는다. 2,3인칭일 때는 직접인용이 되고, 1인칭일 때는 간접인용이 된다.

(8) 의인법의 표현일 때

22) 그 때 새 한마리 허공을 날다가 조그만 날벌레를 보고 '아이들 갖다 줘야 지'라 하면서...

이러한 인용은 '의인법'에 해당하므로, 추상적 간접인용이다.

2.3.2. 변형적 간접 인용

변형적 간접인용이란, 인용 가운데의 어느 한 부분을, 말할이의 입장에서 주관화 시켜 변형시킨 인용을 뜻한다.

변형적 간접인용은, 속구조의 인용마디의 성분 중의 어떤 것을 변형시키는 '성분 변형'과, '말풀이의 의미를 가진 인용구조의 변형'으로 나눈다.

(1) 성분 변형

(1-1) 굴곡법의 변형

맺음씨끝이나 안맺음씨끝의 굴곡범주에 변형이 일어나는 경우이다.

(가) 높임법 변형

(가-1) 들을이 높임법 변형

자기가 들었던 내용을 인용할 때, 원래는 들어있었던 들을이 높임의 「-습니-」를, 탈락시키는 경우가 있다. 원래는 없었던 「-습니-」를 삽입시키는 경우는 없는데, 그 이유는 다음과 같다.

들을이 높임은, 말할이가 들을이를 높여주는, 말하는 환경상의 높임이다. 들을이 높임이 사용되었던 말을 인용할 때, 인용하는 사람은 그 '들을이 높임'을 그다지 중요하게 생각하지 않는다. 들을이 높임이 사용되었던, 그 말하는 환경은 더 이상 남아있지 않기 때문이다. 또한, 말하는 환경이 더 이상 남아있지 않기 때문에, 원래는 없었던 '들을이 높임'을 인용마디에서 인위적으로 사용할 수 없는 것이다.

이러한 현상은, 말할이가 들을이에게 인용의 내용만 전달하고자 하는 의도에서 비롯된 것이다.

23) ㉠ "제가 그 일을 했습니다"
　　 ㉡ '자기가 그 일을 했다'고 하더라

23) ㉠이 간접인용으로 바뀌면서 ㉡으로 변형된 것이다.

24) ㉠ 그 때 한 학생이 선생에게 다가가 "학생을 지도하는데 꼭 체벌로써 하여야 하십니까"라고 하더니...
　　 ㉡ '학생을 지도하는데 꼭 체벌로써 하여야 하시는가'고 하더니...

24)㉠이 ㉡의 간접인용으로 바뀌면서 「-습니-」가 탈락되었다.

위 예문의 인용말은, 임자말이 2인칭(들을이)인 물음월로서, 들을이를 「-으시-」로 높여주고 있다. 이러한 월에서 「-으시-」는 「-습니-」를 필연적으로 이끌게 되므로, 「-습니-」가 탈락되었다는 것이 명백하다.(이러한 「-습니-」의 탈락은 인용마디에서만 가능하다)

(가-2) 주체 높임법 변형

'주체 높임의 변형'에서는, 원래는 들어있지 않았던 「-으시-」를, 인용마디에 삽입시키는 경우와 그 반대의 경우가 있다.

⟨×→「-으시-」⟩

이 경우는, 말할이가 주체를 높이고자 하는 의욕에서 비롯된 것이다.
25)㉠에는 「-으시-」가 없지만, 간접인용으로 바뀌면서 ㉡의 「-으시-」가 삽입되었다.

25) ㉠ "내가 그 일을 맡겠다"
    ㉡ '그 분이 그일을 맡<u>으시</u>겠다'고 하시더라

⟨「-으시-」→×⟩

이 경우는, 말할이가 주체를 높이려는 의도가 없는데에서 비롯된 것이다.
26)㉠의 말할이는 주체를 높이고 있지만, ㉡의 말할이는 높이지 않고 있다.

26) ㉠ "그 분이 직접 그 일을 하셨다"
    ㉡ '그 사람이 직접 그 일을 했다'고 하더라.

주체높임은, 월 안에서의 주체를 높여주는 <u>말본상의 높임</u>이다. 그 주체를 높여주는 사람은 그 월을 말하는 사람이다. <u>그 월을 말하는 사람이 바뀌면, 말하는 사람의 의향에 따라, 주체높임도 바뀌기 마련이다.</u>

(가-3) 객체 높임말 변형

객체 높임도 주체 높임과 마찬가지로 말본상의 높임이기 때문에, 그 월은 말하는 사람의 의향에 따라 좌우된다.

　　　〈×→객체 높임말〉

27) ㉠ 두목이 "부두목을 <u>데리고</u> 와라"고 말하자 마자 한 놈이 뛰어가서,
　　　㉡ "부두목님, 두목님께서 '<u>모시고</u> 오라'고 해서 왔습니다"
　　　〈객체 높임말→×〉

28) ㉠ "애야, 가서 선생님께 이 선물을 <u>드리고</u> 와라" 어머니의 이 말을 듣고 우식은 선생님 댁이 아닌 혜인의 집으로 간다.
　　　㉡ "혜인아, 어머니는 이 선물을 그 못된 '선생에게 <u>주고</u> 오라'고 하시지만...

(나) 때매김법 변형

인용할 때, 때매김 씨끝을 탈락시켜 때매김의 표현을 나타내지 않는 경우가 있다. 이는 실지로 말했던 때와 그것을 인용한 때가 다르기 때문에 생겨나는 때매김의 중화현상이다.

29) ㉠ 사람들은 그녀에게 "참 예쁘다"고 말한다.
　　　㉡ "그 때는 '예뻤다'는 말 많이 들었는데..."

29)㉡은 「그 때는 '예쁘다'는 말 많이 들었는데...」로 표현할 수도 있으나, 「예쁘다」라는 말을 들은 것이 ㉡의 시점에서는 과거이기 때문에 「예뻤다」로 표현할 수도 있다.

30) ㉠ "나 내일이면 떠날거야" 이틀 후
　　　㉡ "그 사람 어제 '떠난다'고 했어.

30)㉡도 「그 사람 어제 떠날거라고 했어」란 표현도 가능하지만, ㉡의

시점에서는 '떠난 사실'이 이미 과거이기 때문에 미래의 표현을 피하는 경향이 있다. 그러나 「*그 사람 어제 떠났다고 했어」란 표현은 불가능하다. 이러한 표현은, 누군가가 '그 사람이 떠났다'는 말을 들었을 때만 가능하다.

  (다) '1인칭 의지'의 변형

  1인칭 의지를 나타내는 「-으리-」가 간접인용으로 바뀔 때 탈락되는 경우가 있다. 이는 인용을 하는 사람이, 실지로 말한 사람의 의지를 중화시킨 결과이다.

  31) ㉠ "내가 꼭 그 일을 하고야 말리라"
      ㉡ 그 사람이 '꼭 그 일을 하겠다'고 하더라

  31)㉠에서는 말할이의 의지를 나타내는 「-으리-」가 들어가 있는데, ㉡에서는 단순 미래를 나타내는 「-겠-」으로 변형되었다.

  (라) 이음법으로 변형

  원래는 마침법으로 끝난 것을, 인용말로 바꿀 때 이음법으로 바꾸는 경우가 있다.

  32) 그 사람은 '옳으니 그르니'하면서 말이 많더라.

  (마) 자리토씨 변형

  임자자리 토씨를 부림자리 토씨로 바꾸는 경우이다.

  33) ㉠ 그는 '나를 죽었다'고 하더라.
      ㉡ '자기는 옳다' 하고 '남을 틀렸다'고 한다면...

인용마디의 풀이말이 움직씨이거나 그림씨인, 이러한 예문에서의 부림말을, 「(말)하-」에 대한 부림말로 볼 수는 없다. 33)ⓛ의 예문을 예로 들면, 「남을~ 하-」는 통어적으로 연결될 수 없는 구조이기 때문이다.

(바) 마침법 씨끝 변형

간접인용으로 바뀔 때, 인용말의 풀이말의 마침법 씨끝에 변형이 일어나는 경우가 있다. 마침법은, 서술·물음·시킴·꾀임법의 넷으로 하위분류하고, 이에 따라 살펴 보기로 한다.

〈서술법〉

34) ㉠ "산에 눈이 왔다"(라)고 (말)한다.
    ㉡ "산에 눈이 왔다" 한다
    ㉢ "산에 눈이 왔다"고 해

34)㉠은 전형적인 직접인용의 유형이다. 인용마디를 이끄는 「말하-」는 「하-」로 대치될 수 있다. 즉 「하-」는 「말하-」의 대치형이다. 34)㉡은, ㉠에서 인용토씨 「-고」가 생략된 유형이다. 「말하-」가 「하-」로 대치되면 「-고」의 생략이 가능하다. 34)㉢의 「해」는 반말투이다. 34)㉠㉡㉢은 모두 직접인용이다.

35) ㉠ 산에 눈이 왔단다
    ㉡ 산에 눈이 왔대

35)㉠은 34)㉡에서 「하-」가 탈락되고 「-ㄴ다」만이 남아, 인용말의 풀이말과 녹아 붙은 어형이다. 35)㉡은 34)㉢에서 인용토씨 「-고」가 탈락되고, 「-다」와 「해」가 녹아 붙은 어형이다.
마침법 씨끝 「-다」이외의, 다음 36)의 예문이 간접인용화될 때는 모두 35)㉠㉡과 같이 된다.

36) ㉠ "나는 가<u>네</u>"라고 말하-

   ㉡ "그 꽃 매우 보기 좋<u>아</u>"라고 말하-

   ㉢ "달도 밝<u>구나</u>"라고 말하-

   ㉣ "요사이 날씨가 꽤 차<u>의</u>"라고 말하-

   ㉤ "꼭 가<u>마</u>"라고 말하-

   ㉥ "그런 일은 매우 많<u>소</u>"라고 말하-

   ㉦ "나는 가<u>오</u>"라고 말하-

〈물음법〉

37) ㉠ "너희들 집이 어디<u>냐</u>?"(라)고 물었다.

   ㉡ '우리들 집이 어디냐'고 물었다.

37)㉠을 간접인용으로 바꿀 때는, 마침법 씨끝은 변형되지 않고 37)㉡
과 같이 된다.

38)의 나머지 물음 씨끝의 경우, 간접인용화될 때는 37)㉡과 같이 모두
「-냐」로 변형된다.

38) ㉠ "그 꽃이 좋<u>아</u>?"라고 물-   →   그 꽃이 좋냐고 물-

   ㉡ "저것이 무엇이<u>지</u>?"라고 물-   →   저것이 무엇이냐고 물-

   ㉢ "내일은 눈이 올<u>가</u>?"라고 물-   →   내일은 눈이 올거냐고 물-

   ㉣ "밤이 깊어가<u>오</u>?"라고 물-   →   밤이 깊어가냐고 물-

   ㉤ "사람이 많<u>소</u>?"라고 물-   →   사람이 많냐고 물-

〈시킴법〉

39) ㉠ "빨리 먹<u>어라</u>"라고 말하-

   ㉡ "빨리 오<u>너라</u>(와라)"라고 말하-

   ㉢ "빨리 하<u>여라</u>(해라)"라고 말하-

   ㉣ "빨리 가<u>거라</u>(가라)"라고 말하-

시킴법 직접인용이 간접인용으로 바뀔 때는 다음의 세가지 규칙이 적용
된다. 단 〈규칙3〉은 절대적이 아니다.

규칙1〉 인용토씨의 「라」 탈락
규칙2〉 시킴법 씨끝 (아라, 어라, 거라, 너라, 여라) 중 앞 음절의 탈락
규칙3〉 인용마디를 이끄는 「말하-」는 「시키-, 명령하-」 따위로 바뀜

위의 세가지 규칙의 적용을 받아, 예문 39)은 다음과 같이 간접인용화
된다.

40) ㉠ '빨리 먹으라'고 시키-
    ㉡ '빨리 오라'고 시키-
    ㉢ '빨리 하라'고 시키-
    ㉣ '빨리 가라'고 시키-

〈꾀임법〉

41)㉠㉡㉢이 간접인용화될 때는 모두 41)㉣으로 변형된다.

41) ㉠ "같이 가작"(라)고 말하-
    ㉡ "같이 가세"라고 말하-
    ㉢ "같이 가(아)"라고 말하-
    ㉣ '같이 가자'고 말하-

  (1-2) 그 밖의 변형

(가) 인칭 이름씨 변형

인칭 이름씨를, 인용을 하는 사람의 입장에서 변형시키는 경우이다.

  〈1인칭 → 2인칭〉

42) ㉠ "정말이예요. 제가 그 일을 했어요"
    ㉡ 너, 어린 아이가 어찌 '네가 그 일을 했다'고 하느냐?

〈2인칭 → 1인칭〉

43) ㉠ "<u>넌</u> 내년엔 꼭 붙을 것이다"
　　㉡ 모든 사람들이 '<u>내</u>가 내년엔 꼭 붙을 것이다'고 하지만...

〈2인칭 → 3인칭〉

2인칭 이름씨(=너)를 3인칭 이름씨로 바꾸는 경우가 있다.

44) ㉠ "<u>네가</u> 선생님을 따라 가라"
　　㉡ '<u>철수가</u> 선생님을 따라 가라'고 했어요.

위의 예문에서 「너」는 곧 「철수」이다.

〈1인칭 → 3인칭〉

1인칭 이름씨(=나)를 3인칭 이름씨인 '자기'로 바꾸는 경우이다.

45) ㉠ "<u>내가</u> 그 일을 했다"
　　㉡ '<u>자기</u>가 그 일을 했다'고 하더라

　(나) 장소 지칭어 변형

인용을 하는 사람이, 자기가 있는 장소를 기준으로 하여 표현하는 방법이다. 다음 46), 47)의 ㉡은 ㉠의 간접인용 변형이다.

46) ㉠ "네 어머님은 <u>그 곳에</u> 계시다."
　　㉡ '어머님이 <u>여기에</u> 계시다'고 들었습니다.

47) ㉠ "내가 있는 <u>이 곳</u>이 어디냐?"
　　㉡ 그 사람이 그 때 '<u>거기</u>가 어디냐'고 묻더라.

(다) 물음말로 변형

인용의 내용중에 모르는 부분이 있을 때, 그것을 물음말로 대치하여 변형시키는 경우이다.

48) ㉠ "네가 이 일을 하여라"
    ㉡ 그 때 '<u>무슨</u> 일을 하라'고 하셨습니까?

49) ㉠ "8월 15일날 그 일을 하여라"
    ㉡ '<u>언제</u> 그 일을 하라'고 하셨지요?'

(라) 사동을 능동으로 변형

50) ㉠ 왕이 하인에게 말하길 "네가 가서 그들에게 그 일을 <u>하게 하여라</u>"
    ㉡ 하인이 가서 말하길 "대왕께서 '그 일을 <u>하라</u>'고 하셨습니다."

(2) 말풀이의 의미를 가진 인용구조의 변형

51) 사람들은 이것을 '연필이라'고 한다.

위의 예문과 같이, 인용구조가 말풀이의 의미를 가지는 경우, 그 직접인용의 기저구조를 다음과 같이 설정한다.

52) <u>(임) A를 가르켜 〔A이 -이다〕라고 (말)하-</u>
    사람들은 이것을 가르켜 "이것이 연필이다"라고 (말)한다.

그러나 51)예문의 속구조를 꼭 52)와 같이 볼 수가 있느냐 하는 데에는 문제가 있다. 이러한 인용구조는, 누군가가 "이것이 연필이다"라고 말한 것을 듣고, 그것을 인용할 때 「이것이」를 생략하여 인용한 것이 아니기 때문이다. (또, 지금부터 들어보일 간접인용의 모든 유형은, 인용마디의 임자말이 거의 나타나지 않는다). 또한, 「연필이라」만을 인용으로 보는 데에도 문제가 있다. 누군가가 "연필이라"고 말한 것을 듣고 그것을 그대로 인용한 것도 아니기 때문이다. 이러한 구조는, 「사람들이 이것을 가리켜 말하기를 '연필'이라고 한다」는 뜻으로 쓰인 것이다. 그러므로 여기에서 인용된 부분은 '연필' 뿐이라고 볼 수도 있다.

그럼에도 불구하고, 속구조를 이렇게 설정할 수 있는 근거는 다음과 같다:

첫째, 인용한 사람이 실지로 인용한 부분은 '연필' 뿐이라 할지라도, 그 속뜻에는 「이것이」와 「-이다」가 숨어 있다. 그렇기 때문에 그것을 인용하는 사람이, 「이것을」을 「(말)하-」에 대한 부림말로 내세울 수 있었던 것이다.

둘째, 「연필」만을 인용으로 본다면, 「-이라고」 전체를 인용토씨로 볼 수밖에 없다. 그러나, 이러한 유형에서만 「-이라고」의 인용토씨를 인정한다면, 문법 설명이 구차스럽게 된다. 특히, 다음의 예문은 「-이라」를 풀이말로 볼 수 밖에 없는 명백한 증거가 된다.

53) 그는 저기 가는 저 사람을 '선생님이시라'고 하더라.

「-이라고」를 토씨로 보면, 이러한 예문에 「-으시-」가 들어간 것이 설명되지 않는다. 토씨에는 씨끝이 들어갈 수 없기 때문이다.

현대 국어의 '말풀이의 의미를 가진 인용구조'는 52)와 같은 직접인용의 구조로는 거의 나타나지 않고, 다음과 같이 여러가지 변형을 거쳐서, 간접인용으로 실현된다.

① 「-이다」는 「-이라」로 변형, 인용토씨「-라고」의 「라」탈락
　'A를 가르켜 〔A이 -이라〕고 하-' 유형

54) 사람들은 이것을 가르켜 '이것이 연필이라'고 한다.

② 인용마디의 임자말(A이) 생략

'A를 가르켜 〔 -이라〕고 하- ' 유형

55) 사람들은 이것을 가르켜 '연필이라'고 한다.

③「가르켜」생략
'A를 〔 -이라〕고 하- ' 유형

56) 사람들은 이것을 '연필이라'고 한다.

지금까지 설명한, 변형과정을 한 눈으로 보면 다음과 같다.

57) ㉠ 사람들은 이것을 가르켜 "이것이 연필이다"라고 (말)한다.
→㉡ 사람들은 이것을 가르켜 '이것이 연필이라'고 한다.
→㉢ 사람들은 이것을 가르켜 '연필이라'고 한다.
→㉣ 사람들은 이것을 '연필이라'고 한다.

2.4. 특이한 구조의 인용마디

- '말풀이의 의미를 가진 인용구조'가 낳은 특이한 인용구조 -

〈제 1유형〉

58) 그는 고문에 못 이겨서 <u>자기가 죽이지도 않은 사람을</u> 〔죽였다〕고 말했다.

위의 예문은, 「그는... 사실은 자기가 죽이지도 않은 사람을 "내가 죽였다"고 말했다」 의 뜻이다.
이러한 구조에서, 「...사람을」은 〔죽이-〕에 대한 의미상의 부림말이면서도, 인용구조의 안으로는 들어갈 수가 없다. (「사람을」만 들어갈 수 있고, 「죽이지도 않은」은 들어갈 수가 없다). 이러한 특이한 인용구조가 생겨난 이유는 다음과 같다 :

'말풀이의 의미를 가진 인용구조'는, 다른 인용구조에 여러 방면으로 영향을 끼친다.

〈제 2유형〉

59) 장가들며 서방 맞는 것을 다 〔혼인한다〕고 한다.
   ⇐ 사람들은 장가...맞는 것을 가르켜 〔혼인한다〕고 한다.

이러한 '말풀이의 의미를 가진 인용구조'에서는, 「장가들며 서방 맞는 것을」은 「혼인하다」에 대한 의미상의 부림말이 아니다. 위의 예문은,「사람들은 장가들며 서방 맞는 것을 가르켜서 말하기를 "혼인한다"고 한다」라는 뜻을 가진 것이다. 그러므로, 「장가...맞는 것을」은 「하-」에 대한 부림말이다.
  이러한 구조는 먼저, 다음과 같은 인용구조에 영향을 끼친다.

〈제 3유형〉

60) 〔남을 틀렸다〕고 한다.
   ⇐ 〔남이 틀렸다〕고 한다.

위의 예문은 앞에서 '자리토씨의 변형'으로 풀이했었다. 이렇게 풀이할 수 있는 근거는, 「남을」에서, 부림자리 토씨를 임자자리토씨로 바꾸기만 하면 인용구조 안으로 들어갈 수 있기 때문이다.
  다시 말하면, 「남」은 「틀리다」에 대한 의미상의 임자말이기 때문이다. ('말풀이의 의미를 가진 인용구조'에서의 「...서방 맞는 것을」은 「혼인하다」에 대한 의미상의 부림말도, 임자말도 아니었다). 그러므로 '말풀이의 의미를 가진 인용구조'와는 통어상으로 완전히 다른 구조이다.
  그러나 말하는 사람은 이러한 말을 할 때, 「남을 가르켜 말하기를 "틀렸다"고 한다」는 의미구조를 가지고 말을 하게 된다. 이것은 바로, '말풀이의 의미를 가진 인용구조'의 영향을 입은 결과이다.

'말풀이의 의미를 가진 인용구조'는 다음과 같은 구조에도 영향을 끼친
다.

〈제 4유형〉

61) <u>모든 학생들이 감화를 받을 수 있는, 그러한 큰 덕을</u> 선생님은 '보이시겠
   다'고 하시며...

위의 예문에서의 「모든...덕을」은 아무런 변형도 필요없이, 그대로 인용
마디의 안으로 들어갈 수 있다. 인용구조의 안에 들어있던 부림말을 이렇
게 인용구조의 밖으로 끌어낸 것도, '말풀이의 의미를 가진 인용구조'의
영향을 받은 결과이다.
   즉 말할이는 다음과 같은 의식구조를 가지고 말을 하게 된다 ;
   「모든...덕을 가르켜 〔보이겠다〕고 하−」

이러한 구조가 생겨나게 되어, 결국은 다음과 같은 제1유형의 구조가
생겨나게 된 것이다.

62) 그는...죽이지도 않은 사람을 〔죽였다〕고 하−
   ⇐ 〔내가 그 사람을 죽였다〕고 하−

이러한 구조가 생겨난 경과는 다음과 같다.

① '제2유형'의 영향을 받아, 원래는 인용구조의 안에 있었던 「그 사람
을」을 '제4유형'에서 처럼, 인용구조의 밖으로 끌어낸다 :

   '그는...그 사람을 〔내가 죽였다〕고 하−'

② 말할이는 「그 사람을」을 「하−」에 대한 부림말로 인식하여(원래 인용
구조의 밖에 있었던 것으로 인식하여), 「사람」을 꾸며 주는 「그」를, 말할

이의 「사람」에 대한 판단인, 「죽이지도 않은」으로 대치한다.

　　'그는...죽이지도 않은 사람을 〔내가 죽였다〕고 하 -

　③ 「죽이지도 않은 사람을」은 「죽이-」에 대한 의미상의 부림말이므로, 그 가운데 끼게 된 「내가」는 탈락되었다.(간접인용으로 바뀌었기 때문에, 「나」가 그대로 남아 있으면, 그것이 무엇에 대한 임자말인지 판단하기 어렵게 된다).
　즉, 다음과 같은 변형을 거친 것이다.

　63) 그는... 죽이지도 않은 사람을 〔죽였다〕고 하-
　③⇐ 그는...죽이지도 않은 사람을 〔내가 죽였다〕고 하-
　②⇐ 그는...그 사람을 〔내가 죽였다〕고 하-
　①⇐ 그는...〔내가 그 사람을 죽였다〕고 하-

3. 맺음말

　이 논문은 현대 국어 인용마디를 직접인용과 간접인용으로 크게 나누고, 간접인용은 '추상적 간접인용'과 '변형적 간접인용'으로 나누어, 우리말에 있어서 다양하게 분화되어 있는 간접인용을 체계화 시켰다. 요약하면 다음과 같다.

　1. 인용마디는 다음과 같이 하위분류한다.

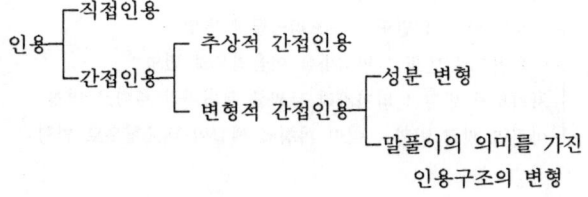

2. '추상적 간접인용'이란, 그 구조는 직접인용과 같지만, 말할이가 누군가의 말을 듣고 그것을 그대로 인용한 것이 아닌 인용을 뜻하는데, 추상적 간접인용이 되기 위한 조건은 다음과 같다.

① 추상적 의미의 풀이말이 올 때
② 미정법 때매김의 풀이말이 올 때
③ 가정의 뜻을 가진 이음법 씨끝이 올 때
④ 안은마디가 시킴법일 때
⑤ 부정의 뜻을 나타내는 말이 올 때
⑥ 인용마디가 안은마디 풀이말의 의미상의 목적이 될 때
⑦ 안은마디의 임자말이 1인칭이고, 풀이말의 때가 현재일 때
⑧ 의인법의 표현일 때

3. 변형적 간접인용이란, 인용 가운데의 어느 한 부분을, 말할이의 입장에서 주관화 시켜 변형시킨 인용을 뜻하는데, '성분 변형'(속구조의 인용마디의 성분 중의 어떤 것을 변형시킴) 과, '말풀이의 의미를 가진 인용구조의 변형'으로 나눈다.

4. 성분 변형에는 다음과 같은 것이 있다.

① 굴곡법 변형 ┬ 높임법 변형 ┬ 들을이 높임법 변형 : 「-습니-」 탈락 변형
　　　　　　　 │　　　　　　 ├ 주체 높임법 변형 : 「-으시-」탈락, 삽입 변형
　　　　　　　 │　　　　　　 └ 객체 높임말 변형 : 객체 높임말 탈락, 삽입 변형
　　　　　　　 ├ 때매김법 변형 : 때매김의 중화 현상
　　　　　　　 ├ '1인칭 의지'의 변형 : 「-으리-」탈락 변형
　　　　　　　 ├ 이음법으로 변형 : 마침법을 이음법으로 변형
　　　　　　　 ├ 자리토씨 변형 : 임자자리 토씨를 부림자리 토씨로 변형
　　　　　　　 └ 마침법 씨끝 변형 : 여러 마침법 씨끝이 대표형으로 변형

② 그 밖의 변형 ┬인칭 이름씨 변형 ┬1인칭 → 2인칭 변형
                │   ├2인칭 → 1인칭 변형
                │   ├2인칭 → 3인칭 변형
                │   └1인칭 → 3인칭 변형
                ├장소 지칭어 변형 : 자기가 있는 장소를 기준으로 변형
                ├물음말로 변형 : 인용중의 한 부분을 물음말로 변형
                └사동을 능동으로 변형 :「하게하라」→「하라」 변형

6. 말풀이 의미를 가진 인용 구조의 변형

인용구조가 말풀이의 의미를 가지는 경우, 그 직접인용의 기저구조를 다음과 같이 설정하였다.

　(임) A를 가르켜〔A이 -이다〕라고 하-

이에 따라 다음과 같은 변형을 설정한다.

① 「-이다」는 「-이라」로 변형, 인용토씨「-라고」의 「라」탈락
② 인용마디의 임자말(A이) 생략
③ 「가르켜」 생략

7. '말풀이의 의미를 가진 인용구조가 낳은 특이한 인용구조'를 특이한 인용구조로 보고, 그러한 특이한 구조가 생겨난 원인을 분석하였다.

참 고 문 헌

강인선(1997), 15세기 국어의 인용구조 연구, 서울대 언어학과 석사논문.
고영근(1982), 『중세국어의 사상과 서법』, 탑출판사.
_____(1987), 『표준 중세국어 문법론』, 탑출판사.
권재일(1977), 현대 국어의 동사구 내포문 연구, 서울대 언어학과 석사논문.
_____(1985), 『국어의 복합문 구성 연구』, 집문당.
_____(1986), 형태론적 구성으로 인식되는 복합문 구성에 대하여, 『국어학』 15,
　　　국어학회
_____ (1992), 『한국어 통사론』, 민음사
김봉모(1978), 매김말의 기능, 『한글』 162, 한글학회.
김석득(1971), 『국어 구조론 - 한국어의 형태 통사 구조론 연구』, 연세대학교
　　　출판부
김승곤(1969), 관형격 조사고, 『문호』 5, 건국대학교.
_____(1986), 『한국어 통사론』, 아세아 문화사.
_____(1987), 『우리말 토씨 연구』, 건국대학교 출판부.
김영송(1973), 관형 변형 연구, 부산대학교 논문집.
_____(1971), 국어의 변형 구조, 연구보고서, 문교부.
김영희(1988), 『한국어 통사론의 모색』, 탑출판사.
김주원(1984), 통사변화의 한 양상, 『언어학』 7, 한국언어학회.
김흥수(1975), 중세국어의 명사화 연구, 『국어연구』 34. 국어 연구회.
서정수(1978), 『국어 구문론 연구』, 탑출판사
서태룡(1979), 내포와 접속, 『국어학』 8, 국어학회.
안병희.이광호(1990), 『중세국어 문법론』, 학연사.
안주호(1991), 후기 근대국어의 인용문 연구, 『자하어문논집』 8, 상명여대 국어
　　　교육과
양동휘(1978), 국어 관형절의 시제, 『한글』 162, 한글학회.
왕문용(1988), 『근대 국어의 의존명사 연구』, 한샘.
이기백(1977), 격조사의 생략에 대한 고찰, 『어문논총』 11, 경북대.
이상춘(1947), 『국어 문법』, 조선국어학회.
이필영(1981), 국어의 관계 관형절에 대한 연구, 『국어연구』 48, 국어 연구회.
이현희(1986), 중세 국어의 내적 화법의 성격, 『한신논문집』 3, 한신대학.
_____(1989), 국어 문법사 연구 30년(1959-1989), 『국어학』 19, 국어학회.
정인승(1956), 『표준 고등 말본』, 신구문화사.
정호완(1987), 『후기 중세어 의존명사 연구』, 학문사.

차현실(1981), 중세국어의 응축보문 연구: '-오/우-'의 통사기능을 중심으로, 이화여대 문학박사학위논문.

최현배(1978), 『우리말본』, 정음사.

허 웅(1963), 『중세국어 연구』, 정음사.

____(1975), 『우리 옛말본』, 샘문화사.

____(1985), 『국어 음운학』, 샘문화사.

____(1981), 『언어학』, 샘문화사.

____(1983), 『국어학』, 샘문화사.

____(1987), 『국어 때매김법의 변천사』, 샘문화사.

____(1989), 『16세기 우리 옛말본』, 샘문화사.

* 이 논문은 『건국어문학』 제19·20합집(1995, 건대 국어국문학 연구회) 755~779쪽에서 옮겨 실은 것임.

한국어 관용표현의 통사론적 특성 연구

- 사 · 피동법 제약을 중심으로

박 동 근

1. 머리말

이 글은 현대국어 관용표현의 통사론적 특성으로 사 · 피동법 제약을 연구하는 것이 목적이다.

국어의 관용표현은 한정사 수식, 한정 변형, 사 · 피동 변형, 대명사화, 주제화 등의 여러 통사론적 변형에 있어, 일반적인 문장에 비해 자유롭지 못한 것이 특징 중에 하나이다. 이러한 관용표현의 통사론적 고정성은 의미적인 특수성과 더불어 일반 자유문과 관용표현을 구분짓는 중요한 특성으로 지적되어 왔다. 그러나 관용표현이 형식적인 고정성을 갖는다는 것은 일반문 전체에 대한 관용표현 전체의 상대적인 차이로, 각각의 관용표현을 놓고 볼 때에는 통사론적 변형에 대한 제약이 큰 것에서부터 상당히 자유로운 것까지 다양한 모습을 보인다. 지금까지 관용표현의 통사론적 특성에 대한 연구는 관용표현에 나타나는 제약 현상을 전반적인 특징으로만 기술했을 뿐, 각각의 관용표현에 나타나는 다양한 통사론적 차이나 그 제약의 원인에 대해서는 깊이 논의되지 못했던 것 같다.

관용표현은 그 구성 요소의 의미로부터 합성적으로 전체 구성의 의미를 예측할 수 없다는 점에서 의미의 특수성을 가지는 구성이다. 그러므로 관용표현은 통사부에서 구성되는 것이 아니라 하나의 의미 단위로 습득된다고 볼 수 있다. 이 때 우리는 이러한 관용표현 형식의 다양한 통사론적인 변이형에 대해 두 가지 가설을 세울 수 있다. 첫째, 관용표현은 의미적인 특수성을 가지며 각각의 관용표현들은 서로 다른 통사론적 제약을 보이며 각 관용표현의 변형 가능여부가 동일하지 않으므로, 습득 단계에서 가능한 변이형도 일일이 습득한다고 보는 것이다. 둘째는 관용표현이 하나의 의미 해석단위로 습득되기는 하나 가능한 변이형은 다른 통사론적 구성과 마찬가지로 통사 규칙에 의해 자동적으로 결정된다고 보는 것이다. 글쓴이는 여기에서 후자의 입장을 취하였다.

첫번째 가설을 받아 들인다면, 기본형이 되는 관용표현뿐만 아니라 가능한 변이형까지 모두 습득하여야 하기 때문에 어휘부의 부담이 커질 뿐만 아니라 그 다양한 변이 양상을 반복적인 학습에 의해 모두 습득한다고 보아야 하는데 이는 기대하기 어렵다. 그러나 후자의 입장, 즉 관용표현은 의미 해석단위로서 습득되기는 하나 개별 어휘들과는 달리 여전히 통사론적 구조를 보존하고 있으므로, 가능한 변이형은 일반 자유문과 마찬가지로 자동적으로 결정된다는 보는 것이다. 이는 다음의 언어 사실을 포함하는 이점을 가진다.

먼저 기본 관용표현과 그 의미만 습득하면 가능한 변이형은 통사론적 규칙에 의해 자동적으로 도출되며, 규칙에 의해 부적격한 표현의 생성도 막을 수 있으므로 다양한 변이형이 존재하는 것을 설명할 수 있다. 둘째 앞선 연구에서 일반문과 관용표현을 구분하는 기준으로 여러 통사 제약이 제시된 바 있으나, 앞에서도 지적했듯이 각각의 관용표현은 통사론적인 변형 여부에 차이를 보이므로, 이는 모든 관용표현에 일률적으로 적용할 수 없는 것이므로 일반문과 관용표현문을 구분하는 제한적인 증거밖에 되지 못한다. 즉 통사론적 변형 제약을 일반문과 관용적 표현을 구분하는 기준으로 삼기 위해서는 어떠한 상황에서 변형이 제약되는지를 구체적으로 밝혀야만 한다. 셋째, 특히 언어학적인 의의를 갖는 것으로, 관용표현이 하나의 의미 해석단위로 기능하나 통사론적 규칙의 지배를 받는다는 것은 관용표현이 한편으로는 어휘 층위와 구별되며 또 다른 한편으로는 구구조 층위와 구별된다는 점에서 언어학 연구의 한 층위를 형성한다는 점이다.

그렇다면 각각의 관용표현에서 변형 여부 차이는 어디에 근거하는 것일까? 여기서는 그 원인으로 첫째, 관용표현의 논항(구체적으로는 의미역)의 차이를 들고, 둘째 관용표현의 변형은 그 관용표현의 의미를 유지할 수 있는 범위내에서 가능하다는 가정을 갖고 논의를 시작하겠다. 그러므로 이 글은 관용표현의 변형 제약은 관용표현의 논항구조와 그러한 관용표현의 의미가 형성되는 의미 구조를 파악하게 된다면 각각의 관용표현에 나타나는 통사론적 제약의 원인에 일부를 밝힐 수 있을 것이라는 입장에서 관용표현의 사·피동화의 양상을 구체적으로 살피고 가능하다면 그 제약의 원인을 밝혀 보고자 하는 것이다.

2. 관용표현의 정의와 연구범위

국어학의 다른 몇몇 분야와 마찬가지로 관용표현에 대한 정의와 용어는 아직 정립되지 못한 채 다양하게 사용, 이해되고 있다. 이는 관용표현의 한계를 명확히 규정하기 어렵기 때문이다.

먼저 관용표현과 관련해서 사용된 용어들을 나열해 보면 다음과 같다.

(1) 관용표현과 관련된 용어들1)
    고사성어, 고정표현, 관용구, 관용문, 관용어, 관용어구, 관용표현, 금기어, 길조어, 다의어, 비유어, 비유표현, 속담, 속언, 수수께끼, 숙어, 숙어문, 욕설, 융합복합어, 융합합성어, 은어, 이디엄, 익은말, 형식표현, 속언

위의 일부는 학자에 따라 포괄적인 관용표현에 포함하기도 하고 제외되기도 하고, 모두 관용표현에 포함시키기는 하되 연구 범위를 한정하기도 했다. 또 상위개념으로 쓰기도 하였으며 유개념으로 사용되기도 하는 등 그 쓰임이 매우 다양하였다. 우선 이 글에서는 이들을 포괄하는 용어로 '관용표현'을 쓰기로 하겠다. 관용어 혹은 관용구(문) 등의 용어는 특정 층위에 한정하는 선입관을 줄 수 있기 때문이다.2)

사실 '관용표현'이라는 용어가 완전히 굳어진 것이 아닌 이상, 또 그 어

---

1) 관용표현의 개념에 대한 앞선 연구로는 김문창(1990) 참조.
2) 국어학에서 '영어'나 '국어'같은 언어 이름이나 '숙어' 등을 제외하고 '-어'가 붙는 용어는 대개 어휘층위의 형식에 대한 용어로 사용하는 게 일반적이다(예, 단어, 상징어, 친족어, 색체어, 감각어, 외래어, 지명어, 인체어, 특수어, 동의어, 다의어, 유의어, 합성어, 파생어, 복합어 등).

휘적인 의미만으로 놓고 볼 때는 위의 범주들을 모두 관용표현에 포함시
킨다 해서 이의를 제기할 일은 못 된다고 본다. 즉 관용표현에 다의어나
융합합성어같은 어휘적인 층위를 포함하든 포함하지 않든, 혹은 형식표현
이나 고정표현, 더 나아가 '옛날 옛날 한 옛날에' 등과 같은 단순한 상투적
표현을 포함하느냐 그렇지 않느냐는 연구자의 연구 목적이나 태도에 따라
다를 수 있는 것이지 어떤 것이 맞고 어떤 것이 틀렸다고 말할 수 있는
성질의 것은 아니라고 본다. 그러므로 이 글에서 글쓴이는 관용표현에 대
해서 구체적인 경계를 긋기 보다는 이 연구에서 다루고자 하는 취지에 따
라 관용표현의 대상을 한정하기로 하겠다.

　글쓴이는 앞에서 관용표현의 언어학적 가치는 관용표현이 형식적으로는
통사론적 구조를 갖고 의미상으로는 하나의 낱말처럼 기능하는 의미 해석
단위라는 점에 두었다. 이러한 점에서 의미의 특수성을 갖기는 하나 어휘
층위의 분명한 다의어나 융합합성어 및 성어, 그리고 단순히 형식의 고정
성을 갖는 형식표현(그리고 김문창1974의 '통사론적 숙어'와 강위규1990,
의 비자립적 관용표현을 포함하여)이나 상투적 표현은 그것이 관용표현이
냐 아니냐의 논의를 떠나서 본 연구 대상에서 제외한다. 왜냐하면 먼저,
의미의 특수성을 갖는 낱말 형식은 통사론적 구성을 갖는 표현과 문법론
에서 함께 논의될 만한 것이 아니다. 다의어나 융합합성어는 의미의 특수
성을 갖는 것 이외에는 일반적인 낱말과 똑같이 행동한다.3) 통사규칙은
낱말의 내부에 대해 관여할 수 없는데 반해 통사론적 구성의 관용표현은
의미상 하나의 낱말처럼 행동하지만 제한적이기는 하나 통사론적 규칙의
지배를 받는다. 그러므로 어휘층위의 관용표현(혹 이를 관용표현이라 하더
라도)과 통사론적 층위의 관용표현을 포괄하는 설정 기준이나 문법 현상
을 논하기는 힘들다.

　그러므로 의미의 특수성을 갖는 다의어나 융합합성어는 어형성론에서,
그리고 강위규(1990)에서 세운 '비자립적 관용표현'은 문장구성론에서 다
룰 성질의 것이라고 본다. 이 밖에 형식표현(인삿말 등)이나 의미의 특수

---

3) 또한 어휘적인 특수성을 갖는 표현 가운데 상당수는 관용적표현의 일반적인 발달 단계를 거
　친 것이 아니라 전문용어처럼 규범적으로 만들어진 것들이다.
　　예) 앞가지: [앞에 있는 가지] / '접두사'

성을 갖지 않는 상투적 표현은 관습(관용)성 여부에 관계 없이 본 연구의 대상에서 제외된다.

이제 구절형 관용표현의 연구 범위를 한정해 보도록 하겠다. 이에 포함되는 것으로 속담, 금기담, 비유표현, 숙어 등을 들 수 있다. 결론적으로 말해 본 연구에서는 그것이 숙어이든, 속담이든, 금기담이든 비유표현이든 상관 없이 의미적인 특수성을 갖는다면 혹 비속어적인 의미를 갖더라도 모두 연구대상으로 삼는다. 지금까지 이들의 영역은 마치 배타적인 것처럼 다루어진 경향이 있는데 이들 사이의 경계는 불분명할 뿐 아니라, 이들은 하나의 통일된 기준으로 설정된 배타적인 대상들이 아니다. 금기담 가운데에는 어떤 것은 속담에 포함되겠지만 그렇지 않은 것도 있을 수 있다. 여기서 우리에게 중요한 것은 의미의 특수성을 갖는 각종 구구성이 어떤 통사적 특성을 보이는가에 있다.4)

3. 관용표현의 사 · 피동문화 제약

3.1 제약의 원인

관용표현의 통사론적 특성에 대한 연구로는 안경화(1987), 강위규(1990), 김혜숙(1992, 1993)을 들 수 있다. 나머지 두 연구가 단순히 관용표현의 통사론적 특성을 나열한데 반해 안경화(1987)에서는 관용표현의 다양한 제약의 원인을 ① 형태면에서 변이형태의 유무, ② 통사면에서 통사작용의 제약 유무, ③ 의미면에서의 투명도, ④ 의미면에서 관용의미의 복수 여부, ⑤ 사용면에서 구성 단어, 구의 일상적 사용 여부 등의 기준과 관련하여 논의했다.

---

4) 의미의 특수성을 갖는 것으로 표어와 격언, 문학적 표현을 더 들 수 있다.
　　ㄱ. 꺼진 불도 다시 보자.　　〔불조심하자〕
　　ㄴ. 자나 깨나 불조심.　　〔불조심하자〕
　　ㄷ. 눈에 이슬이 맺히다.　　〔눈에 눈물이 고이다〕
　　ㄹ. 시간은 돈이다.　　〔시간을 아껴써야 한다〕
　　이들이 우리의 관용표현 조건을 만족하는 것처럼 보이기는 하나 규범적인 합성어(전공용어 등)와 같이 관용어의 일반적인 발달단계를 거친 것이 아니라 특수한 목적으로 만들어진 문장이므로 일단 본 연구대상에서 제외한다.

글쓴이는 앞에서도 지적했듯이 서술구조의 관용표현이 갖는 논항의 차이와, 그 의미구조의 차이가 관용표현의 변형 여부에 관여한다는 가정을 세웠다.

다음은 'X을 V' 구성의 관용표현를 하나의 서술어로 보고 그 논항과 그 관용표현이 갖는 동사가 일반문에서 쓰일 때의 논항을 비교한 것이다.

(2) ㄱ. '들다':(V)

  ① 의미 — 〔들다〕

  ② 논항구조 〔NP가 NP를 _____ 〕

  예) 철수가 바위를 들었다(*철수가 영희에게 바위를 들었다).

  ㄴ. '손을 들다':(V)

  ① 의미 — 〔항복하다〕

  ② 논항구조 〔NP가 NP에게 _____ 〕

  예) 소련이 미국에게 <u>손을 들었다</u>. 〔항복했다〕

(3) ㄱ. '차다':(V)

  ① 의미 — 〔차다〕

  ② 논항구조 〔NP가 NP에 NP를 _____ 〕

  예) 성렬이는 허리에 삐삐를 찼다. 〔합〕

  ㄴ. '깡통을 차다':(V)

  ① 의미 〔거지가 되다〕

  ② 논항구조 〔NP가 _____ 〕

  예) ㄱ. 그의 가족은 모두 <u>깡통을 찼다</u>. 〔거지가 됐다〕

    ㄴ. 그의 가족은 모두 허리에 깡통을 찼다. 〔합〕

(4) ㄱ. '삼키다':(V)

  ① 의미 — 〔삼키다〕

  ② 논항구조 〔NP가 NP를 _____ 〕

  예) 철수는 음식을 삼켰다.

  ㄴ. '군침을 삼키다':(V)

  ① 의미 — 〔욕심을 내다〕

  ② 논항구조 〔NP가 NP에 _____ 〕

  예) 철수는 그 일에 <u>군침을 삼켰다</u>. 〔욕심을 내다〕

(2ㄱ)에서 '들다'가 본래의 의미로 쓰였을 경우와 (2ㄴ)과 같이 관용표현의 일부로 쓰였을 경우를 비교해 보면 '들다'는 관용표현으로 쓰였을 때

일반문에서보다 하나의 논항을 더 갖는다.5) 어휘의 논항(의미역)은 예측할 수 없으므로 어휘부에 저장되어 있는 것이므로, (2ㄴ)의 경우는 '들다'가 논항(의미역)을 부여하는 것이 아니라 '손을 들다'가 '항복하다'의 의미를 갖고 하나의 서술어처럼 논항을 결정한다고 본다. (3)의 '차다'의 경우에는 오히려 관용표현에 쓰일 경우에는 논항이 하나 적다. 이처럼 'X을 V'형 관용표현이 하나의 서술어처럼 기능할 때, 그리고 관용표현의 논항과 그 동사(V)가 일반적인 문장에서 쓰일 때의 논항과 다르다면 이 둘 사이에는 변형 제약에 차이가 생길 수 있을 것이다.

관용표현의 또 다른 제약 원인으로 관용표현의 의미가 어떻게 도출되는가를 제안하였다. 관용표현은 하나의 의미 해석단위이므로6) 관용표현의 변형은 그 관용표현의 의미를 잃지 않는 선에서 가능할 것이다.

지금까지 관용표현의 의미구조는 일반적으로 'A+B → C'인 것으로 해석하여 왔다. 그러나 관용표현의 의미구조는 이보다 다양한 것같다. 첫째, 관용표현의 의미는 그 구성요소의 기본의미로부터 합성적이 아닌 제 3의 의미를 갖는다는 것을 인정할지라도 관용표현 가운데 일부는 그 구성요소의 주변의미로부터 전체 의미를 합성적으로 도출할 수 있는 것들이 있다.

(5) ㄱ. 손을 들다.〔항복하다〕
    ㄴ. 머리를 올리다.〔결혼하다〕
    ㄷ. 머리를 깎다. 〔중이 되다〕
(6) ㄱ. 목을 자르다.〔파면하다〕
    ㄴ. 권총을 차다.〔F학점을 받다〕
    ㄷ. 불을 끄다.〔급한 일을 해결하다〕

(5)와 (6)의 관용표현의 의미는 모두 그 구성요소의 기본의미로부터 직접, 합성적으로 유도할 수 있는 것은 아니지만 둘의 의미 해석 양상은 매우 다르다. (5)의 경우는 대개 그 의미가 그 행위에 의해 유추될 뿐 구성요소의 의미와 전혀 무관한데 반해, (6)의 예들은 어느 정도 그 구성요소

---

5) 선택제약까지 고려한다면 더 분명한 차이를 보일 것이다.
6) 관용표현의 의미가 한 어휘의 의미기능을 한다든가 한 어휘를 대신한다든다 하는 것은 정확하지 못한 표현이다.

의 의미로부터 관용의미를 유추해 낼 수 있다. (5ㄱ)의 '손을 들다'는 항복
할 때의 행동에서, (5ㄴ)의 '머리를 올리다'는 결혼하는 의식에서 유추하여
관용의미를 갖게 된다. 결코 그 구성요소인 '손'이나 '머리'가 '항복'이나 '결
혼'의 어떤 의미와도 직접적으로 연관되지 않는다. 이에 반해 (6)에서, 파
면을 할 때 실제 목을 자르는 것이 아니며 F학점을 맞았다고 해서 실제
권총을 차는 것은 아니다. 이것은 그 구성 어휘의 주변의미와 관련된다.
즉 '목'은 '지위'를 '자르다'는 '박탈하다'의 의미를 갖는 것으로, '권총'은 〔F
학점〕을 '차다'는 〔받다〕를 의미하는 것으로 풀이된다. 마찬가지로 '불'은
〔급한 일〕을 '끄다'는 〔해결하다〕의 의미를 갖는 것으로 해석이 가능하다.
이러한 점에서 (6)의 관용의미 형성은 다음과 같이 풀이된다.

(7) A+B ⟶ A′B′

ㄱ. 목을 자르다.
   〔지위〕 〔박탈하다〕
ㄴ.권총을 차다. (cf. 쌍권총을 차다)
   〔F학점〕 〔받다〕
ㄷ. 불을   끄다.
   〔급한일〕 〔해결하다〕

이렇게 본다면 'A+B ⟶ AB′로 풀이되는 '흉을 보다'나 '욕을 먹다'에
서 '보다'나 '먹다'를 다의어로 처리하는 것과 같이 이들도 양 구성요소의
어휘가 다의적인 의미를 갖고 이들이 합성적으로 해석되는 것이라고 할
수 있을지도 모른다. 그렇다면 이들은 의미의 특수성을 갖는다고 보기 어
렵고 결국 관용표현의 연구 대상에서 제외해야 할지도 모른다. 그러나 앞
에서도 언급했듯이 이 글의 목적은 관용표현의 정확한 한계를 규정하기
보다는 관용표현으로 논의되었던 것들이 어떤 통사적·의미적 차이들을
갖고 있길래 서로 다른 통사론적 변형의 제약을 보이는가에 관심을 갖고
있다. 즉 (5)와 같이 구성요소로부터 의미를 예측할 수 없는 경우와 (6)
과 같이 어느 정도 그 의미를 예측할 수 있는 경우 통사적인 양상이 다를
것이라는 가정 하에 자료를 살펴보도록 하겠다.
안경화(1987:66)에 의하면 국어의 관용표현은 통사적으로 단순히 외면

적인 연결만을 깨는 통사작용은 거의 대부분 허용하며, 각 구성요소에 대
해 서로 완전히 독립된 의미단위로 지위를 요구하는 통사작용에 대해서는
대부분의 숙어가 제약을 받는다고 하였다. 이에 의하면 관용표현의 구성요
소의 의미가 어느 정도 독립적인 (6)의 관용표현들은 독립된 의미단위를
요구하는 통사작용에 있어 (5)의 관용표현보다는 제약을 적게 받을 것이
라 기대된다.

    (8) ㄱ. 철수는 영희에게 <u>비행기를 태웠다</u>. 〔합,관〕
       ㄴ. 철수는 영희에게 <u>그 비행기를</u> 태웠다. 〔합〕
    (9) ㄱ. 철수가 <u>불을 껐다</u>. 〔합,관〕
       ㄴ. 철수가 <u>그 불을</u> 껐다. 〔합,관〕
   (10) ㄱ. 철수는 어제 <u>목이 잘렸다</u>. 〔합,관〕
       ㄴ. 어제 <u>철수의 목이</u> 잘렸다. 〔합,관〕
   (11) ㄱ. 나는 <u>권총을 찼다</u>. 〔합,관〕
       ㄴ. 나는 <u>세 개의 권총을</u> 찼다. 〔합,관〕

  (8)의 '비행기를 태우다'는 '칭찬하다'의 의미를 갖는 관용표현인데 '비행
기 = 칭찬', '태우다 = 하다'의 관계로 분석하기는 어렵다. 그러므로 '비행
기'만을 한정적으로 수식하는 (8ㄴ)과 같은 문장에서는 관용적인 의미를
가질 수 없고 합성적인 의미로만 해석된다. 이에 반해 (6)의 관용표현과
같이 구성요소가 분명히 독립적인 의미를 갖고 있는 경우에는 (9), (10),
(11)과 같이 한정 수식에서도 관용의미를 유지할 수 있다.

    (12) ㄱ. 아내는 늘 <u>바가지를 긁었다</u>.
       ㄴ. 아내는 <u>바가지가</u> 날이 갈수록 심해진다.
       ㄷ. 나는 오늘도 아내의 <u>바가지</u> 소리로 하루를 시작했다.
       ㄹ. 아내는 또 <u>바가지다</u>.

  '바가지를 긁다'는 〔잔소리 하다〕의 의미를 갖는 전형적인 관용표현의
하나이다. 이것은 다른 관용표현과 같은 발달단계를 거친 것으로 보이는
데, 여기에서 더 나아가 '바가지' 단독으로도 '바가지 긁기'의 의미를 갖게
된다(12ㄴ,ㄷ,ㄹ). 이러한 다양한 관용표현의 의미구조 양상은 결과적으로

각각의 관용표현이 서로 다른 변이 양상을 보이는 원인으로 작용할 것이다.

한편, 방법상에 있어 관용표현의 통사적 제약을 살피는 데는 그 제약이 관용표현만의 제약인지 일반문에서도 나타나는 제약인지를 먼저 살펴야 한다. 김혜숙(1992)에서는 관용표현의 대명사화 제약의 증거로 다음 (13)과 같은 예문을 들고 있는데 이는 관용표현문뿐만 아니라 이와 동일한 (14)와 같은 일반 구문에서도 쓰지 않는 표현이라는 점에 주의하여야 한다.

(13) ㄱ.*할아버지가 눈을 감으시자, 할머니도 뒤이어 그것을 감으셨다.
　　ㄴ.*산적이 구미가 당기지만, 갈비찜도 그것이 당긴다.
(14) ㄱ.*철수가 배가 아프다고 말하자, 영희도 그것이 아프다고 말했다.
　　ㄴ.*사과는 맛이 좋지만, 바나나는 그것이 나쁘다.

즉 관용표현의 제약을 살피는 경우 그것이 관용표현이기 때문에 나타나는 제약인지 아닌지를 먼저 확인해야 할 것이다.

이 연구의 대상은 앞에서 제시한 조건을 만족하는 'X을 V' 구성의 관용표현에 한정하였다. 이것은 'X을 V' 구성의 관용표현이 하나의 서술어처럼 기능하고 논항 구조를 결정한다는 점에서, 앞에서 가정한 관용표현의 제약 원리의 타당성을 확인할 수 있고, 또 여러 다양한 구문의 관용표현을 대상으로 하기에 앞서 통사적으로 동일한 구문의 관용표현에 연구를 한정함으로써 연구의 정확성과 편리성을 높이자는 의도에서이다.

여기서 다룬 자료는 앞선 연구서들에서 자주 제시되었던 것들로 다음과 같다.

〈자료1〉 'X을 V' 형 관용표현

1. 구멍을 메우다　　2. 군침을 삼키다　　3. 권총을 차다
4. 금을 긋다　　　　5. 기름을 짜다　　　6. 깡통/쪽박을 차다
7. 나팔을 불다　　　8. 눈을 감다　　　　9. 눈을 뜨다
10. 눈을 붙이다　　　11. 다리를 놓다　　　12. 다리를 뻗다
13. 담을 쌓다　　　　14. 덜미를 잡다　　　15. (두) 손을 들다
16. 등을 돌리다　　　17. (뜬) 구름을 잡다　18. 마음을 놓다

19. 마음을 비우다
20. 맞장구를 치다
21. 머리를 깎다
22. 머리를 올리다
23. 머리를 짜다
24. 목을 매달다₁
25. 목을 매달다₂
26. 목을 자르다
27. 몸을 던지다
28. 못₁을 박다
29. 못₂/쐐기를 박다
30. 무릎을 꿇다
31. 문을 닫다
32. 미역국을 먹다
33. 바가지를 긁다
34. 바가지를 쓰다
35. 바람을 맞다
36. 바람을 일으키다
37. 발목을 잡다
38. 발을 끊다
39. 발을 묶다
40. 발을 빼다
41. 발을 씻다
42. 배를 불리다
43. 벼락을 맞다
44. 보따리를 싸다
45. 불을 끄다
46. 붓을 꺾다
47. 비행기를 태우다
48. 산통을 깨다
49. 세상을 뜨다
50. 속을 차리다
51. 손가락을 걸다
52. 손을 놓다
53. 손을 떼다
54. 손을 대다
55. 손을 벌리다
56. 손을 보다
57. 손을 뻗치다
58. 손을 쓰다
59. 손을 씻다
60. 손을 털다
61. 시집을 가다
62. 시집을 오다
63. 쌍심지를 켜다
64. 오리발을 내밀다
65. 옷을 벗다
66. 웃음을 사다
67. 이를 갈다
68. 이를 악물다
69. 입을 다물다
70. 입을 막다
71. 입을 맞추다
72. 입을 모으다
73. 입을 씻다
74. 입을 열다
75. 자리를 잡다
76. 잠을 자다
77. 장가를 가다
78. 장가를 들다
79. 재를 뿌리다
80. 주름을 잡다
81. 죽을 쓰다
82. 지도를 그리다
83. 콧대를 꺾다
84. 콩밥을 먹다
85. 큰 소리를 치다
86. 파리를 날리다
87. 피를 말리다
88. 피를 보다
89. 호박씨를 까다

3.2 사·피동과 자리값

관용표현의 사·피동 제약을 지적한 연구로 강위규(1990:102~104)와 김혜숙(1992)이 있다.

(15) ㄱ. 철수가 미역국을 먹었다.
　　ㄴ. 어머니가 철수에게 미역국을 먹였다.
　　ㄷ. 어머니가 철수에게 미역국을 먹게 하였다.
　　ㄹ. ?미역국이 철수에게 잘 먹힌다.
　　ㅁ. ?미역국이 철수에게 잘 먹어진다.
(16) ㄱ. 그는 드디어 깡통을 차는 신세가 되었다.
　　ㄴ. 철수가 그에게 깡통을 차게 했다.

ㄷ. 깡통이 발에 차였다.
ㄹ. 깡통이 허리에 차여졌다.

강위규(1990)는 위의 예를 들어 (15)의 '미역국을 먹다'는 어휘적 사동
과 통사적 사동에서, 그리고 어휘적 피동과 통사적 피동에서 관용의미를
유지하지 못한다고 보았다.7) (16)의 '깡통을 차다'의 경우에는 '차다'에 대
응하는 사동사가 없으므로 이 경우에 어휘적 사동은 근본적으로 논의의
대상이 되지 못한다. 그런데 (16)의 '깡통을 차다'는 (15)의 '미역국을 먹
다'와 달리 통사적 사동에서 그 관용의미를 유지하고 있다. 피동문에서는
마찬가지로 관용의미를 유지하지 못한다.

이에 대해 강위규(1990)는 "우리말의 사동·피동월은 능동월·주동월과
1:1의 대응관계에 있지 않고, 관용표현의 다수가 사동이나 피동 표현을
가지고 있기 때문에, 이와 같은 제약은 관용표현만의 특성으로 규정할 수
없다"고 보았다.

이 글에서 글쓴이는 위의 현상은 다음과 같이 해석한다. 먼저 (15ㄹ)과
(15ㅁ)의 피동문은 관용표현을 갖는 문장에서뿐만 아니라 일반문에서도
가능하지 않은 표현이므로 논의의 대상이 되지 않는다. 이는 먼저 일반적
인 피동문 제약에서 살필 문제이다. 이에 반해 (16ㄷ, ㄹ)의 피동문은 일반
문에서는 가능하나 관용표현일 경우 제약되는 문형이다.

앞의 (3)에서 글쓴이는 '차다'와 '깡통을 차다'의 논항구조가 다음과 같
이 다르다는 것을 보였다.

(17) ㄱ. '차다'의 논항구조: 〔NP가 NP에 NP를 _____〕
       예) 철수는 허리에 깡통을 찼다.
    ㄴ. '깡통을 차다'의 논항구조: 〔NP가 _____〕
       예) 철수는 깡통을 찼다.

---

7) 위에서 '어머니가 철수에게 미역국을 먹게 하였다'가 관용의미를 갖지 못하는 것은 형식적인
   이유라기 보다는 '어머니'라는 주어의 성격 때문인 것 같다. 다음과 같은 경우에는 충분히 관
   용적인 쓰임이 가능하다고 본다.
   예) 이번 시험에서 은영이는 승연이에게 미역국을 먹게 하였다.

(17ㄴ)과 같이 '깡통을 차다'가 [거지가 되다]를 뜻하는 관용표현일 경우 (17ㄱ)의 '차다'와 달리 위치어를 논항으로 갖지 못한다. 그러므로 의미적으로 관련을 맺을 것으로 보이는 피동문이 앞의 (16ㄷ, ㄹ)과 같이 위치어 '발에, 허리에'를 가질 경우에는 관용적인 의미를 유지하지 못한다.

국어에서 사·피동법 설정에서 한 쟁점이 되어 온 것은 형식적으로는 사·피동 형식을 갖추고 있으나 사동주나 피사동주가 행위능력이·없는 다음과 같은 문장에 대한 처리이다.

(18) ㄱ. 철수는 물을 끓였다.
    ㄴ. 아군은 드디어 적의 성을 함락시켰다.

(18ㄱ)의 '끓이다'는 '끓다'에 사동접미사 '-이-'가 결합하여 사동사가 된 형이며, (18ㄴ)의 '함락시키다'는 '함락'에 '시키다'가 결합하여 사동사가 된 것이다. 그러나 위의 보기는 피행위주인 '물'과 '성'이 각각 행동성이 없는 무정물이기 때문에 사동을 순수히 개념범주로만 본다면 위의 구문은 사동문으로 볼 수 없을 것이다. 그런데 사동법의 개념으로 최현배(1971:350)에서는 "월의 임자가 직접적으로 실질적 움직임을 하지 아니하고, 남에게 그 움직임을 하게 하는 형식적인 움직임"이라 정의하고 있는데, 그는 객관적으로 드러나는 '사실의 힘'과 주관적으로 표현되는 '말의 힘'이 항상 일치하는 것이 아니라고 보고 후자가 우선된다고 하였다. 이정택(1991)에서는 사동행위가 반드시 피사동행위를 함의하지는 않는다는 증거를 제시하고 사동의 의미를 [+CAUSE]로 잡고 '피사동행위'의 수행여부가 사동법 설정에서 문제가 되지 않는다고 보았다. 권재일(1992)에서는 '원인'과 '결과'라는 두 개의 상황을 하나의 복합상황으로 표현하는 것이 사동 상황이며 또 이러한 사동 상황을 실현하는 문법범주를 사동법이라 하고, 어떤 행위나 동작이, 주어로 나타난 사람이나 사물이 제 힘으로 행하는 것이 아니라, 남의 행동에 의해서 되는 행위가 피동인데 이러한 피동 표현의 문법범주를 피동법이라 정의하였다. 이러한 사동표현은 통사적으로 어떤 상황의 주격을 다른 격으로 이동시키고 새로운 행위자를 새 주격으로 끌어들여 자리값을 늘리는 과정이고, 반대로 피동법은 능동표현의 주어를 다른 문장성분으로 이동시키고, 새로운 주어를 선택하는 과정으로 설명하였다.

이 글에서는 일반문과 관용표현의 통사론적 특성이 다른 원인의 하나로 논항수의 차이를 들었다. 그러므로 사·피동법을 개념범주로 보기보다는 형식범주로 보고 능동문이 대응하는 사·피동문에서 자리의 이동과 자리값의 변동이 관용표현의 통사론적 제약에 관여하는 지를 파생법에 의한 어휘적 사·피동과 통사적 사·피동을 대상으로 살펴보도록 하겠다.

3.3 사동법 제약

이제 본론으로 들어가 먼저 'X을 V' 구문 관용표현의 파생적 사동사에 의한 사동법 제약을 살펴보도록 하자. 'X을 V' 관용표현이 대응하는 파생적 사·피동문을 갖기 위해서는 기본적으로 관용표현의 동사가 대응하는 사·피동사를 가져야 한다. 〈자료 1〉에서 제시한 관용표현 가운데 그 서술어가 대응하는 사·피동사를 갖는 것은 다음과 같다.

〈자료 2〉

관 용 표 현	사동사	피동사
구름을 잡다		잡히다
권총을 차다	채우다	
눈을 감다	감기다	
눈을 뜨다		뜨이다
다리를 놓다		놓이다
담을 쌓다		쌓이다
덜미를 잡다		잡히다
두손을 들다		들리다
마음을 놓다		놓이다
맞장구를 치다		
머리를 깎다		깎기다
목을 자르다		잘리다
못을 박다₁		박히다
못을 박다₂		박히다
무릎을 꿇다	꿇리다	꿇리다
문을 닫다		닫히다
미역국을 먹다	먹이다	먹히다
바가지를 긁다		긁히다
바가지를 쓰다	씌우다	
바람을 맞다	맞히다	
발목을 잡다		잡히다
발을 끊다		

관 용 표 현	사동사	피동사
발을 묶다		끊기다
발을 씻다	씻기다	묶이다
붓을 꺾다		꺾이다
벼락을 맞다	맞히다	
산통을 깨다		깨지다
세상을 뜨다	띄우다	
손가락을 걸다		걸리다
손을 놓다		놓이다
손을 떼다		떼이다
손을 보다	보이다	보이다
손을 쓰다		쓰이다
옷을 벗다	벗기다	
이를 갈다		갈리다
입을 다물다		다물리다
입이 막히다		막히다
입을 모으다		모이다
입을 씻다	씻기다	
입을 열다		열리다
자리를 잡다		잡히다
잠을 자다	재우다	
주름을 잡다		잡히다
콧대를 꺾다		꺾기다
콩밥을 먹다	먹이다	먹히다

표본으로 삼은 〈자료 1〉의 관용표현 가운데 그 서술어가 대응하는 사동
사를 갖는 것은 모두 14개인데 이 가운데 능동의 'X을 V' 관용표현의 동
사(V)를 파생에 의한 대응하는 사동사로 대치하였을 경우에 여전히 관용
의미를 갖는 것은 3개뿐이다.

(19) ㄱ. 신하는 눈을 감았다.〔합,관〕/임금은 신하의 눈을 감겼다.〔합〕
　　 ㄴ. 철수는 미역국을 먹었다.〔합,관〕/어머니는 철수에게 미역국을 먹였다.
　　　　 〔합〕
　　 ㄷ. 철수는 발을 씻었다.〔합,관〕/어머니는 철수의 발을 씻겼다.〔합〕
　　 ㄹ. 철수는 벼락을 맞았다.〔합,관〕
　　 ㅁ. 철수는 손을 보았다.〔합,관〕/영희는 철수에게 손을 보였다.〔합〕
　　 ㅂ. 철수는 손을 씻었다.〔합,관〕/어머니는 철수의 손을 씻겼다.〔합〕

ㅅ. 철수는 입을 씻었다.[합,관]/어머니는 철수의 입을 씻겼다.[합]

ㅇ. 철수는 잠을 잔다.[합]/$^?$기계가 잠을 잔다.[관]

ㅈ. 철수는 콩밥을 먹었다.[합,관]/김형사는 철수에게 콩밥을 먹였다.[합]

ㅊ. 박부장은 옷을 벗었다.[합,관]/사장은 박부장의 옷을 벗겼다.[합]

ㅋ. 철수는 권총을 찼다. [합,관]/선생님은 철수에게 권총을 채웠다.[합]

(20)ㄱ. 철수는 바가지를 썼다.[합,관]/영희는 철수에게 바가지를 씌웠다.[합,관]

ㄴ. 영희는 무릎을 꿇었다.[합,관]/철수는 영희에게 무릎을 꿇리었다.[합,관]

ㄷ. 철수는 바람을 맞았다.[합,관]/영희는 철수에게 바람을 맞혔다.[관]

(19)와 (20)의 보기들은 일반문으로 해석할 수도 있고 관용표현으로 해석할 수도 있는 것으로[8] (19)의 관용표현은 대응하는 어휘적 사동문[9]에서는 관용의미를 잃고 직설적인 의미만 드러난다. (19ㄹ)의 관용표현에서 '맞다'에 대응하는 사동사로 '맞히다'가 있지만 "*벼락을 맞히다"는 일반문에서도 가능하지 않은 표현이므로 논의에서 제외된다. (19ㅇ)의 '잠을 자다'[사용되지 않음]의 경우에는 일반문과 관용표현의 주어에 대한 선택제약이 다르고 여기에서 '기계가 잠을 잔다'는 은유표현으로 봄직하다. (19)와 달리 (20)의 관용표현은 어휘적 사동에서 관용표현의 의미가 유지되는 것들이다.[10]

이들 관용표현의 논항구조가 어떻게 어휘적 사동에 관여하는지 검토해 보자.

---

8) 물론 문맥 정보가 구체적으로 주어지면 그 중 하나로 해석된다.

ㄱ. 철수는 이번 시험에 미역국을 먹었다.

ㄴ. 철수는 아침에 미역국을 먹었다.

9) 사동사는 그 형성방법에 따라, 단순형의 동사 자체가 사동의 의미를 갖고 있는 것, 사동의 의미를 갖는 '시키다'와의 합성에 의한 것, 그리고 사동의 파생접사와 결합하여 사동사가 된 것으로 나눌 수 있다. 이와 같이 구별할 때 첫번째 것을 특별히 어휘적인 방법에 의한 사동법의 실현으로 구분하기도 하나, 이들은 모두 어휘부내에서의 과정이며 통사부의 변형과정에서 도출된다고 보지 않기 때문에 통사론적인 층위에서 볼 때 이들은 모두 어휘적이라 하겠다. 다만 여기서 다루는 어휘적 사동은 파생에 의한 사동만을 대상으로 한다.

10) 이들은 능동표현과 사동표현이 쌍을 이루고 있다고 해도 좋을 것이다. 일반언어학적으로 본다면 능동문이 무표적일 것이나 '비행기를 태우다'나 '구멍이 뚫리다'같은 예는 오히려 관용표현으로써 대응하는 능동문이 존재하지 않는다.

(21) '씻다': (V)

　　① 의미 - 〔씻다〕

　　② 논항구조: 〔NP가 NP에서 NP을 _____ 〕

　　　ㄱ. 철수는 냇가에서 손을 씻었다.

　　　ㄴ. *어머니는 철수에게 손을 씻었다.

　　　ㄷ. 어머니는 냇가에서 철수의 손을 씻겼다.

(22) '손을 씻다': (V)

　　① 의미 - 〔나쁜일을 그만두다〕

　　② 논항구조: 〔NP가 NP에서 _____ 〕

　　　ㄱ. 철수는 범죄에서 손을 씻었다.

　　　ㄴ. *어머니는 철수에게 손을 씻었다.

　　　ㄷ. *어머니는 범죄에서 철수의 손을 씻겼다.

(23) '쓰다': (V)

　　① 의미 - 〔쓰다〕

　　② 논항구조: 〔NP가 (NP에서) NP을 _____ 〕

　　　ㄱ. 철수는 방에서 모자를 썼다.

　　　ㄴ. *철수는 영희에게 모자를 썼다.

　　　ㄷ. 영희는 방에서 철수에게 모자를 씌었다.

(24) '바가지를 쓰다': (V)

　　① 의미 - 〔비싸게 사다〕

　　② 논항구조: 〔NP가 (NP에서) NP에게 _____ 〕

　　　ㄱ. 철수는 바가지를 썼다.

　　　ㄴ. 철수는 영희에게 바가지를 썼다.

　　　ㄷ. 영희는 철수에게 바가지를 씌었다.

　　(21)의 '씻다'는 (22)의 관용표현의 '손을 씻다'의 '씻다'와 논항구조가 같다. 여기서는 '손을 씻다'의 어휘적 사동형인 '손을 씻기다'가 관용의미를 갖지 못한다. 여기에서 (21ㄱ)의 능동문은 (21ㄷ)의 어휘적 사동문을 갖을 수 있는데 반해 관용표현의 (22ㄱ)은 어휘적 사동에 의한 (22ㄷ)과 같은 표현은 가능하지 않다. 한편 (24)의 '바가지 쓰다'라는 관용표현은 (23)의 '쓰다'와 달리 '-에게'라는 자리를 하나 더 가진다. 그리고 (22)의 '손을 씻다'와 달리 그 어휘적 사동형인 '바가지를 씌우다'에서도 여전히 대응하는 관용의미를 유지한다. 우리는 앞에서 사동법이란 새로운 행위자를

끌어들이고 자리값을 늘리는 과정으로 이해하였다. 그런데 피동법과 달리 사동법은 문장 밖에서 새로운 행위자(다시 말해 새로운 환경이라 할 수 있을 것이다)를 끌어들인다는 점에서 사동문이 그 대응하는 능동문에서 직접 변형과정으로 도출되는 것은 아니다. 능동문의 동사에 대해 대응하는 사동사의 자리값 또한 규칙적이지 않다. 반드시 자리값을 늘리는 과정이 아니기 때문이다.

(25) ㄱ. 철수는 모자를 썼다.
    ㄴ. 복진이는 철수에게 모자를 씌웠다.

(25ㄱ)에 대해 대응하는 사동문 (25ㄴ)은 새로운 행위주로 '복진이'를 갖고 능동문의 주어 '철수'는 '피행위주의 자리로 이동하였다' 물론 철수가 모자를 썼다는 사실은 마찬가지이지만 위의 두 상황이 반드시 같지는 않다.

(26) ㄱ. 철수의 화살이 과녁에 맞았다.
    ㄴ. 철수는 화살로 과녁을 맞혔다.

'맞히다'는 '맞다'에 대한 파생법에 의한 사동사이지만 (26ㄱ)에 대해 (26ㄴ)은 단순한 자리값 늘리기 규칙이 지켜지지 않는다. 즉 능동문의 동사와 대응하는 사동사의 관계는 규칙적인 양상을 보이지 않는다. 이것은 능동문과 그에 대응하는 것으로 보이는 어휘적 사동문은 각 문장의 동사가 갖는 특이한 문형에 따라 그 관계가 결정되는 것이다.

그렇다면 위에서 능동문의 관용표현이 대응하는 사동문에서도 관용의미를 갖는지를 보기를 통해 다시 검토해 보자.

(27) ㄱ. 철수는 <u>장사꾼에게</u> 바가지를 썼다.
    ㄴ. *영희는 철수에게 장사꾼에게 바가지를 씌웠다.
    ㄷ. 장사꾼은 철수에게 바가지를 씌웠다.
(28) ㄱ. 철수는 미지<u>에게</u> 바람을 맞았다.
    ㄴ. *영희는 철수에게 미지에게 바람을 맞혔다.

ㄷ. 미지는 철수에게 바람을 맞혔다.
(29) ㄱ. 철수는 <u>나에게</u> 무릎을 꿇었다.
ㄴ. *영희는 철수에게 나에게 무릎을 꿇리었다.
ㄷ. 나는 철수에게 무릎을 꿇리었다.

흥미로운 것은 '바가지를 쓰다', '바람을 맞다', '무릎을 꿇다'는 다른 관용표현과 달리 '-에게'라는 논항을 하나 더 갖는다는 점이다. 마찬가지로 그 동사가 갖는 논항과도 차이를 보인다. 위의 문장은 형식적으로는 능동문이나 의미적으로는 '-에게'를 행위자로 하는 피동문이다. 이를 일반적인 사동화 규칙에 의해, 즉 새로운 주어를 끌어들이고 능동의 주어를 '-에게'의 자리로 옮기면 (27ㄴ), (28ㄴ), (29ㄴ)과 같이 하나의 단순문에 두 개의 피행위주가 오게 되어 비문이 된다. 이 경우에는 다른 사동문화 과정과 달리 (27ㄷ), (28ㄷ), (29ㄷ)과 같이 새로운 주어, 즉 문장 밖의 주어를 끌어들일 필요없이 능동문의 '-에게'를 주어자리로 옮기고, 주어를 피행위주 자리인 '-에게'로 옮기면 된다. 이 때는 문장 밖에서 새로운 주어를 끌어들이지 않았기 때문에 능동문과 그 대응하는 사동문 사이에 상황의 동의성도 갖게 된다.

국어의 '-게 하다'에 의한 통사적 사동은 어휘적 사동에 비해 생산적이라는 것은 일반적으로 잘 알려진 사실이다. 〈자료 1〉의 표현들은 대부분 '-게 하다'에 의한 사동표현이 가능한 것으로 보인다. 그러나 대응하는 통사적 사동 표현이 계속해서 관용적인 의미를 갖는지에 대한 판단은 다소 주관적이다. 앞에서 어휘적 사동사를 갖는 경우만을 대상으로 다시 검토해 보자.

(19)′ㄱ. 신하는 눈을 감았다.〔합,관〕/임금은 신하에게 눈을 감게 했다.〔합〕
ㄴ. 철수는 미역국을 먹었다.〔합,관〕/어머니는 철수에게 미역국을 먹게 했다.〔합,관〕
ㄷ. 철수는 발을 씻었다.〔합,관〕/어머니는 철수에게 발을 씻게 했다.〔합,관〕
ㄹ. 철수는 벼락을 맞았다.〔합,관〕
ㅁ. 철수는 손을 보았다.〔합,관〕./어머니는 철수에게 손을 보게 하였다.〔합,관〕
ㅂ. 철수는 손을 씻었다.〔합,관〕/어머니는 철수에게 손을 씻게 했다.〔합,관〕

ㅅ. 철수는 입을 씻었다.[합,관]/어머니는 철수에게 입을 씻게 하였다.[합,
　관]
ㅇ. 철수는 잠을 자다.[합]/ ʔ기계가 잠을 잠을 자게 했다.
ㅈ. 철수는 콩밥을 먹었다.[합,관]/김형사는 철수에게 콩밥을 먹게 했다.
　[합,관]
ㅊ. 박부장은 옷을 벗었다.[합,관]/사장은 박부장에게 옷을 벗게 했다.[관,
　합]
ㅋ. 철수는 권총을 찼다.[합,관]/선생님은 철수에게 권총을 차게 했다.[관,
　합]
(20)′ㄱ. 철수는 바가지를 썼다.[합,관]/영수는 철수에게 바가지를 쓰게 했다.
　　[합,관]
ㄴ. 철수는 무릎을 꿇었다.[합,관]/영희는 철수에게 무릎을 꿇게 하였다.
　[합,관]
ㄷ. 철수는 바람을 맞았다[합,관]/영수는 철수에게 바람을 맞게 했다.[합,
　관]

어휘적인 사동과 달리 '-게 하다'에 의한 통사적 사동에서는 '눈을 감다'
처럼 완곡한 표현을 제외하고는 관용표현의 의미가 사동문에서도 유지된
다. 이는 어휘적 사동과 달리 통사적 사동은 규칙적이며, 능동문의 동사의
어간에 파생적인 변형이 없이 복합문을 구성하기 때문인 것 같다. 즉 새로
운 사동주어를 갖고 능동의 동사는 '-에게'자리로 이동하는데 이는 일반문
이나 관용표현문에서 모두 규칙적으로 적용된다.

(30)ㄱ. 철수는 영희에게 바가지를 썼다.
ㄴ. 영수는 철수에게 바가지를 씌웠다.
ㄷ. *영수는 철수에게 영희에게 바가지를 씌웠다.
ㄹ. 영수는 영희에게 철수에게 바가지를 쓰게 했다.

(30ㄱ)의 관용표현은 (30ㄷ)처럼 어휘적 사동에서는 일반적인 사동화
과정과 달리 새로운 주어를 갖지 않으며 주어인 '철수는'을 '철수에게'로 이
동시키지도 못한다. 그러나 통사적 사동에서는 (30ㄹ)과 같이 일반적인 사
동화 과정이 가능하여 복합문으로 두 개의 '-에게' 논항을 가질 수도 있다.
앞에서 관용표현의 어휘적 사동은 관용표현과 그 표현에 쓰이는 동사의

논항구조의 차이 그리고 대응하는 사동사의 논항구조의 특성에 따라 차이
가 생기는 것으로 설명했다. 그러나 통사적 사동은 논항수를 늘리는 데 있
어 규칙적이고 또 능동문의 동사 자체는 다른 사동사로 대치되는 것이 아
니라 단지 내포문화 되는 것이므로 그 사동표현에서도 관용의미가 규칙적
으로 반영될 것이라고 기대할 수 있다. 실제 (19ㄱ~ㅋ)의 어휘적 사동에
서는 유지되지 않으던 관용표현들의 의미가 (19'ㄱ~ㅋ)의 통사적 사동에
서 문맥에 따라 다소 불투명하기는 하지만 대부분 관용적인 의미가 유지
되고 있음을 볼 수 있다.11)

정리하면 'X을 V'형의 관용표현은, 어휘적 사동은 그 관용표현의 논항구
조와 대응하는 사동문의 논항구조에 따라 사동화의 제약에 차이를 보이는
데 반해 통사적 사동은 특수한 문맥 상황을 요구하는 경우를 제외하고는
관용표현의 논항이나 그 동사의 논항의 차이에 관계 없이 대부분 가능하
다.12)

3.4 피동법 제약

다음은 'X을 V'형 관용표현의 피동문화 제약을 검토해 보도록 하자. 〈자
료 1〉의 관용표현 가운데 그 동사가 대응하는 피동사를 갖는 것은 모두 3
4개이다(〈자료 2〉 참조). 이 가운데 대응하는 어휘적 피동구문이 존재하
는 것은 것은 다음과 같이 12개이다.

(31)ㄱ. 눈을 뜨다   →   눈이 뜨이다
    ㄴ. 덜미를 잡다   →   덜미가 잡히다, 덜미를 잡히다
    ㄷ. 마음을 놓다   →   마음이 놓이다
    ㄹ. 목을 자르다   →   목이 잘리다

---

11) 문맥에 대한 정보를 구체적으로 주면 이는 보다 분명히 드러난다.
    ㄱ. 영희는 이번 시험에서 철수에게 또 무릎을 꿇게 하였다.〔관〕
    ㄴ. 어머니는 철수에게 그 일에서 손을 씻게 했다.〔관〕
    ㄷ. 어머니는 철수에게 그 일을 손을 보게 하였다.〔관〕
12) 글쓴이는 편이상 어휘적 사동에 대해 변형이라는 용어를 사용하였지만 관용표현의 능동문
    과 대응하는 어휘적 사동문은 그 특수성으로 각각 심층에서 도출되는 것이지 변형과정으로
    도출된다고 보지 않는다.

ㅁ. 못을 박다   →   못이 박히다
ㅂ. 바가지를 긁다   →   바가지를 긁히다
ㅅ. 발목을 잡다   →   발목이 잡히다, 발목을 잡히다
ㅇ. 발을 끓다   →   발이 끓이다
ㅈ. 발을 묶다   →   발이 묶이다
ㅊ. 이를 갈다   →   이가 갈리다
ㅋ. 자리를 잡다   →   자리가 잡히다
ㅌ. 콧대를 꺾다   →   콧대가 꺾이다, 콧대를 꺾이다

　한국어의 피동법은 능동표현의 주어를 다른 문장성분으로 격을 이동 시키고 새로운 주어를 선택하는 과정이다(권재일, 1992 ; 170). 사동법과 달리 이때 새로운 주어는 외부에서 가져오는 것이 아니라 대개 능동문의 목적어는 대응하는 피동문의 주어가 된다. 이는 새로운 상황을 선택하지 않는다는 점에서 사동문과 다르며 피동문은 능동문과 동의관계를 이룬다.

　피동법 구문 가운데에도 목적어를 가지는 경우가 있는데 이는 대응하는 능동표현의 타동사에 목적어가 겹쳐날 경우이다(권재일, 1992 ; 171). 이러한 특성은 관용표현에서도 마찬가지이다. (31) 보기에서 피동의 관용표현이 목적어를 갖는 것은 4개인데 이를 능동문과 비교하면 다음과 같다.

(32) ㄱ. 김형사는 밀수범을 <u>덜미를 잡았다.</u>
　　 ㄴ. 영희는 철수에게 <u>덜미를 잡혔다.</u>
　　 ㄷ. 밀수범은 김형사에게 <u>덜미가</u> 잡혔다.
(33) ㄱ. 아내는 매일 나를 <u>바가지를 긁는다.</u>
　　 ㄴ. 나는 매일 아내에게 <u>바가지를 긁힌다.</u>
　　 ㄷ. *나는 매일 아내에게 <u>바가지가</u> 긁힌다.
(34) ㄱ. 김형사는 범인을 <u>발목을 잡았다.</u>
　　 ㄴ. 범인은 김형사에게 <u>발목을</u> 잡히었다.
　　 ㄷ. 범인은 김형사에게 <u>발목이</u> 잡혔다.
(35) ㄱ. 영희는 잘난체하던 순희를 <u>콧대를 꺾었다.</u>
　　 ㄴ. 잘난체 하던 순희는 영희에게 <u>콧대를</u> 꺾였다.
　　 ㄷ. 잘난체 하던 순희는 영위에게 <u>콧대가</u> 꺾였다.

능동표현의 목적어가 둘일 때 이들은 모두 피동표현의 주어가 될 수 있

다. (33)의 보기를 제외한 (32), (34), (35)는 관용표현에서도 이 원칙이 지켜지고 있는 것을 볼 수 있다. (33)의 '바가지를 긁다'에 대해서만은 대응하는 피동문으로 '바가지를 긁히다'만이 가능하지 '바가지가 긁히다'는 관용의미를 갖지 못한다. 이는 피동주의 의미를 더 강조하기 위해서는 전자가 더 자연스럽기 때문인 것으로 보인다.

이제 본론으로 돌아가 능동의 'X을 V'형 관용표현의 어휘적 피동제약을 살펴보도록 하자. 어휘적 사동에서는 'X'의 자리에는 변동 없이 동사만을 교체하여 그 동사와의 관계가 '목적어-서술어'의 관계를 유지하는 데 반해, 어휘적 피동에서 동사를 피동사로 바꾸는 동시에 'X'는 주어가 되어 사동법에 비해 형식자체에 큰 변화를 갖는다. 'X을 V'에서 'X'의 자리가 바뀐다는 것은 'X'와 'V'사이의 의미적인 독립성이 강할 때 가능하다고 본다. 즉 피동법 제약은 우리가 관용표현의 통사적 특성이 차이를 갖는 원인의 하나로 제시한, 관용표현의 의미가 그 구성요소로부터 합성적으로 도출될 수 있는가에 크게 의존하는 것으로 본다. 흥미롭게도 피동화되는 (31)의 12용례 가운데 10개가 그 구성요소의 의미로부터 관용표현의 의미를 합성적으로 도출할 수 있었다.

(36) ㄱ. 눈을 뜨다 　　　　　〔이치〕〔깨닫다〕
　　 ㄴ. 덜미를 잡다 　　　　 〔약점〕〔잡다〕
　　 ㄷ. 목을 박다 　　　　　 〔상처〕〔입히다〕
　　 ㄹ. 마음을 놓다
　　 ㅁ. 목을 자르다 　　　　 〔직위〕〔박탈하다〕
　　 ㅂ. 바가지를 긁다 　　　 〔잔소리〕〔하다〕
　　 ㅅ. 발목을 잡다 　　　　 〔약점〕〔잡다〕
　　 ㅇ. 발을 끊다 　　　　　 〔왕래〕〔그만두다〕
　　 ㅈ. 발을 묶다 　　　　　 〔거동〕〔못하게 하다〕
　　 ㅊ. 이를 갈다
　　 ㅋ. 자리를 잡다 　　　　 〔직업〕〔얻다〕
　　 ㅌ. 콧대를 꺾다 　　　　 〔잘난체〕〔누르다〕

이는 그 구성요소의 의미가 독자성을 갖고 있다는 것으로 이들은 다른 관용표현보다 일반문에 가까운 통사적 특성을 가질 것이라고 기대할 수 있다. 이들의 구성요소의 의미가 독립성을 갖고 있다는 것은 한정사 수식 이나 주제화가 가능하다는 점에서도 확인할 수 있다.

(37) ㄱ. 김형사는 <u>밀수범의</u> 덜미를 잡았다.
　　　ㄴ. 김형사는 밀수범의 <u>덜미는</u> 잡았지만, 당장 체포하지는 않았다.
(38) ㄱ. 그는 나의 가슴에 <u>큰 못</u>을 박았다.
　　　ㄴ. 그가 나의 가슴에 <u>못은</u> 박았지만 나는 그를 원망하지 않았다.
(39) ㄱ. 박사장은 회사에서 <u>김부장의</u> 목을 잘랐다.
　　　ㄴ. 박사장이 김부장의 <u>목은</u> 잘랐지만 마음은 불안하였다.
(40) ㄱ. 오늘도 <u>아내의</u> 바가지를 긁는 소리에 잠이 깨었다.
　　　ㄴ. 아내가 매일 <u>바가지는</u> 긁지만, 언제나 사랑스럽다.
(41) ㄱ. 김형사는 <u>범인의</u> 발목을 잡았다.
　　　ㄴ. 드디어 범인의 <u>발목은</u> 잡았지만 아직 확실한 증거는 잡지 못했다.
(42) ㄱ. 우리 가족은 친척들과의 발을 끊었다.
　　　ㄴ. 우리 가족은 친척들과 <u>발은</u> 끊었지만 소식은 전해 듣고 있다.
(43) ㄱ. 태풍은 3일동안 섬에 <u>우리의</u> 발을 묶어두었다.
　　　ㄴ. 태풍은 3일동안 우리의 <u>발은</u> 묶어 두었지만 마음까지 묶지는 못하고 있다.
(44) ㄱ. 철수는 큰 <u>회사의</u> 자리를 잡았다.
　　　ㄴ. 철수는 뒤늦게 <u>자리는</u> 잡았지만, 아직 안정된 생활은 못된다.
(45) ㄱ. 나는 <u>영희의</u> 콧대를 완전히 꺾었다.
　　　ㄴ. 나는 영희의 <u>콧대는</u> 꺾었지만, 순희의 콧대는 아직 못 꺾었다.

(36ㄱ)의 '눈을 뜨다'와 (36ㄹ)의 '마음을 놓다' 그리고 (36ㅊ)의 '이를 갈다'가 한정사 수식이 제약된다는 것을 제외하고는 (36)의 관용표현들은 모두 한정사 수식과 주제의 도움토씨 '-는'과의 교체가 가능하다. 물론 대응하는 어휘적 피동사를 갖는 〈자료 2〉에 제시된 관용표현 가운데에도 한정사 수식이나 주제화가 가능하고 구성요소의 의미가 독립성을 갖고 있는 표현들이 다수 있긴 하지만 이들이 모두 피동화가 가능한 것은 아니다. 그러므로 관용표현의 구성요소들이 의미의 독립성을 갖는다는 것은 피동화가 되기 위한 필요조건이지 충분조건은 되지 못한다. 그 밖의 변수들이 관여하고 있음을 예측할 수 있다.

다음은 '-어 지다'와 '-게 되다'에 의한 통사적 피동법 제약을 살펴보도록
하자.

먼저 '-어 지다'에 의한 통사적 피동은 매우 제약되는 모습을 보인다.
〈자료 1〉의 관용표현 가운데 '-어 지다'에 의해 피동문이 가능한 경우는 다
음의 6개 정도뿐이다.

(46) ㄱ. 금을 긋다   →   금이 그어 지다
     ㄴ. 눈을 뜨다   →   눈이 떠 지다.
     ㄷ. 마음을 놓다 →   마음이 놓여 지다
     ㄹ. 발을 끓다   →   발이 끓어 지다
     ㅁ. 산통을 깨다 →   산통이 깨어 지다
     ㅂ. 콧대를 꺾다 →   콧대가 꺾어 지다

이들은 어휘적 사동과 같은 자리 이동을 갖는다. 여기에서 '금을 긋다'를
제외하고 이들은 어휘적 피동문도 동시에 가능하다. 이들이 제약되는 이유
도 어휘적 피동의 제약에서와 마찬가지로 'X을 V'형 관용표현이 자리를 이
동해도 관용의미를 여전히 유지하기 위해서는 이들 구성 요소의 의미가
독자성을 가져야 한다는 원칙을 따르는 것으로 보인다. 다만 어휘적 피동
보다 제약이 심한 것은 관용표현의 피동화 제약에 앞서, '*잡아 지다', '*긁
어 지다'와 같이 동사 자체의 특성에 의해 통사적인 피동화가 제약되기 때
문이다.

이에 반해 '-게 되다'에 의한 피동화는 두 가지 측면에서 살펴볼 수 있
다. 첫째는 대응하는 능동문을 상정할 경우이고, 둘째는 능동문을 전제하
지 않을 경우이다.

(47) ㄱ. 철수는 <u>깡통을 찼다.</u>〔관, 합〕
     ㄴ. *깡통이 철수에게 차게 되었다.
     ㄷ. 깡통이 철수에게 차여지게 되었다.〔합〕
     ㄹ. 철수는 깡통을 차게 되었다.〔관, 합〕

(47ㄴ)과 같이 '-게 되다' 피동표현이 대응하는 능동표현을 전제할 경우

관용적인 의미를 갖지 못할 뿐만 아니라 일반문으로서의 자격조차 갖추지 못한다. 이것이 일반문으로 적격한 형식이 되기 위해서는 (47ㄷ)과 같이 '-어 지다'에 다시 '-게 하다'가 결합된 '-어 지게 되다'형을 취해야 한다. 그러나 대응하는 능동문을 고려하지 않을 경우 (47ㄹ)과 같은 표현은 자연스러우며 특별히 완곡한 의미의 관용표현이 아닌 경우 등을 제외하고는 'X을 V'의 관용표현은 'X을 V-게 되다'의 피동표현을 가질 수 있다. 몇 가지 예를 들면 다음과 같다.

    (48) ㄱ. 다리를 놓다   →   다리를 놓게 되다
         ㄴ. 마음을 놓다   →   마음을 놓게 되다
         ㄷ. 미역국을 먹다 →   미역국을 먹게 되다
         ㄹ. 벼락을 맞다   →   벼락을 맞게 되다
         ㅁ. 맞장구를 치다 →   맞장구를 치게 되었다

그런데 대응하는 능동문을 전제하지 않은 관용표현이 실제로는 능동문이 아닌 통사적 사동형에 대응하는 것으로 보인다.

    (50) ㄱ. 철수는 깡통을 찼다. (능동문)
         ㄴ. 영희는 철수에게 깡통을 차게 하였다. (사동문)
         ㄷ. 철수는 (영희에 의해서) 깡통을 차게 되었다. (피동문)13)

---

13) 이를 보면 국어의 피동의 개념은 혹 능동에 대응하는 개념이 아니라 사동에 대응하는 개념이 아닐까 생각한다. 즉 국어의 사동을 능동의 하위 개념으로 본다면 다음 (ㄷ)과 같은 도식으로 설명할 수 있을 것이다. 이러한 양상은 예문 (27), (28)에서도 볼 수 있다. 이에 대해서는 좀 더 검토가 요구된다.
   ㄱ. 사동 ←——→ 주동, 능동 ←——→ 피동
   ㄴ. 사동 ←——→ 능동 ←——— 피동
   ㄷ.

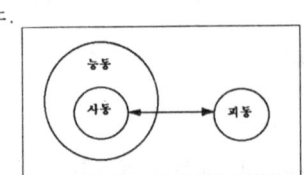

정리하면, 'X을 V'형 관용표현의 피동화 제약은 어휘적 피동에 있어서 그 자리값의 이동과 관련하여 그 구성요소의 의미가 어느 정도 독자성을 갖는가에 따라 독자성이 인정될 때, 어휘적 피동이 가능하다고 보았다. 통사적 피동화에 있어서 '-어 지다'에 의한 피동은 어휘적 피동과 같은 양상을 보이며, '-게 하다'에 의한 피동은 대응하는 능동문을 전제하지 않았을 경우 동사 어간에 형식적인 변화를 갖지 않으므로 완곡한 표현을 제외하고는 대체로 피동화에 있어 제약이 적다는 것을 보았다.

4. 맺음말

이 글은 국어의 관용표현의 통사론적 제약은 원칙적으로 일반문과 크게 다를 것이 없다는 가정하에 관용표현이 일반문과 다른 통사론적 제약을 보이는 원인으로 크게 1) 관용표현의 논항구조의 특성과 2) 관용표현의 의미도출 과정 즉 관용표현의 구성 요소의 의미가 어느 정도 독립성을 갖는가를 들었다.

그래서 이를 'X을 V'형 관용표현의 사·피동화 제약을 살피는 데 응용하여 보았다. 결과 사·피동화가 형식적으로 'X을 V'형을 유지할 때, 즉 'X'의 자리를 옮기지 않고 동사어간에 형식적인 변화가 없는 '-게 하다'에 의한 사동형이나 대응하는 능동문을 전제하지 않는 '-게 되다'형에서는 사·피동문화가 상당히 자유로웠다. 반면에 'X'의 자리를 옮기거나 동사의 어간에 형식적인 변화가 있을 경우에는 관용표현의 구성요소의 의미가 독자성을 갖을 경우에 한하여 피동화가 가능한 양상을 보였다.

이 연구는 여러 면에서 한계를 갖는다. 먼저 관용표현은 하나의 의미 해석단위이면서 형식적으로 통사론적 구성을 이루고 있기 때문에 그 양상은 사뭇 복잡하다. 여기에서는 예외 또한 적지 않게 나타나는데 보다 다양한 변수가 관여하고 있기 때문이라고 생각한다. 직관의 차이 역시 이 글을 쓰는 데 어려웠던 이유 가운데 하나였다.

이 글에서 강조하고자 했던 점은 관용표현의 특성으로 제시되었던 통사론적 제약의 양상들이 상당한 부분까지 예측가능하다는 점이다. 앞으로 나

올 관용표현 사전에서는 이들을 고려하여 개개의 관용표현에 담아야할 정
보가 어디까지인지 검토하여야 할 것이다. 이 연구는 'X을 V'형 관용표현
의 사·피동화 제약에 대해서만 살펴 보았다. 앞으로는 다양한 형식의 관
용표현에 대해서 여러 통사론적 특성을 검토할 일이 남아 있다.

참 고 문 헌

권재일(1992), 『한국어 통사론』, 67, 민음사.

김종택(1992), 『국어 어휘론』, 탑출판사.

김형배(1992), 한국어 피동법의 '대응성'에 관한 연구, 「한국어 교육」 9, 한국어
    문교육학회.

강위규(1990), 우리말 관용표현 연구, 부산대학교 대학원 국어국문학과 박사학
    위논문.

김문창(1974), 국어 관용어 연구, 「국어연구」 30, 서울대학교 국어연구회.

김문창(1990ㄱ), 숙어 개념론, 「국어학 논문집 - 강신항 교수 회갑기념」, 태학사.

김문창(1990ㄴ), 관용어, 「국어 연구 어디까지 왔나」, 동아출판사.

김승호(1993), 관용어 연구 시론(2), 「부산한글」 12, 한글학회 부산지회.

김종택(1994), 속담의 기능과 의미 구조, 「새국어생활」 4-2, 국립국어연구원.

김혜숙(1992), 익은말의 통사·의미론적 특성 및 유형, 「한국문학연구」 15, 동
    국대학교 한국문학연구소.

김혜숙(1993), 한국어의 익은말 연구, 「목멱어문」 5, 동국대학교 국어교육학과.

박양규(1978), 사동과 피동, 「국어학」 7, 국어학회.

안경화(1987), 한국어 숙어의 유형에 대한 분석적 연구, 서울대학교 대학원 언
어학과 석사학위논문.

양동휘(1977), "On Degree of Idiomaticity", 「언어」 2-2, 한국언어학회.

이남순(1984), 피동과 사동의 문형, 「국어학」 13, 국어학회

이정민(1993), "Frozen Expressions and Semantic Representation", 「어학연
    구」 29-3, 서울대학교 어학연구소.

이정택(1991), 사동과 문법범주, 「국어의 이해와 인식 - 갈음 김석득교수 회갑
기념논문집」, 한국문화사

임홍빈(1983), 국어 피동화의 통사와 의미, 「국어의 통사·의미론」, 탑출판사.

한정길(1986), 숙어 표현에 대하여, 「어학연구」 22-1, 서울대학교 어학연구소.

홍재성(1993), '먹다' 숙어동사구문의 통사적 기술, 「어학연구」 29-3, 서울대학

교 어학연구소.

Makkai, A. 1978, Idiomaticity as a Language Universal, J. Green-
  berg(ed), *Universals of Human Language* 3, Stanford University
  Press.

Nunberg, G., Sag, I. V., Wasow, T. 1994, Idoms, *Language* 70, 491-
  538.

* 이 논문은 『건국어문학』 제19·20합집(1995. 건대 국어국문학 연구회), 657~682쪽에서 옮
겨 실은 것임.

고대 한국어의 높임법 〔敬語法〕 연구

최 남 희

0. 머리말

우리말의 가장 큰 특징은 높임법이 고도로 발달된 언어라는 점이다. 세계 어느 말에도 그 유례를 찾아 보기 어렵다. 그것은 과거 우리 민족의 계급의식과 상대방에 대한 인격존중과 자기 자신의 겸양정신이 언어생활에 반영된 결과라고 생각한다. 따라서 우리말 높임법의 연구는 일찍부터 활발히 전개되었고, 많은 업적도 쌓여 거의 완성된 단계에 이른 듯한 느낌을 준다.

그러나 이것은 어디까지나 현대 한국어와 중세 한국어 연구에서 얻어진 결과이고, 중세 한국어 이전의 연구 업적에 의한 토대와 바탕은 전혀 논의되지 않았다.

언어란 장구한 시일에 걸쳐 변천 발달된 현상이기 때문에 근원적인 언어현상인 고대 한국어의 모습을 정확히 연구 파악한 연후에, 그 토대 위에 중세 한국어와 현대 한국어의 언어현상을 연구하는 것이 효과적이고 확실한 방법이 될 것이다.

그러나 우리 국어학계의 종래 연구는 중세 한국어 이후의 언어에만 집중되었고, 고대 한국어에 대한 연구는 형태론 중심의 어휘 연구에 한정되었다. 이는 한자 차용에 의한 불확실한 표기와 자료 부족에 따른 결과이다.

그러나 이제는 불확실한 표기와 부족한 자료일지라도 고대 한국어의 형태적, 통어적 연구를 병행하여 고대 한국어 문법론을 확립하고, 이를 중세 한국어와 연계시켜 연구할 단계에 도달하였다.

이러한 관점에서 고대 한국어의 높임법에 대한 확실한 모습과 기능을 파악함으로써 국어사 수립에 이바지하고, 미래 우리말 발전의 올바른 방향 제시의 역활을 하고자 하는 것이 이 연구의 목적이다.

인간의 언어행위는 말할이가 들을이에게 어떤 인물 또는 사물에 대하여 자신의 사상과 감정을 표현하는 대표적 방법이다. 따라서 언어행위에는 여러 인물이 등장한다.

문장 밖에는 말할이와 들을이가 있고, 문장 안에는 임자말, 부림말, 어찌말로 등장하는 인물이 있을 수 있다. 이 때 인물들 상호간에, 누가 누구보다 더 존귀한가 아니한가에 따라 여러 가지 높임의 표현법이 있다.

말할이가 들을이를 높여야 할 경우, 문장의 주체를 높여야 할 경우, 부림말이나 어찌말로 등장하는 객체를 높여야 할 경우, 이렇게 형편에 따라 높임법의 종류가 달라진다.

따라서 고대 한국어도 이와 같은 문법 범주를 벗어날 수는 없다. 말할이가 들을이를 높이는 '상대높임법'과, 문장 속에 등장하는 주체나 그에 딸린 일이나 물건을 높이는 '주체높임법'과, 부림말이나 어찌말이나 속구조에 등장하는 풀이말의 객체를 높이는 '객체높임법'이 있다[1]. 이런 높임의 표현법을 '높임법' 또는 경어법(敬語法), 존대법(尊待法)이라 부르기도 한다.

이런 현상은 고대 한국어에서부터 비교적 발달된 높임법의 문법 체계를 이루었으리라 추정된다.

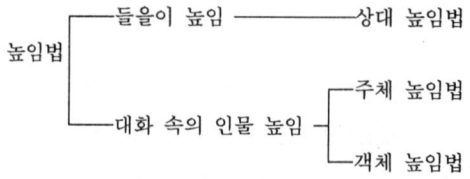

이 세 가지 현상이 고대 한국어에 반영된 높임법 체계이므로, 이 문법 범주를 체계화시켜 중세 한국어와 현대 한국어에까지 연결된 변천의 모습

1) 높임법 체계는 허 웅(1961:159, 1975:655, 1983:239, 1989:282)을 참고하였음.

과 그 원인 규명이 이 연구의 중심 내용이다.

위의 높임법 체계는 중세 한국어에까지 그대로 유지되어 오다가 현대 한국어에서는 객체 높임법 등에서 변화를 일으킨다.

고대 한국어 자료의 명칭은 《고가 연구》(양주동 1942)에 따르되, 준이름은 첫 두 자씩으로 하였고, 그 나머지 옛말 문헌에 대한 준이름은 《우리말 큰사전》(한글 학회 1991)에 따르고, 그 외의 자료는 상용되는 이름이나 준이름을 답습하였다.

1. 상대 높임법

상대 높임법은 들을이 높임법이라고도 한다. 이는 마침법(의향법)에만 나타나는데, 마침법의 다섯 가지 하위 범주인 서술법, 약속법, 물음법, 꾀임법, 시킴법 등에 모두 쓰였으리라 추정되나, 고대 한국어 자료에서는 극히 제한된 자료에서만 반영된다.

상대 높임의 형태소는 안맺음씨끝 형태소와 마침법의 맺음씨끝 형태소에 분포되어 나타난다. 여기에 분포한 높임의 형태소들에 의하여 '높임'을 나타내고, 여기에 높임의 형태소가 제외되면 '안높임'을 나타낸다. 따라서 상대 높임법은 높임과 안높임으로 양분된다.

그러나 '안높임'을 나타내는 문장의 용례는 논의할 필요가 없으므로 여기서는 제외한다.

중세 한국어의 경우에는, 서술법과 물음법에서는 그것을 나타내는 맺음씨끝 앞에 「-이-」 안맺음씨끝를 앞세워 나타내고, 꾀임법에서는 꾀임을 나타내는 안맺음씨끝 「-사-」와 「-이-」의 결합으로 나타내고, 시킴법의 경우에는 맺음씨끝 「-쇼셔」, 「-아쎠/어쎠」로 나타낸다.

고대 한국어에서는 서술법에서 상대 높임의 안맺음씨끝 「-이-」와 시킴법에서 상대 높임의 맺음씨끝 「-시셔」로만 나타난다.

1.1 서술법

서술을 나타내는 맺음씨끝 「-다」 앞에 「-이-」를 첨가시키면 서술법의 상대 높임이 된다. 고대 한국어에서 상대 높임법의 안맺음씨끝 「-이-」는 「音」 자와 「省」 자로 표기되었다.

1.1.1 花肹折叱可 獻乎理音如(헌화) ⇒ 곶홀 것가 바도리이다

1.1.1.1 「花肹」

「花」는 훈독자 「곶」으로 읽는다. 《계림유사》에 「花曰骨」로 표기된 사실이 이를 증명한다.

◆ 骨 (상고) 見物   〔kuǝt〕
   (광)   古忽切 見沒 합 1등 臻 입 〔kuǝt〕[2]

「骨」의 상고음과 중고음이 이와 같으므로 고대 한국어에서도 중세와 같은 「곶」으로 발음되었으리라 짐작된다.

「肹」은 부림자리토씨인데, 이 부림자리토씨를 신라향가에서는 주로 「肹」 자로 표기하였고, 고려향가와 이두 표기에서는 「乙」 자로 표기하였다.

◆ 肹 (상고) 曉物   〔xiǝt〕
   (광)   羲乙切 曉質 개 3등 입   〔xiět〕 (신) 「홀(heur)」

되르퍼(Doerfer)가 튀르크어와 몽골어의 부림자리토씨를 비교하여 〔keur〕 정도일 것으로 추정하였는데(Doerfer 1963:83), 「肹」을 〔heur〕로 읽는다면, 〔keur〕은 〔heur〕의 선대형으로 추정된다. 〔keur〉heur〕의 변화는

---

2) 여기 인용한 상고음과 중고음은 북경대학 교수 꿔어 시 량(郭錫良)의 《漢字古音手冊》(1986 북경대학출판사)에 의한 것이다. 상고음과 중고음에 대한 재구는 세계적인 석학 B. Karlgren, 쪼우 파 까오(周法高), 동 퉁 허(董同龢) 등의 여러 학자들에 의해 거의 완성 단계에 이르렀다고 할 수 있다. 그러나 학자마다 표기상의 약간의 차이와 기호의 차이 등 다소의 혼란은 불가피하다. 마침 지난 봄 북경대학 방문시 곽 교수와 고대 한자음에 관한 여러 가지 의견 교환이 있었고, 또 위의 책이 가장 최신에 간행된 점만 아니라, 상고음과 중고음에 대한 성모와 운모, 개·합구, 등, 성조, 운섭, I. P. A에 의한 발음 부호등이 명료하게 정리되어 있기에 이 책을 상고음과 중고음 인용에 주로 사용한다. 그리고 리 젠 후아·쪼 쨩지(李珍華 周長楫) 편찬의 《漢字古今音表》(1993 중화서국)과 쪼 파 까오(周法高)의 《漢字古今音彙》(1979 중문대학 출판사)는 보조 자료로 사용하였다.

여린입천장에서 발음되던 안울림의 터짐소리인 〔k, q〕가 그보다 조금 뒤편의 목청에서 갈이소리로 바뀐 것이다.

고구려 지명의 '城'을 「忽」로 표기했는데, 이의 중고음도 〔Xuət〕이고 만주어를 위시한 퉁구스 제 방언의 〔Xoto(n)〕으로 생각되는데, 이것은 몽골어 〔qota(n)〕의 차용어일 것으로 본다(김방한 1983:113). 이것이 고구려에서 「忽(Xuət)」로 기록되었다고 본다. 또 이 낱말이 「溝漊(kürü)」로도 나타나며, 백제 지명에서는 「骨(kol)」, 「屈(kul)」로 표기된 것도 모두 「X」와 「k」의 관계를 증명하는 자료들이다. 고려향가와 이두에서 부림자리토씨 「乙」이 쓰인 것도 「h」이 탈락되고 난 뒤의 현상이다. 이러한 현상은 「h」이 보편적인 갈이소리가 아니고 목청에서 이루어지는 갈이소리이기 때문에 일어나는 현상으로 생각된다.

향가 표기의 부림자리토씨는 「肹」과 「乙」이 홀소리어울림에 따라 「홀/흘」과 「올/을」을 각각 표기하였다.

1.1.1.2 「折叱可」

「折」은 훈독자 「겨-」의 줄기로 읽는다. 받침 「ㅅ」과 「ㄱ」이 각각 개음절로 발음되었으리라 추정한다.

중세국어에 「겼다」란 움직씨가 있다. 실제 용례를 소개한 후에 「ㅅ」이 음절 끝소리 자리에서 〔s〕로 발음되었나를 검토하겠다.

· 재 ᄂᆞ려 티샤 두 갈히 것그니(용가 5:38. 36.)
· 東門 밧긔 독소리 것그니 聖人 神功이 ᄯᅩ 엇더ᄒᆞ시니(용가 9:42. 88)
· 雜草木 것거다가 ᄂᆞ출 거우ᅀᆞᄫᆞᆯᄃᆞᆯ ᄆᆞᄉᆞᆷ잇든 뮈우시리여(월곡 62)
· 누른 곳가리 프른 오새 비취엿ᄂᆞ니 허리 것구메 ᄣᆞᆯ 器具ㅣ 아니로다(두해-초 21:39)

《훈민정음》 종성해에 「然 ㄱ·ㆁ·ㄷ·ㄴ·ㅂ·ㅁ·ㅅ·ㄹ 八字可足用也」의 여덟 종성법을 규정하여, 「ㅅ-ㄷ」을 대립시켰다는 것은 당시까지도 음절 끝소리 「ㅅ」이 폐음절 되기 이전임을 반영한다. 그러나 「如빗곶爲梨花

영의갖爲狐皮 而ㅅ字可以通用 故只用ㅅ字」라 하여 「ㅈ·ㅊ」이 음절 끝소리
에서 「ㅅ」에 중화된 것처럼 기록되었으나, 근대 한국어나 현대 한국어의
변천 과정으로 보아 그렇게 볼 수는 없고, 「ㄷ」에 중화되었다고 보아야 할
것이다. 그렇다면 'ㅈ', 'ㅊ' 대신에 "ㅅ 자로 통용할 수 있기에 ㅅ 자만 쓴
다"고 한 말과 서로 모순되는 것 같으나, 당시 'ㅅ'이 폐음절 되는 과정임
을 짐작할 수 있다. 'ㅅ'이 개음절로 발음될 때에도 약한 터뜨림소리였을
것으로 추정된다.

  "갈이가 매우 약하고 공깃길이 좁기 때문에 끝소리의 〔ㅿ〕와 잘 구별되
지 않으며, 이것은 폐음절 〔t〕에 매우 가까운 소리로서 자칫하면 〔t〕로 바
뀔 가능성을 가지고 있었다."고 지적한 것은 15세기의 「ㅅ」이 폐음절되기
직전의 약한 터뜨림을 지적하는 것으로 생각된다.(허 웅 1985:361)

  결국 「ㅅ」 끝소리는 15세기까지 개음절로 확인되기 때문에 고대 한국어
에서는 당연히 개음절로 간주할 수밖에 없다. 고대 한국어 자료에 반영된
상당 부분이 개음절이었음이 확인된다.3)

  따라서 「折叱可」는 「겺-」의 줄기에 이음법의 맺음씨끝 「-아」가 연결되
어 「것가」 곧 〔käska〕로 읽어야 한다.

  「叱」은 약음차자 「ㅅ」 표기자로 음절끝닿소리로 쓰인 「ㅅ」표기이다4).

  《광운(廣韻)》의 부족함을 보완하기 위해 칙명으로 찬집한 《집운(集
韻)》에서 「叱」 자의 반절음을 「尺栗切」로 기록하였으며, 그 의미 설명의
뒷부분에 「叱或作嘯」라 기록되어 있다. 이에 따라 「嘯」 자의 반절음을 확
인한 결과, 첫째 거성 嘯운의 「先弔切」과 입성 屋운의 「息六切」과 역시 입
성의 「尺栗切」의 세 소릿값을 가진 글자임을 확인하였다. 이는 상고음이나
중고음 시절에 「叱」 자와 「嘯」 자는 같은 소릿값과 같은 뜻의 일부분을
공유하는 글자임을 알 수 있고, 결코 「叱」 자가 약자가 아니며, 획수가 복
잡한 「嘯」 자를 쓰지 않고, 쓰기 단순한 같은 글자인 「叱」로 표기한 것임

---

3) 이병선(1993 :66)에서는 '향가에 표기된 말들은 지명에 표기된 것보다 먼저 폐음절화하였
   을 것이나, 많은 말들에 있어서 말모음을 유지했던 것으로' 생각하였고, 천소영(1990 :28)
   은 '국어가 고대의 어느 시기까지는 개음절이었을 가능성을 완전히 배제할 수 없으나, 지명
   이 형성되던 당시만 해도 개음절형과 폐음절형이 불안정하게나마 공존했을 것'으로 보았다.
4) 이에 대하여서는 최남희(1994) 〈고대 국어 자료 「叱」의 소리값과 기능〉 (한글 제224호)에
   서 이미 발표하였으나, 그 요점만 다시 소개한다.

을 알 수 있다. 둘째 고대 한국어 자료에 쓰인 「叱」자는 입성 屋운의 「息六切」의 소릿값을 반영한 글자로 생각한다. 성모는 心모/s-/이고, 운모는 屋운의 합구 3등의 /-ïuk/이므로, 신라한자음은 「속(suk)」정도일 것이다. 셋째 고대 한국어 자료의 「叱」은 음차자로 쓰였고, 성모 /s/을 빌린 것은 혀끝 갈이소리 「ㅅ」표기이고, 운모 /-ïuk/을 빌린 것은 뒤혓바닥의 약한 터짐소리 「ㄱ」으로, 거의 비슷한 소릿값을 가진 목청닿음소리 「ㆆ(?)」닿소리를 표기한 것으로 생각한다.

「叱」자의 기능은 두 가지로 볼 수 있다. 첫째 「ㅅ」닿소리를 표기한 것으로, 풀이씨와 임자씨, 어찌씨 등에서 광범위하게 확인되는데, 낱말의 첫닿소리로 쓰인 경우는 없고 반드시 음절 끝닿소리로만 쓰였음을 알 수 있다. 그러나 이 음절 끝닿소리는 닫음소리되기(내파화) 이전이므로 개음절로 발음되었다. 둘째 목청닿음소리인 「ㆆ(?)」닿소리 표기자로 쓴 것은 '소리 없는 휴식' 곧 '소리 끊음 현상'을 나타내는데, 이것은 토씨의 생략 기능이나 힘줌 기능을 나타낸다. 이때 생략되는 토씨 기능은 매김자리토씨 기능과 부림자리토씨 기능이다.

「可」는 음차자 「가」표기자로, 「겿-」의 끝닿소리 「ㄱ」과 이음법의 맺음씨끝 「-아」가 결부된 것이다.

◆ 可 (상고) 溪歌   〔kʹɑ〕
　　　 (광) 枯我切 溪歌 개 1등 상 〔kʹɑ〕 (신) 「가(ka)」

1.1.1.3 「獻乎理音如」

「獻」은 훈독자로 「받-」의 줄기로 현대어 '받치다'의 뜻이다. 중세 한국어에서는 '獻'이나 '奉'의 뜻으로 쓰인 「받-」는 그 줄기에 객체 높임의 안맺음씨끝 「-줍-」을 결부시켜 쓰는 것이 보편적이나, 그렇지 않은 경우도 있다.

· 慶爵을 받즈볼니이다 : 共獻慶爵(용가 63)
· 부텻긔 받즈바늘 世尊이 記ᄒ샤디(석보 24:45)
· 둘히 어우러 精舍 밍ᄀᆞ라 부텻긔 받즈보리라(석보 6:26)

· 長子ㅣ 쓰리 如來끠 粥粥 쑤어 받ᄌᆞᄫᅵ니이다(석보 24:36)
· 獻 받ᄌᆞ올 헌(훈몽-초 하 15)
· 奉온 바돌씨라(월석 서13)
· 가온디 ᄀᆞᄃᆞ기 虛空을 바다 : 滿中擎空(능엄 2:120)
· 階砌예 올아 玉冊을 받고 : 登階奉玉冊(두해-중 4:21)
· 詔書ᄅᆞᆯ 바도니 옷기슭 ᄃᆞᆯ이요믈 許ᄒᆞ시다 : 奉詔許牽裾(두해-초 20:42)

여기서는 객체 높임의 안맺음씨끝과 결부된 흔적은 없다. 따라서 「받-」
의 줄기로만 읽어야 한다.

「乎」는 약훈차자 「-오-」로 인칭법의 안맺음씨끝이다. 훈음 「온」의 약훈
차자인지, 음 「호」의 약음차자인지는 분명하지 않다. 이 자의 훈은 「온」으
로 기록되었으나[5], 그 뜻을 확실히 말하기는 어렵다.

「理」는 음차자 「-리-」로 '의지·미래'의 뜻을 나타내는 안맺음씨끝이다.

◆ 理 (상고) 來之 〔liə〕
    (광) 良士切 來之 개 1등 상 〔liə〕 (신)「리(ri)」

「音」은 음차자 「-이-」로 상대 높임의 안맺음씨끝으로 읽는다. 우선 이
「音」자의 고대 한국어 시대의 소릿값부터 추정해 보자.

◆ 音 (상고) 影侵 〔iəm〕
    (광) 於今切 影侵 개 3등 평 〔ǐĕm〕 (신)「음(əm)」

이 글자의 상고음이나 중고음을 추정해 보거나, 전승 한국한자음으로
보아도 그 소릿값은 「음」에 틀림없다.

㉮ 音汁火縣婆娑王時取音汁伐國(사기 지리1 義昌郡)
   富林縣本伐音村(사기 지리4 백제)
㉯ 憂音(모죽) ⇒ 시름
   夜音(모죽) ⇒ 밤
   雲音(찬기) ⇒ 구룸

---

5) 광주판 천자문과 석봉 천자문에 똑같이 「온 호」로 기록되었다.

心音(수희·청불·총결) ⇒ 무슴
菓音(청전) ⇒ 여름
㉲ 阿冬音(모죽) ⇒ 아드롬
就音(모죽) ⇒ 나삼
㗟音(원왕) ⇒ 다딤
岳音(혜성) ⇒ 오롬
北所音(혜성) ⇒ 배숨

㉮ 항의 지명 표기에 쓰인 「音」자는 「富林=伐音」으로 보아 「음」 표기로 쓰인 것이 틀림없다.

㉯ 항의 향찰 표기에 쓰인 「音」은 모두 음절끝소리 「ㅁ」으로 된 이름씨의 끝소리 덧적음 표기로 쓰인 것이다. 곧 약음차자 「ㅁ」으로 생각한다.

㉲ 항의 향찰 표기에 쓰인 「音」은 이름법의 씨끝 「-ㅁ」 표기자로 쓰였다. 역시 약음차자 「ㅁ」으로 생각한다.

그러나 여기서 쓰인 「音」자는 이와는 달리 상대 높임의 안맺음씨끝 표기자로 쓰였다. 중세 한국어와 비교해 본다면 「音」이 상대 높임의 안맺음씨끝 「-이-」의 표기자라야 하나, 위의 예와 같이 향찰 표기상의 「音」이 「ㅁ」 표기자로 쓰인 예만 보이므로 부득이 「ㅁ」으로 읽었다. 그러나 「-이-」 표기자로 읽지 않는다 하더라도 상대 높임법으로 쓴 것만은 틀림없다.

그래서 고대 한국어에서의 상대 높임법의 안맺음씨끝은 「-ㅁ-」으로 보고 「바도림다」로 읽었다. 즉 중세 한국어의 「-이-」는 「-ㅁ-」에서 변화된 것으로 인식하여 왔다. 그러나 「ㅁ〉이」의 변화는 그 용례도 없거니와 음운 변화 과정으로 보아도 무리임에는 틀림없다.

그러므로 여기서 신라한자음의 형성 과정에 대한 새로운 검토가 필요하다. 즉 한국한자음의 기원을 B. Karlgren은 그의 여러 논저에서 절운음시대(수·당초) 북방 중고한음이라 주장하였고, 아리사가(有坂秀世 : 1936)는 한국한자음의 모태를 10세기의 송대 개봉음(開封音)이라 단정하였고, 고우노(河野六郎 : 1968)는 근저의 원형이 된 것은 남조(南朝)의 강동음(江東音)일 것이며 그 위에 가장 유력한 각인을 준 것은 당나라 때의 장안음(長安音)이라 하였다. 박병채(1971:301)는 한국한자음의 분석 결과를 중국 원음에 투영해 본 결과, 남조의 강동음이 그 밑바닥에 깔려 있기는 하나 한국한자음의 기층으로 가장 강력한 작용을 한 것은 수 · 당초 절운음계의 북방 중원음이라고 결론 지었다. 신용태(1981:80)는 한국의 지리적 사정으로 볼 때 한위 육조(漢魏六朝) 시대로부터 끊임없이 여러 경로로 자음(字音)이 전래되었기 때문에, 절운음, 당대의 자음, 송대의 자음도 포함한 다층화한 자음이라는 사실은 의심의 여지가 없으나, 육조 시대의 자음이 토착화한 위에 당대 이후의 여러 자음이 겹쳐진 것이 한국한자음이라고 보는 것이 타당한 해석이라고 보았다.

이상 여러 학자들의 견해를 종합해 보면, 한국한자음은 어느 한 시기 또는 어느 한지역의 중국 방언을 일시에 수입한 것이 아니고, 그 기층에는 이른 시기의 상고음과 육조 시대 이후의 강동 · 강남음이 가미된 수 · 당 시대의 절운계 중원음이 그 원류를 이루었다고 할 수 있다. 삼국의 홀이름씨 표기에 쓰인 한자음에는 상고음의 잔재가 많이 있는 것 같고, 향찰 표기에서는 강동 강남 방언의 잔재가 남아 있는 것으로 해석된다6).

이상에서 한국한자음의 형성에 대하여 장황하게 소개한 것은 향찰 표기에서 강동 · 강남 방언의 잔재가 있을 수 있다는 점을 상기시키기 위함이다.

여기서 「晉」이 신라한자음 「ㆁ」로 읽혔을 가능성을 모색하지 않을 수 없다. 그래서 한어방언(漢語方言)에서 이 가능성을 탐색하였다. 놀랍게도 오어(吳語), 상어(湘語), 감어(贛語)에서 〔in〕으로 발음되었고, 민동화(閩東話)에서 〔ig〕으로 발음되는 사실을 발견하였다. 민동화란 복주화(福州話)이다. 중국 남부 지방의 방언이 해상을 통하여 신라에 들어올 가능성은 충분하다. 그래서 「晉」이 「ㅁ」 표기로 쓰이는 것이 대부분이나, 남부 방언인 「ㆁ」으로 받아 들여 쓰이기도 했으리라 생각한다. 그리고 이 글자로 상대 높임법의 안맺음씨끝 「-이-」 표기자로 썼으리라 생각한다. 그래서 고대 한국어 시절부터 우리말의 상대 높임의 안맺음씨끝은 「-이-」로 생각하고 그 표기자는 「晉」 자로 표기하기도 하였다고 생각한다.

「如」는 약훈차자 「-다」 표기자로 서술법의 맺음씨끝이다. 중세국어 「-

---

6) 한국한자음의 형성에 대한 문제는 별도의 논문으로 발표할 예정이다.

다비」의 고대형이 「-다비」일 것으로 추상하고, 이의 일부인 「다」만 차용하여 「多」와 함께 마침법의 서술법 씨끝 「-다」 표기에 차용하였다.

1.1.2 國惡太平恨音叱如(안민)⇒ 나라 太平ㅎ이ㅅ다

1.1.2.1 「國惡」

「國」은 훈독자 「나라」로 읽는다. 중세 한국어 표기에는 「나랗」 또는 「나라」로 나타난다. 고대 한국어에서 「나라」로 읽는 것은 끝소리 덧적음으로 쓰인 「惡」을 향가에서는 주로 「아」로 읽기 때문이다. 「惡」의 중고음에 따른 추정 신라한자음은 분명히 「악(ak)」과 「오(u)」 반영된다.

◆ 惡　(상고)　影鐸　　　　　　　　　〔ăk〕
　　　(광)　　烏各切 影鐸 개 1등 입 宕 〔ɑk〕(신)「악(ak)」

　　　(상고)　影鐸　　　　　　　　　〔āk〕
　　　(광)　　烏路切 影暮 합 1등 거 遇 〔u〕 (신) 「오(u)」

그러나 향가에 쓰인 「惡希」와 「惡中」은 분명 「良中」과 같은 위치자리토씨 「아희」의 다른 표기인데, '惡 = 良 = 아'의 등식이 성립한다. 약음차자 「아」이거나, 후지도 매이호(藤堂明保)의 주장과 같이 중국 상고음과 중고음 사이의 움직씨 '惡'은 '아'로 실현된 것인지는 알 수 없다.

한편 삼국사기 지리지의 고구려 지명 표기에서 '壤土'을 '內·奴·惱로 표기한 것과 고구려의 '桂婁部, 絶奴部, 順奴部, 藻奴部, 消奴部' 등 5부족을 삼국사기에 '貫那, 藻那, 桓那, 朱那' 등 '那'로 기록하였다는 점과, 고대 일본어의 'na(土地)'와 '赫居世 或作 弗矩內'에서 '世 = 內'의 대응도 「나라」와 관련이 있을 것으로 본다.

1.1.2.2 「太平恨音叱如」

「太平」은 훈독자로 읽는다. 「恨」은 음차자 「혼」으로 읽어 뒷가지 「ㅎ-」가 된다.

◆ 恨　(상고) 匣文　　　　　　　　　　　　　〔Vən〕
　　　(광)　　胡艮切 匣恨 개 1등 거 臻 〔Vən〕 (신) 「흔(hʌn)」

　「恨音」의 결합으로 「ㄴ」은 같은 콧소리인 그 다음의 「-이-」와 결부되어 겉으로 표출되지 않는다. 「叱」은 「ㅅ」 표기이고, 「如」는 약훈차자 「다」 표기이다. 모두 연결하면 「흐이ㅅ다」가 된다. 즉 「太平흐-」의 줄기에 상대 높임의 안맺음씨끝 「-이-」와 서술법의 마침법 씨끝 「-ㅅ다」가 결부된 것이다. 이와같은 표기는 「音叱多(상수)」와 「音叱如支(참회)」에도 보인다.

　그런데 여기서 상대 높임법의 안맺음씨끝으로 읽은 「音」을 「ㅁ」 표기자로 읽어 「音叱如支」를 「-ㅁㅅ다」의 표기로 보고, 발음을 〔-msVta〕로 읽어 상대 높임의 서술법 씨끝으로 생각하기도 하였다. 경북 안동, 청송 지방의 방언에 상대 높임의 서술법 씨끝에 '-ㅁ시더'가 쓰이는 점으로 보면, 충분히 가능할 것 같다. 그러나 고대 한국어 상대 높임법의 안맺음씨끝으로 「-이-」와 「-ㅁ-」이 함께 쓰였다고 보기는 어렵다. 이 방언은 안맺음씨끝 「-이-」가 소실될 때 같은 콧소리인 「ㅁ」으로 변했으리라 추정한다.

　그리고 서술법의 마침법 씨끝 「-叱如」는 그 발음이 〔-sVta〕로 추정되는데, 「-叱多」 또는 감탄의 씨끝 「-ㅅ드라」로도 쓰여, 상대 높임과 관계가 없이 움직씨의 줄기에 바로 연결되기도 하는 것으로 보아, 「-ㅅ다」를 상대 높임의 씨끝으로 보기 어렵다.

　이러한 서술법 씨끝 「-ㅅ다」가 쓰인 용례에 다음과 같은 문장이 있다.

· 倭理叱軍置來叱多(혜성)⇒ 여리ㅎ 軍두 오ㅅ다

또한 감탄의 씨끝 「-ㅅ드라」로 쓰이기도 한 용례는 여러 번 나타난다.

· 一等沙隱賜以古只內乎叱等邪(도천)⇒ 흐둔사 그시시곡 나오ㅅ드라
· 法雨乙 乞白乎叱等耶(청전)⇒ 法雨를 비술보ㅅ드라
· 不冬萎玉內乎留叱等耶(항순)⇒ 안둘 이블옥 나오루ㅅ드라
· 敬叱好叱等耶(항순)⇒ 敬ㅎ 호ㅅ드라

1.1.3 今呑藪未去遣省如(우적)⇒ 여돈 더메 가고싀이다

1.1.3.1「今吞」

「今」은 훈독자로「옅」(지금),「吞」은 음차자「돈」표기자로 임자씨의
받침「ㄷ」과 도움토씨「온」이 결합된 형태이다.

◆ 吞 (상고) 透文   〔t'ən
   (광)   吐根切 透痕 개 1등 평 臻〔t'ən〕(신)「돈(tʌn)」

전승한자음에는「톤」이나, 고대 한국어에서는 거센소리가 발달되지 않
은 것으로 생각하여「돈」으로 읽었다.

1.1.3.2「藪未」

「藪」는 훈독자「덤」으로 읽는다. 중세 한국어에서「藪」의 훈은「덤블」
인데,「덤」으로도 쓰인 것 같다.「덦-거츨다」(법화 3:3)란 그림씨는「덤」과
「거츨다」의 합성어이다.
  임자씨의 받침「ㅁ」과 위치자리토씨「-에」가 결부되어「未(메)」로 쓰였
다.

1.1.3.3「去遣省如」

「去」는 훈독자「가」의 줄기,「遣」은 음차자「-고-」로 고대 한국어 추
정법의 안맺음씨끝으로 쓰였다. 이음법의 씨끝이 아니다. 아래 작품의「古
(-고-)」도 이와 같은 형태소로 쓰였다.

 · 民是愛尸知古如(안민) ⇒ 民이 드슬디고다.
 · 道修良待是古如(제망) ⇒ 道 닷가 기드리고다.
「省」은 음차자「싱」의 표기자로 읽어 왔다. 그리고「싱다」는「-시이다」
의 축약형 또는「-시이-」의 표기자로「省」자를 썼을 가능성을 생각하고,
「-이-」를 상대 높임법의 안맺음씨끝으로 본다.

◆ 省 (상고) 山耕 〔ʃeg〕
　　　(광)　所景切 山梗 개 2등 상 梗 〔ʃɐg〕 (신) 「셩(siɐg)」

　　　(상고) 心耕 〔sĭeg〕
　　　(광)　息井切 心靜 개 3등 상 梗 〔sĭɐg〕 (신) 「싱(sʌig)」

「如」는 약훈차자 「다」이므로, 「省如(시이다)」는 중세 한국어 맺음씨끝 「-시이다」나 「-소이다」와 같은 맺음씨끝으로 생각한다.

· 陛下 쑤샤미 당다이 긔샤<u>시이다</u>(월석 2 : 65)
· 우리둘토 울워숩논 젼추로 …… 머리셔 <u>오소이다</u>(석보 23:53)

이 문장의 뜻은 '이제 수풀 속으로 가겠오이다' 정도로 생각한다.

1.1.4 法界餘音玉只出隱伊音叱如支(참회) ⇒ 法界 나목 나니이ㅅ다

1.1.4.1 「法界」 (음독자)

1.1.4.2 「餘音玉」

「餘」는 훈독자 「남-」의 줄기이며, 「音」은 약음차자 「ㅁ」 표기자로 끝소리 덧적음이다.
「玉」은 음차자 「옥(ok)」으로 벌임법의 이음씨끝 「-고」의 힘줌꼴인 「-곡」의 「ㄱ」 줄임꼴로 생각한다.

1.1.4.3 「出隱伊音叱如支」

「出」은 훈독자 「나-」의 줄기, 「隱」은 약음차자 「ㄴ」으로 다음 글자인 「이」와 결부되어 「니-」의 줄기가 된다. 곧 「나-」와 「니-」가 합성된 비통어적 합성어 중 파생적 합성어에 속한다.
「音」은 음차자 「-이-」 표기자로 상대 높임의 안맺음씨끝이다.(1.1.1.3 항 참고)

「叱」은 「ㅅ」 표기자, 「如」는 약훈차자 「다」 표기로 연결하면, 「-ㅅ다」가
되어 서술법의 마침법 씨끝 〔-sVta〕가 된다.(1.1.2.2 항 참고)

1.1.5 吾焉頓部叱逐好友伊音叱多(상수)⇒나는 頓部ㅎ 조주이ㅅ다.

1.1.5.1 「吾焉」

「吾」는 훈독자 「나」로 읽는다.
「焉」은 음차자로 도움토씨 「는」 표기자로 읽는다. 이 글자의 신라한자
음은 이와는 차이가 있었으리라 생각한다.

◆ 焉 (상고) 影元   〔ĭan〕
　　　(광) 於乾切 影仙 개 3등 평 山 〔ĭɛn〕 (신) 「안/언(an/än)」

「焉」이 위와 같이 추정되지만 도움토씨로 쓰인 경우에는 음운 환경에
따라 「-ㄴ, -ㄴ/는, -ㆁ/은」의 변이형태가 있었던 것으로 보인다. 그러나
이 도움토씨 표기를 위해서는 「隱」을 더 많이 썼고, 이 두 글자의 문법적
차이는 발견할 수 없는, 같은 형태소의 다른 표기자이다.

1.1.5.2 「頓部叱」

「頓部」는 '頓的修行'을 의미하는데, '頓'이 '갑자기'의 뜻을 지녔으므
로 '문득 깨달음'의 경지에 이르는 것으로 해석한다.(최 남희, 1986:148)
「叱」은 목청닫음소리 「ㅎ」 표기로 소리 없는 휴식을 나타낸다. 그리고
부림자리토씨의 기능을 수행한다.(1.1.1.2 항 참고)

1.1.5.3 「逐好友伊音叱多」

「逐」은 훈독자 「좇-」의 줄기인데, 「好」가 음차자로 「友」와 결합하여 줄
기의 받침 「ㅈ」과 하임말을 만드는 뒷가지 「우」와 결합된 「주」를 표현하
게 된다.

그리고 「伊」와 「音」이 결부되어 상대 높임의 안맺음씨끝 「-이-」를 표기한 것으로 읽는다.

1.2 시킴법

들을이가 높임의 대상인 인물일 때, 청원함을 나타내는 것이 시킴법의 상대 높임이다. 이 씨끝의 표기자가 「賜立」으로 기록되었는데, 이를 「-쇼셔」나 「-샤셔」로 읽기도 한다. 그러나 이것은 고대 한국어에서의 안맺음씨끝 「-오/우-」나 「-아/어-」의 문법적 기능에 대한 검토가 없었기 때문이다. 고대 한국어에서는 이 경우 안맺음씨끝이 개재하지 않는다. 따라서 「-시셔」로 읽어야 한다.

1.2.1 惱叱古音(鄕言云報言也) 多可支 白遣賜立(원왕) ⇒ 놋곰 하올히 솗고시셔

1.2.1.1 「惱叱古音」

「惱」는 음차자 「노」로 읽는다.

◆ 惱 (상고) 泥宵 　　　　　　　　　　〔nau〕
　　(광) 奴晧切 泥晧 개 1등 상 效 〔nɑu〕 (신) 「노(nu)」

「叱」은 약음차자 「ㅅ」 표기자이며, 「古」는 음차자 「고」 표기자이다.

◆ 古 (상고) 見魚 　　　　　　　　　　〔ka〕
　　(광) 公戶切 見姥 합 1등 상 遇 〔ku〕 (신) 「고(ku)」

「音」은 약음차자 「ㅁ」 표기자이다.

「惱叱古音」은 「놋곰」의 표기로 생각되나, 고려 때에도 이미 소실된 어휘인 것 같다. 《삼국유사》편집시 그 의미를 모르기에 주를 달아 놓지 않았겠는가? 고대 한국어에 '보고의 말씀'이란 뜻을 내포한 어휘가 「놋곰」일 것으로 추정하였다.

1.2.1.2 「多可支」

「多」는 훈독자 「하-」의 줄기이며, 「可」도 훈독자로 읽어 「옳-」의 줄기로 읽었다. 이 두 줄기가 비통어적으로 합성된 합성어 「하-옳다」로 재구하였다. 그 뜻은 '많고 옳다' 정도일 것이다.

「支」는 음차자 「히」로 어찌씨 되는 뒷가지이다. 신라한자음은 「지」로 추정되나, 실제 사용례는 이와 차이가 있다.

◆ 支 (상고) 章支   〔tǐe〕
   (광) 章移切 章支 개 3등 평 止 〔tɕǐe〕 (신) 「지(ci)」

향가 표기에서 「支」는 상고음 〔ȟieg〕7)의 영향으로 〔ki〕로 반영된 것이 있는가 하면, 이 〔ki〕가 다시 〔hi〕로 바뀐 것과 중고음의 반영으로 〔ci〕로 쓰인 것 등 세 가지로 쓰인 것 같다. 이 글자의 상고음을 동통허를 제외한 모든 학자들이 한결같이 〔tǐe〕 계통으로 읽고 있으나, 《집운》에는 위의 《광운》의 반절과 같은 음과 또 다른 음이 기록되어 있다.

· 平聲— 支第五 翹移切 令支縣名 在儋西

여기서 「支」의 또 다른 음이 「翹移切」인데, 성모인 「翹」의 중고음이 〔gǐɛu〕 이므로 이를 중고음으로 재구한다면 〔gǐe〕 정도로 추정되고, 신라한자음은 「지(ci)」와 「기(ki)」가 함께 쓰인 것으로 추정된다. 따라서 중고음 시절에 이미 〔tɕǐe〕 와 〔gǐe〕 가 함께 쓰였을 것이고, 이 두 음이 신라에 함께 들어와 「지(ci)」와 「기(ki)」로 동시에 쓰였을 가능성이 있다. 우리 나라에서 건너간 것으로 생각하는 일본한자음도 〔si〕 과 〔ki〕 으로 쓰이고 있으며, 한어 방언(漢語方言) 중의 하나인 「閩南話(厦門話)」에서 〔tsi〕와 〔ki〕의 두 음으로 발음되는 점도 관계가 있을 가능성은 충분히 있다.

---

7) 이 「支」의 상고음은 동통허(董同龢)의 재구음을 인용하였다.

1.2.1.3 「白遣賜立」

「白」은 훈독자로 움직씨 「솗-」의 줄기로 읽는다.

「遣」은 음차자 「고」로 읽는다. 이 글자의 상고음이나 중고음에 의한 신라한자음은 당연히 「견(kjən)」이 될 것이다. 그러나 향가 및 이두에 쓰인 「遣」은 한결같이 「고」로만 읽혀지는데, 그 이유는 알 수 없다. 깊은 비밀이 숨어 있을 것이다.

◆ 遣 (상고) 溪元   〔k'ɪan〕
   (광)   去演切 溪獮 개 3등 상 山 〔k'ɪen〕(신) 「견(kjən)」

이 「遣」 자가 신라향가에서는 벌임법의 씨끝으로 쓰인 것이 8회, 물음법의 마침씨끝으로 쓰인 것이 2회, 하임법의 가지로 쓰인 것이 2회이며, 고려향가에서는 벌임법의 씨끝으로 1회, 하임법의 가지로 1회 쓰였고, 이두 표기에서는 많이 쓰였다. 여기서는 하임법의 안맺음씨끝으로 경상 방언에 쓰이는 '-구-'의 고대형이다. 「-賜(시)-」는 높임법의 안맺음씨끝이며, 「立」은 훈차자 「-셔」로 시킴법의 맺음씨끝이다. 이 「-시셔」가 중세어에서 「-쇼셔」로 변형되었다.

1.2.2 慕人有如 白遣賜立(원왕) ⇒ 慕人 이시다 솗고시셔

1.2.2.1 「慕人」

「慕人」을 「그릴 사름」이나, 「그리리」로 읽으려면, 대상법의 안맺음씨끝 「-오-」와 매김씨끝 「-ㄹ」이나, 「-ㄴ」이 표기 되어야 한다. 즉 「慕理烏尸人音(그룰 사름)」이나, 「慕理內乎隱人音(그리논 사름)」 정도로 기록되어야 할 것이다. 따라서 「慕人」은 현대인이 '戀人'이라 하듯이 그 당시에도 이미 한문이 많이 유포되었으니 음독자로 보고, 「慕人」 그대로 읽어야 하지 않을까 한다.

1.2.2.2 「有如」

「有」는 훈독자 「이시-」의 줄기로 읽고, 「如」는 약훈차자 「-다」로 서술법의 씨끝으로 쓰였다.

1.2.2.3 「白遣賜立」(1.2.1.3 항 참고)

1.2.3 十方叱佛體 閼遣只賜立(참회) ⇒ 十方ㅎ 佛體 알곡시셔

1.2.3.1 「十方」

「十方」은 불교 용어로 음독자, '온 세상'의 뜻이다.

1.2.3.2 「叱」

「叱」은 '소리 없는 휴식'의 목청닫음소리 「ㅎ」 표기로 매김자리토씨의 생략 기능을 가진다.(1.1.1.2 항 참고)

1.2.3.3 「佛體」(음독자)

1.2.3.4 「閼遣只賜立」

「閼」은 음차자로 「알-」의 줄기 표기로 쓰였으며, 「遣」은 하임말의 뒷가지 「고」, 「只」는 약음차자 「ㄱ」으로 힘줌꼴, 「-賜立(시셔)」는 높임의 시킴법 「-쇼셔」의 고대형이다. 여기서 「只」의 소릿값에 대하여 상세히 검토한다.

◆ 只 (상고) 章支   〔ȶie〕
   (광)   諸氏切 章紙 개 3등 상 止.〔tɕǐe〕(신)「지(ci)」

위와 같이 재구한 중고음을 기준으로 삼는다면, 「只」의 신라한자음도 「지(ci)」일 가능성이 많다. 그러나 고대 한국어 자료에 나타난 「只」는 주로 k-의 표기에 쓰였다. 유 창균 교수는 「支」와 「只」를 비교하면서 「支」가 g-의 표기에 이용된 데 대하여, 「只」는 k-의 표기에 이용되었다고 하였다(유 창균 1984:207).

동 통허(董同龢)가 재구한 상고음에 의하면, 「只」는 〔Ȓieg〕로 되어 있다. 이 재구음을 기준으로 삼는다면, 「只」의 신라한자음은 「기(ki)」일 것이고, 이의 약음차자는 「ㄱ」일 가능성이 충분하다. 「只」가 이두 표기에서 「기」로 읽히는 것도 상고음의 영향으로 본다.

한편 《삼국사기》 지리지에 나타난 지명 표기에서도 「只」는 상고음을 기층으로 한 것임을 알 수 있다.

· 奴斯只縣-儒城縣 (지리 3)
· 結己縣-潔城縣 (지리 3)
· 悅己縣-悅城縣 (지리 3)
· 三岐縣-三支縣 (지리 3)
· 多只縣-多岐縣 (지리 3)

위의 지명에서 「只=己=岐=支」→「城」의 대응 관계를 알 수 있고, 신라한자음 「只· 己· 岐· 支」 등은 상고음의 기층으로 인해 「k-」 표기자임을 알 수 있다.

2. 주체 높임법

대화 속에 등장하는 '말의 주체' 곧, 문장의 임자말로 반영되는 사람이나 또는 그 사람과 관계된 일이나 물건을 높이는 문법적 방법을 주체 높임법이라 한다.

또 겉으로는 임자말로 등장하지 않은 사람이라도, 속뜻으로 그 풀이말의 주체가 될 사람을 높일 때도 주체 높임법이 쓰였다.

이상의 주체 높임법에 대한 문법적 개념은 고대 한국어에서는 물론이고 중세 한국어와 현대 한국어에서도 동일하다.

그러나 주체 높임법의 안맺음씨끝 「-賜(시)-」 뒤에 「-오/우-」나 「-아/어
-」가 올 때 일어나는 변이의 모습은 중세 한국어부터 다른 양상을 나타낸
다. 즉 고대 한국어에서는 「-시＋오/우-」나 「-시＋아/어-」의 모습이나, 중
세 한국어에서는 「-샤」 또는 「-샤-」로 변이되는 현상을 보인다.

2.1 주체가 임자말로 표현된 경우

주체가 임자말로 표현되는 경우, 그 주체를 높이기 위하여 안맺음씨끝
「-시-」를 개재시키는 방법은 모든 맺음씨끝에 해당된다. 즉 모든 문장의
풀이씨는 다 임자씨를 가졌기 때문이다.

2.1.1 佛體頓叱喜賜以留也 (항순) ⇒ 佛體 곱잣 깃그시이루야

2.1.1.1 「佛體」

「佛體」는 음독자인데, 이 문장의 주체가 「佛體」이고, 이 주체를 높이기
위하여 그 풀이씨에 높임법의 안맺음씨끝 「-賜(시)-」가 개재되었다.

2.1.1.2 「頓叱」

「頓」 자가 쓰인 향가 어휘는 「頓部」와 「頓叱」의 두 가지인데, 앞의 것
은 임자씨로 쓰여 '무득 깨달음'의 경지에 이르는 '頓的修行'을 말하고, 뒤
의 것은 어찌씨로 쓰여 「곱잣」일 것으로 읽는다. 중세국어의 「곱작」의 고
대형을 「곱잣」으로 읽어 「叱」을 끝소리 덧적음 「ㅅ」 표기로 본다.

2.1.1.3 「喜賜以留也」

「喜」는 훈독자 「깃-」의 줄기이다. 물론 끝닿소리들은 개음절로 발음되
었을 것이다. 그래서 여기서는 「깃그-」로 읽는다.

「賜」는 음차자로 주체 높임법의 안맺음씨끝 「-시-」 표기자로 쓴 것인데, 그 소릿값은 다음과 같다.

◆ 賜 (상고) 心錫   〔sǐĕk〕
    (광)   斯義切 心寘 개 3등 거 止〔sǐe〕 (신) 「시(si)」

중고음을 기준으로 삼으면 신라한자음은 「시」이다. 그러나 《훈몽자회》
등에는 「줄 스」로 기록되어 있다. 조선조에 와서는 그 음이 「스」로 바뀌
고, 현대에는 「사」로 발음된다.

「以」는 음차자 「이」로 「-시-」의 긴소리 표기, 「留」는 음차자 「-루-」로
느낌의 안맺음씨끝 「-로-」의 방언형이다.

「也」는 음차자 「야」 표기자로 느낌을 나타내는 서술법의 맺음씨끝이다.
향가는 운문이기에 서술법의 풀이씨에 주체 높임법이 반영된 문장은 흔하
지 않다.

2.1.2 阿冬音乃叱 好支賜烏隱 兒史(모죽)⇒ 아ᄃ롬사ㅎ 됴히시온 즈시

2.1.2.1 「阿冬音乃叱」

「阿冬音」은 그 뜻을 파악하기가 매우 어려운 부분이다. 그러나 향가 표
기의 속성상 어절의 첫 글자는 대부분 훈차자일 가능성이 많다. 그래서
「阿」의 훈인 '美貌'의 뜻을 나타내는 「아ᄃ롬」이 존재했을 것으로 생각한
다. 곧 그림씨 「아둘-」의 존재를 추상하고, 이에 이름법의 「-ㅁ」씨끝이 첨
가된 것으로 생각한다. 중세어에서는 이 씨끝 앞에 「-오/우-」를 앞세우는
경우가 대부분이나, 고대 한국어에서는 「-오/우-」를 앞세우는 일이 없이
줄기에 바로 결부된다.(최 남희, 1987b:184)

「乃」는 한문의 '語助辭'로 쓰인 글자이므로 중세어 도움 토씨 「-ᅀᅡ」와
대응된다. 이것의 고대어는 「-사」이므로 「乃叱」은 힘줌 도움토씨 「-사ㅎ」
으로 읽는다. 광주판 《千字文》에는 「사 내」로 읽었다. 이와 같은 용례에
는 다음과 같은 것이 있다.

· 兒史沙叱望阿乃(원가) ⇒ 즈시삿ㅎ ㅂ라나
· 法供沙叱多乃(광수) ⇒ 法供삿ㅎ 하나

2.1.2.2 「好支賜烏隱」

「好」는 훈독자로 「둏-」의 줄기, 「支」는 「히」 표기로 「-이-」계 하임말을 파생시키는 뒷가지로 생각하였다. 그래서 「됴히-」로 읽는다. 「賜」는 음차자 「-시-」로 높임법의 안맺음씨끝이며, 「烏」도 음차자로 대상법의 안맺음씨끝 「-오-」이며, 「隱」은 매김씨끝 「-ㄴ」 표기자로 그 다음 임자씨 「兒史」를 매김하는 형태소로 쓰였다. 그리고 이 매김씨끝은 곧 확정법의 때매김 기능을 가진다.

2.1.2.3 「兒史」

「兒」는 「貌」의 약자로 훈독자이며, 「즈시」의 표기자이다.
「史」는 음차자 「시」 표기인데, 임자씨의 받침이 임자자리토씨 「-이」와 결부된 형태이다.

◆ 史   (상고) 山之   〔ʃiə〕
        (광) 疎士切 山止 개 3등 상 止 〔ʃiə〕 (신) 「시(si)」
중세 한국어의 「즛」이다. 이 「즛」의 받침 「ㅅ」과 「-이」가 결부되어 「시」로 표기된 것이다. 그러나 임자자리토씨가 결부되지 않아도 「즈시」로 발음될 부분이다. 당시의 받침 「ㅅ」은 개음절로 발음되어 〔cəsi〕 정도로 발음되었을 가능성이 있다. 아래 문장에 쓰인 「兒史」는 부림말로 쓰인 것이 분명하고, 토씨가 연결되지 않았다.

· 兒史毛達只 將來吞隱日(우적) ⇒ 즈시 모둘기 디녀오돈 날

2.1.3 臣隱愛賜尸母史也(안민) ⇒ 臣은 두ᅀᆞ실 어시야

2.1.3.1 「臣隱」

「臣」은 음독자로 읽고, 「隱」은 음차자 「은」으로 도움토씨로 쓰였다.

2.1.3.2 「愛賜尸」

「愛」는 훈독자 「ᄃᄉ-」의 줄기에 높임의 안맺음씨끝 「賜(-시-)」가 결부
되었고, 매김씨끝 「尸(-ㄹ)」가 결부된 주체법의 표기이다.

2.1.3.3 「母史也」

「母」는 훈독자로 「어시」로 읽는다. 「史」는 음차자 「시」로 끝소리 덧적
음이다. 즉 중세 한국어 「어싀」의 고대형이다. 중세 한국어 「어싀」는 '親·
父母' 또는 '母' 두 가지 뜻을 가진 낱말로 나타난다. 그런데 고대 한국어
의 「어시」는 '母'를 뜻한다. 어의변화의 용례로 볼 수 있다.
「也」는 음차자 「야」로 느낌을 나타내는 서술법의 맺음씨끝이다.

2.1.4 仰頓隱面矣 改衣賜乎隱冬矣也(원가) ⇒ 울월돈 ᄂᄉ시 가시신온 돌이야

2.1.4.1 「仰頓隱」
「仰」은 훈독자로 「울월-」의 줄기, 「頓」은 음차자 「돈」의 표기자이다.

◆ 頓 (상고) 端文　　　　　　　　　〔tuən〕
　　 (광)　 都困切 端恩 합 1등 거 璪〔tuən〕 (신)「돈(tun)」

이 「돈」은 '다+오+ㄴ'으로 분석할 수 있다. 곧 회상법의 「-다-」와 대상
법의 「-오-」와 매김씨끝 「-ㄴ」의 세 형태소가 결합된 표기자이다. 「隱」은
약음차자 「ㄴ」 표기로 끝소리 덧적음 표기이다.

2.1.4.2 「面矣」

「面」은 훈독자 「ᄂᆞᆺ」으로 읽는다. 종래에 「ᄂᆞ치」으로 읽은 것은 중세어 표

기에 따라 읽었기 때문이다. 이제 「ㅊ」으로 읽는 이유는, 첫째 고대 한국
어에서 「ㅊ」 거센소리의 존재가 의심되고, 둘째 《계림유사》의 「面曰捺
翅」이나 「皮曰渴翅」의 표기는 각각 「ㅊ」, 「갓」의 표기로 생각하기 때문이
다. 「翅」의 소릿값은 아래와 같다.

◆ 翅 (상고) 書支   〔ɕie〕
  (광) 施智切 書寘 개 3등 거 止 〔ɕie〕 (신) 「시(si)」

셋째 경북 방언에는 '얼굴이 좋다'라고 할 것을 '나시 좋다'라고 한다. 즉
'낯'이 아니고 '낫'라고 한다. 이것은 「낯」의 고대 한국어는 「ㅊ」이기 때문
이다.
「矣」는 음차자 「-이」로 임자자리토씨로 썼다. 임자씨 「ㅊ」과 결부되어
「ㄴ시」로 표기하였다.

2.1.4.4 「改衣賜乎隱冬矣夜」

「改」는 훈독자 「가시-」의 줄기, 「衣」는 음차자 「의」의 표기자로 「가시
-」의 끝소리 덧적음, 「賜」는 높임법의 안맺음씨끝 「-시-」, 乎」는 약훈차자
「-오-」로 대상법의 안맺음씨끝이며, 「隱」은 약음차자로 매김씨끝 「-ㄴ」인
데, 이것이 확정법의 때매김 기능을 가진다.
「冬」은 훈독자로 읽지 않고 비슷한 소리 글자인 「等」의 훈독자 「돌」로
읽는다. 매인이름씨 「ㄷ」에 토씨 「-을」이 연결되어 부림말 기능을 한다.
「也」는 음차자로 감탄·강조의 토씨가 부림토씨 「-을」에 연결된 토씨 겹
침 현상이다.

2.1.5 必于化緣盡動賜隱乃(청불) ⇒ 비루 化緣 다 뮈신 너

2.1.5.1 「必于」

「必于」는 어찌씨 「비루」로 읽는다. 음차자 「빌」과 음차자 「우」를 결부
시켜 한 낱말로 읽었다. 이두에서 「必于」를 「비록」으로 읽는 것은 고대형

「비루」에 힘줌가지 「ㄱ」이 첨가된 현상으로 보았다. 〈예경제불가〉의 「必
只」은 「반독」으로 읽는다. 이는 「只」가 약음차자 「ㄱ」으로만 쓰였기에
「必」을 훈독자로 읽고, 「只」는 끝소리 덧적음으로 읽어야 하기 때문이다.
중세 한국어와 이두에서 「반ᄃ기」로 표기된 것은 개음절 원래의 발음을
그대로 전승한 것이다.

◆ 必 (상고) 幫質   〔piĕt〕
　　 (광)　卑吉切 幫質 개 3등 임 臻 〔piĕt〕 (신) 「빌(pil)」

2.1.5.2 「化緣」

「化緣」은 음독자로 '敎化의 因緣'을 뜻한다.

2.1.5.3 「盡」

「盡」은 훈독자로 어찌씨 「다」로 읽는다. 중세 한국어에 쓰인 움직씨
「다ᄋ-」 또는 「다ᄒ-」는 이 어찌씨 「다」에 뒷가지 「-ᄒ다」가 결부되어 전
성된 파생어로 생각한다.
　이와 같은 현상은 〈처용가〉의 「何如爲理古⇒엇더ᄒ리고」에서도 나타
난다. 「何」는 훈독자로 어찌씨 「엇더」의 표기이며, 여기에 뒷가지 「-ᄒ다」
가 결부되어 그림씨 「엇더-ᄒ다」가 되었다.

2.1.5.4 「動賜隱乃」

「動」은 훈독자 「뮈-」의 줄기이고, 여기에 주체 높임법의 안맺음씨끝 「-
賜(시)-」가 결부되어 주체인 「化緣」을 높이는 기능을 수행한다. 이 「化緣」
은 '부처님이 하시는 교화의 인연'이기에 그 풀이씨에서 높임법을 쓰게 된
다.
　「隱」은 약음차자 「-ㄴ」으로 매김법의 씨끝이다. 따라서 그 아래에는 임
자말이 쓰일 자리이다.

「乃」는 훈독자 「너」로 읽는다. 「乃」의 훈 '汭'에 의한 해독이다. 매김씨 끝 「-ㄴ」의 한정을 받는 임자씨가 속구조상의 임자말 노릇을 하는 주체법 으로 쓰였다.

2.1.6 覺樹王焉 迷火隱乙根中沙音賜焉逸良(항순) ⇒ 覺樹王은 이브늘 불휘히 사ᄆᆞ시니라

2.1.6.1 「覺樹王焉」

「覺樹王」은 음독자로 쓰였고, 「焉」은 음차자로 도움토씨 「ᄋᆞᆫ」 표기자이 며, 임자말로 쓰였다.

2.1.6.2 「迷火隱乙」

「迷」는 훈독자, 「이블-」의 줄기로 읽는다. 「火」는 훈차자 「블」이며, 끝 소리 덧적음이 된다. 중세 한국어에서는 「이볼-」가 '시들다'의 뜻이나, 고 대 한국어 시절에는 '미혹하다'의 의미인 것 같다. 그 사이에 뜻 바뀜이 일 어난 것이다.

「隱」은 약음차자 「ㄴ」 표기로 읽고, 이 형태소를 이름법의 씨끝 「-ㄴ」 으로 읽고자 한다. 「-ㄴ」 이름법의 용례가 중세 한국어에서는 10회 정도 발견되나, 고대 한국어 자료에서는 2회밖에 보이지 않는다(최 남희 1993 : 65, 77). 따라서 「迷火隱」은 「이븐」이 되고, 그 뜻은 '미혹함' 또는 '미혹한 것'이 된다. 「乙」은 부림자리토씨이다.

2.1.6.3 「根中」

「根」은 훈독자로 「불휘」이고, 나머지 부분은 모두 음차자로 읽는다.

「中」은 훈독자 「희」로 읽고, 위치자리토씨로 생각한다. 고대 한국어의 위치자리토씨 중 「中」을 「희」로 읽는 것은 이두 표기에서 「中」을 「희」로 읽는 데에서 유래한다. 「희」가 필경 「中」의 뜻으로 읽혔을 것으로 생각되 기 때문에, 오늘날의 '가운데'의 뜻이었을 것으로 생각한다. 그 이유는 오늘날 '해'가 방언에 따라서 소유의 뜻으로 쓰이는 것으로 보아, 「희」는 '가운데' 또는 '안'이었을 것이다. 그러던 것이 '가운데'의 뜻은 없어지고 '해'만이 살아 남은 듯하다. 또 「희」의 「ㅎ」이 탈락된 것이 「익」이고, 그것이 중세 한국어의 「익」로 보아지기 때문에, 위치자리토씨의 본체는 「中」이라고 단정한다(김 승곤 1992:283).

2.1.6.4 「沙音賜焉逸良」

「沙音」은 움직씨 「삼-」의 줄기인데, 여기에 주체인 「覺樹王」을 높이기 위하여 높임법의 안맺음씨끝 「-시-」를 개재시킨 것이다.

2.2 주체가 표면상의 임자말이 아닌 경우

높임의 대상이 되는 풀이씨의 주체가 표면상으로 드러나지 않고, 속구 조상의 임자말이 높임의 대상이 될 때에도 「-賜(시)-」가 쓰인다.

2.2.1 吾肹不喩慚肹伊賜等(헌화) ⇒ 나홀 안디 붓흐리시든

2.2.1.1 「吾肹」

「吾」는 훈독자 「나」이며, 토씨 「肹」과 결부되어 부림말이 된다.(1.1.1.1 항 참고)

2.2.1.2 「不喩」

「不」을 훈독자 「안, 아니」로 읽는 것은 이두 표기에 기댄 해독이다. 「不冬(안들)」이 이두 표기에 무수히 사용되었는데, 이때 「不」은 「안」 표기임이 확실하다. 그리고 「不喩(아닌디)」가 또한 많이 사용되었는데, 「아니지」로 기록된 곳도 있으며, 「是喩(인디)」, 「喩乃(디나)」, 「爲乎喩(ᄒᆞ온디)」, 「爲隱喩(ᄒᆞ지)」 등에 의하면, 「不」은 「안」 또는 「아니」임이 확실하고, 「喩」는 「디」 또는 「지」 표기자임이 확실하다. 결국 「不喩」는 「안디」 또는

「아니디」로 읽어야 하는데, 이것은 현대 표기로 바꾸었을 때의 차이점이요, 근본적으로는 같은 표기로 보인다. 고대 한국어에서는 「안」의 받침도 개음절로 발음되어 독립된 소릿값을 가졌을 것이다.

「喩」는 음차자 「디」 표기자이다. 그러나 「喩」의 다음 재구음과는 차이가 크다.

◆ 喩　　(상고) 余侯　　　　　　　　　　〔Ǎïwo〕
　　　　(광)　羊戍切 余遇 합 3등 거 遇〔jǐu〕　　(신)「유(jü)」

상고음 성모에 관한 칼그렌과 동통허(董同龢)의 喩모의 「云類」와 「以類」에 관한 재구 결과를 보면 다음과 같다.

	喩(云)	喩(以)
董同龢	ɣ	d-, g-
B.Karlgren	g	d-, z-

후음 차탁의 喩(j) 성모는 상고의 「d-, g-」에서 발달한 것으로 보았다. 위의 근거에 의한다면, 「喩」의 상고음은 〔dïwo〕 또는 〔ɣïwo〕가 된다. 앞의 음을 차용한 것이 「디」로 토착화한 것이다. 그래서 「不喩」는 「안디」로 기록되나, 받침 「ㄷ」의 소릿값은 개음절로 발음되었을 것이다. 신라 때의 「안디」가 고려 때에는 끝소리 「디」는 탈락하고 「아니」로 변천되었음을 《계림유사》의 용례에서 찾아 볼 수 있다.

· 飢曰擺泊安理
· 不善飮曰本道安里麻蛇
· 瘦曰安里鹽骨眞

2.2.1.3 「慚肹伊賜等」

「慚」은 훈독자 「붓흐리-」의 줄기이며, 「肹伊」는 음차자로 끝소리 덧적음이며, 중세국어 「붓그리-」의 고대형이다. 「賜」는 높임의 안맺음씨끝,

「等」이 '가정, 조건'의 의미를 나타내는 제약법의 이음씨끝이다. 중세국어에서 「-돈/든」의 변이형태가 쓰인 것과 같이 고대 한국어에서도 밝은 홀소리 뒤에서는 「-돈」이 실현되었을 것으로 본다.

풀이씨 「慚肹伊(붓흐리)-」의 임자말은 수로부인(水路夫人)인데, 표면상으로는 드러나지 않았다. 즉 속구조상의 임자말이 높임의 대상이므로 높임법의 안맺음씨끝 「-시-」를 개재시킨 것이다.

2.2.2 民焉狂尸恨阿孩古爲賜尸知(안민) ⇒ 民은 얼흔 아히고 ᄒ실디

2.2.2.1 「民焉」

「民」은 훈독자 「빅셩」으로 읽는 것이 자연스럽다. 그러나 앞 구절에 등장하는 임자씨 「臣」의 고유어를 알지 못하여 「君」과 「民」을 그대로 음독자로 읽었다.

2.2.2.2 「狂尸恨」

「狂」은 훈독자 「얼」의 표기자이고, 「尸」은 「ㄹ」 끝소리 덧쳐음이다.

중세 한국어에 쓰인 '狂'은 두 가지의 어휘로 나타난다. 곧 「미치다」와 「어럽다」이다. 「미치다」는 움직씨로 의미는 현대어와 같다. 그러나 「어럽다」는 그림씨로 '어리광스럽다, 어리석다, 경망하다' 등의 의미를 가지고 있다.

〈미치다(움직씨)〉
· 미쳐 드ᄅ니(狂走)(원각 서:46)
· 自然히 머리 因緣ㅅ 전ᄎ로 미츄딘 댄(능엄 4:67)
· ᄠᅳ들 일흐면 미치게 아라(失趣狂解)(능엄 10:6)
· 미치고 귀먹고 (법화 2:168)
· 姑射 말듣고 미치다 ᄒ야 (법화 2:27)
· 오히려 술먹고 미쵸몰 思憶ᄒ시놋다(猶憶酒顚狂) (두해-초 8:13)

〈어럽다(그림씨)〉
· 盜賊온 어러운 놀애 밧긔 잇ᄂᆞ니(寇盜狂歌外) (두해-중 14:12)
· 녜 어러운 客이 잇더니(昔年有狂客) (두해-초 16:5)
· 어러운 놀애로 됴훈 싸홀 맛나(狂歌遇形勝) (두해-초 15:50)
· 뎌쁴 어러이 ᄃᆞ로몰 催促ᄒᆞ던 이룰 ᄉᆞ랑호니(憶咋狂催走) (두해-초 8:34)

위의 용례와 같이 중세 한국어에서 「狂」의 의미가 두 가지인 것처럼, 고대 한국어 시대의 「狂」도 중세 한국어에서와 같았을 것이다. 그래서 중세 한국어 「어럽다. 어러이, 어리다」 등 낱말의 말밑을 추적하여 이 어휘의 해답을 얻고자 한다.

고대 한국어에서 「얼」이란 이름씨가 존재한 것으로 보인다. 이 이름씨 「얼」에 뒷가지 「-업다」가 결부되어 그림씨로 바뀐 것이 「어럽다」로 중세 한국어에까지 쓰였다. 또 이 「어럽다」에서 어찌씨 「어러이」가 파생되었으며, 「어리다」라는 그림씨도 또한 이 「얼」이란 이름씨에서 파생된 낱말임이 분명하다. 이렇게 다양하게 분화된 한 무리의 단어족을 형성하면서 이름씨 「얼」의 존재 의의가 상실되었다. 그래서 현대어에서는 이름씨 앞에 붙어 '덜 된, 똑똑하지 못한', 또는 움직씨 앞에 붙어서 '여러 가지가 뒤섞여, 분명하지 않게'의 뜻을 나타내는 앞가지로 겨우 그 명맥을 유지하고 있다.

따라서 고대 한국어 시절에 이름씨 「얼」에 파생의 가지 「-ᄒᆞ다」가 결합된 그림씨 「얼ᄒᆞ다」가 쓰였을 것이며, 그 의미는 '癡 · 愚 · 迷'로 지적한 《고가연구》의 지적이 정확함을 알 수 있다. 또 옥편에도 「狂」의 의미가 '어리석다, 어리석은 사람'이란 뜻을 나타내고 있다(모로하시 7:676).

「恨」은 음차자 「훈」으로 뒷가지 「-ᄒᆞ다」에 매김씨끝 「-ㄴ」이 결부된 형태이다.

2.2.2.3 「阿孩古」

「阿孩」 고대 한국어 시대부터 쓰인 고유어임은 최 치원의 '聖住寺朗慧和尙白月塔碑'나 《삼국유사》 권5에 있는 김 양도의 「阿孩」 시절의 이야기에서도 분명하다.

「阿」는 음차자 「아」, 「孩」는 음독자 「히」로 '음차+음독'으로 한 낱말을 표기한 드문 예에 해당한다.

◆ 孩 (상고) 匣之   〔ɣə〕
　　 (광)　尸來切 匣哈 개 1등 평 蟹〔ɣɒi〕(신) 「히(hʌi)」

「古」는 음차자 「-고」로 인용을 나타내는 특수토씨로 읽는다.(1.2.1.1 항 참고)

2.2.2.4 「爲賜尸知」

「爲」는 훈독자 「ㅎ-」의 줄기로, 향가 표기에 많이 쓰였는데, 여기서는 '做也'의 뜻이 아닌 '以爲'의 뜻으로 쓰인 점을 명심해야 한다(양 주동 1945: 265).

「賜」는 높임의 안맺음씨끝 「-시-」, 「尸」는 매김씨끝 「-ㄹ」표기이다.

「知」는 음차자 「디」로, 「ㄷ」 매인이름씨에 잡음씨의 줄기 「이」가 결부되어 씨끝으로 바뀐 것이다. 「知」를 「~디면」의 뜻으로 읽은 것은 오구라 (小倉) 이래로 거의 같다.

그런데 중세 한국어 자료에 「-디」 씨끝이 쓰인 경우는 '부정(不定)'의 의미를 나타내기 위하여 매인풀이씨 「아니ᄒ다, 몯ᄒ다, 말다」와 연결되는 연결법만 존재하지, 「~디면」의 뜻을 나타내는 제약법의 씨끝으로 쓰인 용례는 없다. 고대 한국어에서 제약법의 「-디」와 연결법의 「-디」가 동음충돌이 되어 중세에 오면서, 앞의 것이 「-디면」으로 바뀐 것으로 생각한다.

다음 문장 「民是愛尸知古如」를 「民이 ᄃ술 디고다」로 읽었다. 즉 「ᄃᄉ-」의 부림말이 '임금이나 신하'가 될 것이다. 그러므로 앞의 문장의 씨끝 「-ㄹ디」는 제약법의 씨끝이라야 한다. 두 문장의 뜻은 '백성은 어리석은 아이고 한다면, 백성이 임금과 신하를 사랑할 것이다'가 된다.

풀이씨 「爲(ᄒ)-」의 임자말이 표면상으로 드러나지 않았다. 그러나 속 구조상의 임자말이 높임의 대상이기 때문에 「-시-」를 개재시켰다.

2.2.3. 郎也持以支如賜烏隱心(찬기) ⇒ 郎야 디니히더스온 ᄆᆞᅀᆞᆷ

2.2.3.1 「郎也」

「郎」은 음독자, 「也」는 음차자 「야」로 부름자리토씨로 쓰인 글자이다.

◆ 也 (상고) 余歌　　　　　　　　　　〔ʎia〕
　　(광)　羊者切 余馬 개 3등 상 假 〔jǐa〕 (신) 「야(ja)」

2.2.3.2 「持以支如賜烏隱心」

「持」는 훈독자 「디니-」의 줄기, 「以」와 「支」는 각각 「이」와 「히」로 「디니-」의 끝소리 덧적음 및 긴소리 표시 기호로 쓰였다.

「如」는 약훈차자 「다」이나, 여기서는 회상법의 안맺음씨끝 「-더-」 표기자로 쓰였다. 「如」의 중세훈이 「-다비」이므로 이의 고대형은 「-다비」가 될 것이다. 이 「-다비」의 일부를 차용한 약훈차자 「다」 표기로 쓰였다. 「如」가 회상법의 안맺음씨끝으로 표기될 경우에는 홀소리 어울림에 따라 「다/더-」의 변이형태가 함께 쓰이고 있다. 향찰 표기나 이두 표기에서는 한 글자로 여러가지 변이형태를 표기하고 있기 때문이다. 1인칭인 말할이가 임자말이 아니고, '기파랑'이 임자말이 되어야 할 문장이기 때문에 여기서는 「-더-」로 읽음이 옳다.

「烏」는 음차자로 대상법의 안맺음씨끝 「-오-」 표기자, 「隱」은 약음차자 「-ㄴ」으로 매김법의 씨끝이다. 본래는 확정법의 씨끝이나, 「-더-」와 겹쳐지면 때매김의 기능은 없어지고 다음 체언에 대한 매김의 기능만 가진다. 중세 한국어에서도 동일하다.

풀이씨 「持以支(디니히)-」의 매김을 받는 「心(ᄆᆞᅀᆞᆷ)」은 '기파랑의 心'인데, 속구조상으로는 부림말의 기능을 가지는 대상법으로 높임의 대상이기 때문에 「-시-」가 개재되었다.

2.2.5 吾良遺知支賜尸等焉(도천) ⇒ 나아 기디히실든

2.2.5.1 「吾良」

「픔」는 훈독자 「나」 표기자, 「良」은 위치자리토씨 「-아」 표기자로 쓰였
다.

향가 표기에 쓰인 「良」자는 크게 두 가지 표기자로 쓰였다. 즉 약음차
자 「라」로 쓰인 경우와 약훈차자 「아/어」로 쓰인 경우이다. 앞의 것은 주
로 씨끝 표기로 쓰였고, 뒤의 것은 씨끝과 토씨 표기로 쓰였다(최 남희 19
86 : 58).

「良」은 훈은 '어딜다'인데, 그 첫자만 차용한 약훈차자로 홀소리어울림에
따라 「아/어」의 대립을 나타낸다. 여기서 이 토씨는 현대어 '-에게'의 의
미를 지닌 말로 보인다.

2.2.5.2 「遣知支賜尸等焉」

「遣」는 훈독자 「기디-」의 줄기로 읽는다. 중세국어 「기티-」의 고대형은
거센소리가 아니었을 것이라는 생각과 「知」의 신라한자음이 「디」일 것이
라는 추정에서 나온 해독이다.

◆ 知　(상고)　端支　　　　　　　　　〔tǐe〕
　　(광)　　陟離切 知支 개 3등 평 止〔tǐe〕　(신)「디(ti)」

「支」는 음차자 「히」로 「기디-」의 긴소리 표기로 쓰였다.

「賜」는 높임의 안맺음씨끝 「-시-」, 「尸」는 추정법의 때매김 기능을 가
진 매김꼴의 씨끝 「-ㄹ」, 「等」은 음차자 「든」으로 '가정·조건'의 뜻을 나
타내는 제약법의 씨끝, 「焉」은 약음차자 「-ㄴ」 표기자로 끝소리 덧적음이
다. 매김꼴의 「-ㄹ」 씨끝이 앞서게 된 것은, 그 말밑이 매인이름씨 「드」와
도움토씨 「-온/은」이 결부되어 씨끝으로 녹아 붙은 것임을 보여 주는 증
거가 된다. 그러나 중세 한국어에는 이런 「-ㄹ」 개입 현상이 보이지 않는
다.

2.2.5 西方念丁去賜里遣(원왕)⇒ 西方ㄱ장 가싀리고

2.2.5.1 「西方念丁」

「西方」은 음독자로 읽는다. '西方淨土'를 의미한다.

「念丁」을 조선조 이두에서 '꼬졍 · 쎠뎡'으로 읽는다. 「念」이 '걱졍'인데, 이의 중세국어는 「걱졍」이다. '미치는 한도나 범위'를 나타내는 도움토씨 「-ㄱ장」의 발음이 「걱졍」과 비슷하므로 「念」을 빌려 「-ㄱ장」을 표기하였으니, 이는 훈차자에 해당한다. 「丁」은 끝소리 덧적음이다.

2.2.5.2 「去賜里遣」

「去」는 훈독자로 「가-」의 줄기이며, 「賜(-시-)」는 높임법의 안맺음씨끝이며, 「里(-리-)」도 음차자로 때매김의 안맺음씨끝이며, 「遣」은 물음법의 씨끝 「-고」 표기자이다.

2.2.6 四十八大願成遣賜去(원왕) ⇒ 四十八大願 일고시가

2.2.6.1 「四十八大願」 (음독자)

2.2.6.2 「成遣賜去」

「成」은 훈독자로 「일-」의 줄기, 「遣」은 하임법의 파생가지 「-고-」로 읽는다. 이 파생가지는 홀소리어울림에 따라 「-고/구-」가 대립되는데, 고대 한국어 시절에 이미 「ㄱ」이 탈락된 「-오/우-」 형태소가 함께 쓰였다. 아래의 용례들이 「ㄱ」이 탈락된 「逸烏(일오-)」, 「逸留(일우-)」, 「成留(일우-)」 등과 줄기가 「逸(일-)」로도 표기된 용례들이다.

- 世理都之叱逸烏隱弟也(원가) ⇒ 누리 모다이ㅎ 일온 데야
- 大海逸留去耶(광수) ⇒ 大海 일우거라
- 顛倒逸耶(참회) ⇒ 顛倒 이라
- 佛體叱海等 成留焉日尸恨(보개) ⇒ 佛體ㅎ 바둘 일운 날흔

「賜」는 음차자로 높임법의 안맺음씨끝 「-시-」 표기자이고, 「去」는 훈차자로 「-가」 물음씨끝이다. 여기서도 때매김의 형태소가 쓰이지 않은 표기법으로 본다.

2.2.7 三花矣岳音見賜烏尸聞古(혜성) ⇒ 三花ㅣ 오롬 보시올 듣고

2.2.7.1 「三花矣」

「三花」는 음독자로 세 화랑이며, 「矣」가 음차자 「-이」로 임자자리토씨이다. 「矣」는 음차자로 임자자리토씨 「-이」와 매김자리토씨 「-의/의」의 두 가지로 쓰였다. 그 소릿값를 추정해 보자.

◆ 矣 (상고) 匣之   〔ɣǐə〕
　　(광)　于紀切 云止 개 3등 상 止 〔jǐə〕 (신)「이(i), 의/의(ʌi/əi)」

이 글자의 중고음이 신라한자음으로 정착될 때 「이」와 「의」 어느 것으로도 가능해 보인다. 실제로 쓰인 용례도 「이」와 「의/의」로 반영된다. 그러나 임자자리토씨로 쓰인 용례는 많지 않다.

2.2.7.2 「岳音」

「岳」은 훈독자 「오ᄅ-」의 줄기이며, 「音」은 약음차자 「ㅁ」으로 이름법씨끝이므로 연결하면 「오롬」이 될 것이다. 이 때 이름법의 「ㅁ」 씨끝 앞에 「-오/우-」가 개재되지 않는 것이 중세어와 다르다. 중세 한국어에서는 「올옴」으로 기록되었다.

2.2.7.3 「見賜烏尸」

「見」은 훈독자 「보-」의 줄기, 「賜」는 음차자 「-시-」로 높임법의 안맺음씨끝이며, 「烏」는 음차자 「-오-」로 대상법의 안맺음씨끝, 「尸」는 추정법의 때매김 기능을 가진 매김씨끝 「-ㄹ」 표기이다. 따라서 그 다음에 어떤 임자씨가 생략된 것으로 생각한다.

2.2.7.4 「聞古」

「聞」은 훈독자 「듣-」의 줄기이며, 「古」는 음차자로 벌임법의 이음씨끝이다.

이 문장의 내용은 '三花가 산에 올라 (   )을 보실 것이란 말을 듣고'의 뜻이다. 그러므로 '보실'의 주체는 「三花」가 될 것이다.

2.2.8 法界滿賜隱佛體(예경) ⇒ 法界 ㄱ독ㅎ신 佛體

2.2.8.1 「法界」(음독자)

2.2.8.2 「滿賜隱」

「滿」은 훈독자 「ㄱ독ㅎ-」의 줄기로 읽는다. 이를 종래 「ㅊ-」라고 읽었으나, 고대 한국어 닿소리 체계에 거센소리를 인정하지 않기 때문에 이를 수정하여 읽는다.

「賜」는 음차자로 높임법의 안맺음씨끝 「-시-」, 「隱」은 매김 씨끝으로 아래의 「佛體」를 매김한다. 이 문장의 속구조는 「佛體 法界예 ㄱ독ㅎ시다」가 된다. 즉 속구조에서는 매김을 받는 임자씨가 곧 임자말 구실을 한다. 따라서 안맺음씨끝 「-오/우-」 형태소가 개재하지 않는다. 이런 문장 구성을 주체법이라 한다.

2.2.9 法界滿賜仁佛體(광수) ⇒ 法界 ㄱ독ㅎ신 佛體

2.2.9.1 「仁」

앞의 문장에서 매김 씨끝 표기자 「仁」만 다르다. 「仁」은 약음차자 「-ㄴ」 표기이다. 이 글자의 중세음은 「신」일 것이나, 고대 한국어 시절에는 「ㅿ」의 존재를 인정할 수 없기 때문에 日모/ȶ/ 자는 「ㄴ(n)」으로 반영되었으리라 추정한다. 「仁」 자는 고려향가에만 쓰였고, 약음차자로 매김 씨끝 「-ㄴ」 표기에만 쓰인 것이 특이하다.

◆ 仁　　(상고) ㅂ眞　　　　　　　　〔nǐen〕
　　　　(광)　如鄰切 ㅂ眞 개 3등 평 璨〔tǐěn〕(신)「닌(nin)」

2.2.10 向屋賜尸朋知良閪尸也(청불) ⇒ 아사오실 벋 아라셜야

2.2.10.1「向屋賜尸」

「向」은 훈독자「아사-」의 줄기로 읽는다. 고려향가에만 쓰인「向」자를 전부 검토해 보면 움직씨「向ㅎ다」로 쓰였다는 점은 곧 이해된다. 그렇다면 '向ㅎ다'의 고대 한국어가 무엇일까 하는 점이 문제가 된다. 고대 한국어에 가장 가까운 시대의 우리말 자료는 고려 이두이기 때문에 이에서 해결할 수밖에 없다. 여기에 반영된 것으로, '向事, 向教事, 向入, 向前' 등이 있다. 후대의 이두 자료집에서,

· 向事… '아안일', '안일'
· 向教事… '아이샨일'
· 向入… '앗드러', '안드러'
· 向前… '아젼', '안젼'

고려 이두에 쓰인 용례를 후대의 이두 자료집에서 읽어 본 것이다. 「向」을 움직씨 표기자로 보면, 「向」은 '아아-'와 '앗-'와 '아-'의 결과를 얻을 수 있는데, 이것은 조선조 후기의 언어로 변전된 모습이다.

중세 한국어의 용례를 찾아 보면, '앞서다'의 뜻으로「앞-」와 '앞서 이끌다, 인도하다'의 뜻으로「앗외다」가 쓰였다.

· 무틔 올아 將次ㅅ 길흘 <u>아사</u> 가느니 유무를 베플 바롤 구펴 보내도다(登陸將首途 筆札杜所申) (두해-초 8:53)
· 導師ᄂ 法 <u>앗외ᄂ</u> 스스이니 如來롤 술ᄫ시니라(석보 13:16)
· 大導師ᄂ 크신 길 <u>앗외시ᄂ</u> 스스이라 혼 마리라(월석 9:15)

중세 한국어의「앗외다」의 말밑은「앗-」와 관련이 있을 것이다. 따라서 「앞-」와「앗-」는 동일한 낱말인데,「앗-」가 고대형이다. 이때 받침「ㅅ」은

개음절로 발음되기 때문에 [asV-]일 것이다. 이 발음과 위의 이두 표기에 나타난 「向」의 발음과 비교하여 고대 한국어의 발음으로 재구하게 되면 「아사-」나 「앗-」가 된다. 그러나 이 두 재구된 발음은 「ㅅ」을 개음절로 발음하게 되면 같은 발음이 된다. 그래서 「아사-」로 재구한다.

「屎」은 약음차자로 안맺음씨끝 「-오-」 표기자이다. 「賜」는 높임법의 안맺음씨끝 「-시-」, 「尸」은 추정법의 때매김 기능을 가진 매김씨끝 「-ㄹ」, 「朋」은 훈독자 「벋」이다.

2.2.10.2 「朋」

훈독자 「벋」, 이렇게 읽는 것은 중세 한국어에 기댄 해독이다.

2.2.10.3 「知良闃尸也 」

「知」는 훈독자 「알-」의 줄기, 「良」은 약훈차자 「-아」로 제약법 씨끝으로 읽었다.

「闃」는 음차자 「서」이며, 여기에 받침 「尸(ㄹ)」이 첨가 되어 움직씨 「설-」의 줄기가 된다. 그 뜻은 '걷다, 치우다'이다. 즉 '부처님을 향하여 나아갈 벋을 알아 걷어 낸다.' 즉 부처님 곁에 가기에 부족한 벋들을 골라, 부처님 향한 길에서 걷어 낸다는 뜻으로 보았다. 그렇게 읽으면, 아랫 구절의 「길 이븐 물」과 호응된다.

2.2.11. 佛影不冬應爲賜下呂(청불) ⇒ 佛影 안둘 應ᄒ시아리

2.2.11.1 「佛影」(음독자)

2.2.11.2 「不冬」

「不冬」은 부정의 어찌씨 「안둘」 표기이다. 여기서 「冬」을 「둘」로 읽는 것은 「冬」의 비슷한 소리 글자인 「等」의 훈차자 「둘」을 전용한 것이다.

2.2.11.3 「應爲賜下呂」

「下」는 훈차자 「알」이며, 「呂」는 약음차자 「리」로 연결하면, 「-아리」가
되어 비인칭 물음법 「-아리가」의 준말로 생각된다. 이때 「-아-」 형태소는
일종의 힘줌꼴의 안맺음씨끝으로 생각되며, 중세어의 다음 예와 같은 종류
로 생각한다.

· 四祖ㅣ 便安히 몯 겨샤 현 고돌 올마시뇨(용가, 110)
· 枯樹에 여름 열며 竭川에 십이 나니 그 낤 祥瑞롤 다 숣아리잇가(월인, 127)
· 四座ㅣ 敢히 喧笑호몰 마라리아(四座敢辭喧)(두해-초, 8:25)

2.2.12 修將來賜留隱 難行苦行叱願乙(상수) ⇒ 닷ㄱ려시운 難行苦行 ㅎ 願을

2.2.12.1 「修將來賜留隱」

「修」는 훈독자 「닷ㄱ-」의 줄기로 읽는다. 이는 중세 한국어에 기댄 해
독이다. 「修」 자 다음에 「叱」을 넣어 「ㅅ」을 표기하는 경우도 있고, 넣지
않는 경우도 있다. 어느 경우도 「ㅅ」과 「ㄱ」이 독립된 소릿값을 가진 열린
음절로 발음되었을 것으로 본다.
「將來」는 '의도'를 나타내는 풀이씨의 씨끝으로 보기 때문에, 「修」에 결
부되어 「닷ㄱ려-」가 된다.
「賜」는 음차자 「-시-」로 높임법의 안맺음씨끝이다.
「留」는 약음차자 「우」로 읽고, 대상법의 안맺음씨끝으로 읽는다. 이 글
자는 대부분 방편자리토씨나, 「-ㄹ」 받침으로 끝난 움직씨의 시킴뒷가지
표기자 등으로 쓰이는 것만으로 생각하여 왔다. 그러나 이 문장에서는 풀
이씨의 줄기에 붙은 것이니 토씨도 아니고, 안맺음씨끝 뒤에 쓰였으니 뒷
가지도 아니다. 안맺음씨끝 「-시-」와 매김 씨끝 「-ㄴ」 사이에 개입될 수
있는 것은 대상법의 안맺음씨끝 「-오/우-」밖에 없다.

2.2.12.2 「難行苦行叱」

「難行苦行」은 음독자, 「叱」은 소리 없는 휴식의 목청닫음소리 「ㆆ」 표기자로 매김자리토씨의 기능을 가진다. 이 문장의 속구조는 「難行苦行ㆆ 願을 닷ㄱ려시다」이다.

2.2.12.3 「願乙」

「願」은 음독자, 「乙」은 부림자리토씨로 쓰였다. 고려향가의 부림자리토씨는 신라향가의 「肹(홀/흘)」의 「ㆆ」이 탈락하고 「올/를, ㄹ, 롤/를」의 변이형태가 음성적 환경에 따라 쓰였을 것으로 본다. 따라서 앞선 임자씨의 ㆆ끝소리와 관계없이 「乙」로만 표기되었다(최남희 1985a, 44)

◆ 乙　(상고) 影質　　　　　　　　　　　〔ʔĕt〕
　　　(광)　 於筆切 影質 개 3등 입 臻 〔ʔĕt〕　(신) 「올/을(ㅅl/əl)」

3. 객체 높임법

대화 속에 등장하는 '말의 객체' 곧, 풀이말의 부림말이나 위치말로 지시되는 사람이나 또는 그 사람과 관계된 일이나 물건을 높이는 문법적 방법을 객체 높임법이라 한다.

중세 한국어에 나타난 객체 높임법의 안맺음씨끝은 「ᅀᅳᆸ·ᄌᆞᆸ·ᅀᅳᆸ·ᄉᆞᇦ·ᄌᆞᇦ·ᅀᆞᇦ」의 6가지 변이형태들이나, 그 대표 형태는 「-ᅀᅳᆸ-」이다.

고대 한국어 자료인 향가나 이두에 표기된 객체 높임법의 안맺음씨끝은 「-白-」으로 나타나는데, 이를 단일형 「-ᄉᆞᆲ-」으로만 읽는다. 그 까닭은 고대 한국어의 화석이라 할 수 있는 조선 시대의 이두 표기에서 「白」자는 모두 「-ᄉᆞᆲ-」의 표기로 수없이 쓰인 점과, 고대 한국어의 풀이말 「ᄉᆞᆲ-」이 풀이말의 기능에서 안맺음씨끝의 기능으로 분화되면서 풀이말의 의미가 상실되고, 둘 받침의 「ㄹ」이 상실되어 중세에는 「-ᄉᆞᆸ-」으로 반영되었다고 생각하기 때문이다.

3.1 객체가 어찌말로 표현된 경우

3.1.1 千手觀音叱前良中 祈以支白屋尸置內乎多(도천) ⇒ 千手觀音ㅎ 前아히 비히술볼 두ㄴ오다

3.1.1.1 「千手觀音叱」

「千手觀音」과 「前」은 음독자로 읽는다. 「前」은 「앎」으로 읽을 수도 있으나, 위치자리토씨 「-아히」와의 원만한 연결을 위해서 음독자로 읽는다.

「叱」은 목청닫음소리 「ㅎ」의 표기자로 소리 없는 휴식의 매김자리토씨의 기능을 가진다.

3.1.1.2 「良中」

「良中」은 「아히」로 읽어 위치자리토씨로 생각한다. 문장 성분은 어찌말이 되고, 그 다음의 풀이씨 「비히-」의 객체가 된다. 그 객체를 높이는 안맺음씨끝이 풀이씨의 줄기에 붙게 된다.

3.1.1.3 「祈以支白屋尸」

「祈」는 훈독자 「비히-」의 줄기, 「빌-」의 받침 「ㄹ」은 「白」과의 연결 관계로 탈락되었으며, 「以」는 끝소리 덧적음 「ㅣ」이며, 「支」 자가 첨가된 것은 「비-」를 긴 소리로 발음한 표기이다.

「白」은 객체 높임의 안맺음씨끝 「-숩-」, 「屋」은 약음차자 「-오-」 표기자로 「鳥乎」와 같은 대상법의 안맺음씨끝 형태소 표기자이다. 「尸」는 추정법의 때매김 기능을 가진 매김씨끝 「ㄹ」 표기자, 다음 어휘 「置(두-)」가 남움직씨이므로 「尸」를 부림자리토씨로 생각하기 쉬우나, 고대 한국어에서의 부림자리토씨는 「肹·乙」로 표기되었으며, 매김법의 씨끝이나 임자씨의 「ㄹ」 받침만이 「尸」로 표기되고 있다.

또 중세 한국어에까지도 약간 남아 있는 「-ㄹ, -ㄴ」 이름씨 파생가지로도 생각하기 쉬우나, 이것도 타당하지 않다. 「두-」가 남움직씨이므로 부림말이 앞서야 하고, 「屋」은 대상법의 안맺음씨끝이므로 당연히 「尸」는 매김법의 씨끝이라야 하고, 「-ㄹ」 다음에 임자씨가 속구조에서 생략된 것으로 보아야 한다. 여기서 안맺음씨끝 「-쇼-」이 쓰인 기능은 「千手觀音」을 높이기 위한 것이며, '千手觀音 앞에 (   )을 두었습니다'이므로 그 대상, 곧 객체는 어찌말로 생각할 수 있다.

3.1.1.5 「置內乎多」

「置」는 훈독자 「두-」의 줄기, 「內」는 약음차자 「-ㄴ-」 표기자로 현실법의 안맺음씨끝, 「乎」는 약훈차자 「-오-」로 임자씨가 1인칭일 때 쓰이는 인칭법의 안맺음씨끝이며, 「多」는 음차자 「-다」로 서술법의 씨끝이다. 한편 당시에 이미 「-ㄴ오-〉-노-」의 축약 형태가 일어나고 있다. 곧 「-內乎-〉 -奴-」(제망)가 그 실례이며, 1인칭 의도임을 알 수 있다.

3.1.2 誓音深史隱尊衣希仰支   兩手集刀花乎白良 (원왕) ⇒다딤 깁흐신 尊이희 울월히 두블 손 모도 고조쇼아

3.1.2.1 「誓音」

「誓」는 훈독자 「다디-」의 줄기인데, 이 풀이씨의 줄기에 임자씨 파생의 뒷가지 「-ㅁ」이 결부된 형태이다. 「音」은 약음차자 「ㅁ」 표기로 쓰였다.

3.1.2.2 「深史隱」

「深」도 훈독자 「깁흐-」의 표기인데, 중세 한국어 표기는 「깊-」이다. 음절 끝소리가 거센소리 되기 이전, 닫음소리되기 이전이기 때문에 「깁흐-」로 재구하였다.
「史」는 음차자 「-시-」로 높임법의 안맺음씨끝이며, 「隱」은 매김 씨끝 「-ㄴ」으로 주체법으로 쓰였기에 「-오/우-」 형태소가 쓰이지 않았다.

3.1.2.3 「尊衣希」

「尊」은 음독자, 「衣希」는 음차자 「의희」로 앞의 「良中」과 같은 위치자리토씨 표기자로 생각한다. 「尊」은 높임의 대상이고, 여기에 위치자리토씨가 결부되어 문장 성분은 어찌말이 된다.

3.1.2.4 「仰支」

「仰」은 훈독자 「울월-」의 줄기이며, 「支」는 어찌씨 파생의 뒷가지 「-히」로 읽고, 그 다음 문장을 꾸미는 기능을 한다. 「仰」을 「울월-」로 읽는 것은 중세 한국어에 의함이다.

3.1.2.5 「兩手集刀」

「兩手」는 훈독자 「두블 손」의 표기이며, 「集」은 훈독자 「모도-」의 줄기, 「刀」는 음차자로 끝소리 덧적음이다. 움직씨 「모도-」의 줄기에 어찌씨 만드는 가지 「-오」가 결부되나, 생략된 현상이다.

3.1.2.6 「花乎白良」

「花乎」는 「花」의 훈차자 「곶」에 「乎」의 약음차자 「오」가 결부되어 움직씨 「고조-」의 줄기를 표기한 것이다. 중세어 「고초-」의 고대형이다.
「白」은 훈차자 「-숩-」 표기로 객체 높임법의 안맺음씨끝으로 쓰였다. 즉 높임의 대상이 「尊」인데, 여기에 위치자리토씨가 결부되어 어찌말이 되었다.
「良(아)」은 약훈차자로 제약법의 씨끝이다.

3.1.3 間王冬留讚伊白制(칭찬) ⇒ 한왕돌로 기리숩져

3.1.3.1 「間王冬留」

「間王」을 「한왕」으로 읽는 것은, 「間」은 「閒」의 속자로도 쓰이기 때문이다. 「閒」의 음차자 「한」과 「王」의 음독자와 결합하면 「한왕」이 되고, 「한왕」은 곧 '大王'의 의미로 해독한다(홍 기문).

「冬」은 훈차자 「둘」로 읽는다. 그 이유는 「冬」의 음이 「等」과 비슷하기 때문에 「等」의 훈까지도 차용하여 복수를 나타내는 뒷가지로 쓰이고 있다고 볼 수 있다.

◆ 冬 (상고) 端冬   〔tuəm〕
   (광)   都宗切 端冬 합 1등 평 通〔tuoŋ〕(신) 「동(toŋ)」

◆ 等 (상고) 端蒸   〔təg〕
   (광)   都肯切 端等 개 1등 상 曾〔təg〕 (신) 「등(təg)」

「留」는 음차자 「로」로 '자격'을 나타내는 방편자리토씨로 쓰였다.

3.1.3.2 「讃伊白制」

「讃」은 훈독자 「기리-」의 줄기로 쓰였고, 「伊」는 음차자 「이」로 끝소리 덧적음으로 쓰였다.

「白」은 훈차자로 객체 높임법의 안맺음씨끝 「-숣-」을 나타낸다. 이 높임의 대상인 객체는 「間王冬」이고 여기에 방편자리토씨 「留(로)」가 결부되어 어찌말이 되었다.

「制」는 약음차자 「져」로 말할이의 바램이나 소원을 나타내는 시킴법의 씨끝이다. 이것은 꾀임법의 씨끝 「-져」와는 구별되며 중세 한국어에서는 「-져라」로 바뀐다.

◆ 制 (상고) 章月   〔t̠iat〕
   (광)   征例切 章祭 개 3등 거 蟹〔t̠ɕiɐi〕(신) 「제(ciäi)」

3.2 객체가 부림말로 표현된 경우

3.2.1 法界滿賜隱佛體 九世盡良禮爲白齊(예경) ⇒ 法界 ㄱ독ㅎ신 佛體 九世 다아 禮ㅎ숣져

3.2.1.1 「法界滿賜隱佛體」(2.2.8 항 참고)

「法界」는 음독자, 「滿」은 훈독자 「ㄱ독ㅎ-」의 줄기로 읽는다. 이를 종래 「츠-」라고 읽었으나, 고대 한국어 닿소리 체계에 거센소리를 인정하지 않기 때문에 이를 수정하여 읽는다.

「賜」는 음차자로 높임법의 안맺음씨끝 「-시-」, 「隱」은 매김 씨끝으로 아래의 「佛體」를 매김한다. 이 문장의 속구조는 「佛體 法界예 ㄱ독ㅎ시다」가 된다. 즉 속구조에서는 매김을 받는 임자씨가 곧 임자말 구실을 한다. 따라서 안맺음씨끝 「-오/우-」 형태소가 개재하지 않는다. 이런 문장 구성을 주체법이라 한다.

3.2.1.2 「九世盡良禮爲白齊」

이 문장의 겉구조는 매김씨끝 「-ㄴ」의 매김을 받는 「佛體」가 풀이씨 「禮-ㅎ다」의 부림말이 된다. 부림말로 쓰인 객체 「佛體」를 높이기 위하여 객체 높임법의 안맺음씨끝 「-白(숣)-」 표기자가 쓰였다. 「九世」는 음독자, 「盡」은 훈독자 「다ᅌ-」의 줄기에 제약법의 씨끝 「良」(아)가 결부된 형태 「다아」로 읽는다. 「-齊(져)」는 음차자로 '희망' '소원' 등을 을 나타내는 시킴법의 맺음씨끝이다.

3.2.2 塵塵虛物叱 邀呂白乎隱(칭찬) ⇒ 塵塵虛物ㆆ 뫼숣본

3.2.2.1 「塵塵虛物叱」

「塵塵虛物」은 음독자로 '수없이 넓고 많은 國土인 虛空界의 一切物'을 뜻하는 불교 용어이다. 「叱」은 소리 없는 휴식의 목청달음소리 「ㆆ」 표기자로 부림자리토씨의 기능을 가진다.

3.2.2.2 「邀呂白乎隱」

「邀」는 훈독자로 「뫼-」의 줄기이며, 「呂」는 약음차자 「ㅣ」로 끝소리 덧
적음이다. 「邀里」(예경)로 표기되기도 하였다. 종래 이 글자를 「뫼시다」
(양 주동 1942:692) 로 읽기도 하고, 「마ㅈ리」(김 준영 1981:181)로 읽기도
하였다. 즉 「뫼시리숣은」 또는 「마ㅈ리숣온」 등으로 읽었다. 그러나 그 다
음 자인 「白」과의 연결에 모순이 생긴다. 즉 「白」은 훈차자로 객체 높임의
안맺음씨끝 「-숣-」인데, 이 안맺음씨끝 앞에는 다른 안맺음씨끝이 올 수
없다(김 완진 1980:161). 따라서 「뫼시리」나 「마ㅈ리」는 올바른 해독이
아니다. 「邀里」나 「邀呂」는 곧 풀이씨의 줄기가 되어야 한다. 그리고 고려
향가의 「里」나 「呂」는 약음차자 「ㅣ」의 표기로 읽고 「뫼-」의 끝소리 덧적
음으로 생각한다. 이에 대한 중세 한국어의 용례를 들어보겠다.

· 四天王이 <u>뫼숩고</u> 몰 발올 諸天이 바다(월곡 54)
· 네 아드리 各各 어마님내 <u>뫼숩고</u>(월석 2:6)
· 곳다온 돗골 <u>뫼숩던</u> 이를 기리 스랑ㅎ노라(두해-초 24:25)

「白」은 훈차자로 객체 높임의 안맺음씨끝 「-숣-」이며, 이 높임의 대상
은 부림말로 쓰인 「塵塵虛物」이다.

「乎」는 약훈차자로 대상법의 안맺음씨끝 「-오-」 표기이며, 「隱」은 매김
씨끝 「-ㄴ」 표기이다.

3.2.3 功德叱身乙 對爲白惡只(칭찬) ⇒ 功德ㅎ 모물 對ㅎ숣복

3.2.3.1 「功德叱」

「功德」은 음독자, 「叱」은 목청닫음소리 「ㅎ」으로 소리 없는 휴식을 나
타내는 매김자리토씨의 기능 한다.

3.2.3.2 「身乙」

「身」은 훈독자 「몸」이며, 끝소리 덧적음 표기인 「音」 자가 탈락되었다. 「乙」은 부림자리토씨이다.

3.2.3.3 「對爲白惡只」

「白」(-숣-)은 객체 높임의 안맺음씨끝인데, 그 객체는 부림말인 「功德 ㅎ 몸」이 된다.

「惡」은 음차자 「오」로 벌임법의 이음씨끝 「-고」의 'ㄱ' 탈락형, 「只」은 약음차 'ㄱ' 표기로 「-옥」이 되어 힘줌꼴이 된다.

3.2.4 佛佛周物叱 供爲白制(광수) ⇒ 佛佛周物ㅎ 供ㅎ숣져

3.2.4.1 「佛佛周物叱」

「佛佛周物」은 음독자, 「叱」은 목청달음소리 「ㅎ」 표기로 소리 없는 휴식을 나타내며, 위의 「乙」(올)과 같은 부림자리토씨의 기능을 가진다.

3.2.4.2 「供爲白制」

「供」은 음독자, 이름씨에 「-ㅎ다」 형 뒷가지가 결부되어 파생된 풀이씨이다. 「禮爲-」(예경), 「對爲-」(칭찬), 「應爲-」(청불), 「安爲-」(항순), 「籤爲-」(보개) 등이 이와 같은 「-ㅎ다」 형 파생 풀이씨이다.

「制」는 음차자 「져」로 시킴법의 맺음씨끝으로 쓰였다.

3.2.5 法雨乙乞白乎叱等耶(청전) ⇒ 法雨를 비술봇ㄷ라

3.2.5.1 「法雨乙」

「法雨」는 음독자, 「乙」은 부림자리토씨이다.

3.2.5.2 「乞白乎叱等耶」

「乞」은 훈차자 「빌-」의 줄기이다. 중세 한국어에서 이 「빌-」의 의미가 '기도하다'와 '구걸하다'로 구분되어 있는 것으로 보아 고대 한국어에서도 두 가지 의미로 구분되었을 것으로 보고 훈차자로 읽어 앞의 의미로 생각하였다. 다음 자 「白-숣-」 안맺음씨끝과의 연결 관계로 벗어난 끝바꿈으로 읽어 「비-」로 해독하였다. 중세 한국어에서 「빌-」는 벗어난 끝바꿈 현상이 일어나기 때문이다. 그러나 고대 한국어 시절에 벗어난 끝버꿈 현상이 있었는지는 알 수 없다.

안맺음씨끝 「-숣-」은 객체 「法雨」를 높이는 기능을 가진 객체 높임법의 안맺음씨끝이며, 「法雨」는 부림말로 쓰였다.

「乎」는 약훈차 「오」로 읽는다. 이 글자의 속훈은 「온」이나, 그 뜻을 확실히 말하기는 어렵다. 이 「오」는 인칭법의 안맺음씨끝으로 쓰인 글자이다.

「叱等耶」를 「-ㅅ드라」로 읽어 감탄의 씨끝으로 생각한다. 이때 「-드-」는 회상법의 안맺음씨끝이다.

3.3 객체가 속구조에 있는 경우

풀이씨 매김꼴의 지배를 받는 객체를 높일 때에도 객체 높임법의 안맺음씨끝 「-숣-」이 쓰였다.

3.3.1 巴寶白乎隱 花良(두솔) ⇒ 바보솔본 고자

3.3.1.1 「巴寶白乎隱」

「巴」는 음차자 「바」로 읽는다.

◆ 巴 (상고) 幫魚　　　　　　　　〔peɑ〕
　　(광)　伯加切 幫麻 개 2등 평 假 〔pa〕　(신) 「바(pa)」

「寶」도 음차자 「보」로 읽는다.

위의 두 자를 연결하여 「바보(挑)-」의 줄기로 생각한다. 이는 번역시 「挑送靑雲一片花」의 「挑送」에 대응하므로, 「挑」의 여러 뜻 중에서 이 구절에 가장 적합한 해석은 '뽑을 조, 가릴 조(揀選取也)'의 뜻일 것이다. 따라서 위의 번역시는 곧 '한 가지의 꽃을 푸른 구름 밖으로 뽑아 보내니'가 된다. 그래서 '뽑다, 가리다'의 뜻을 나타내는 중세 한국어의 표기를 살펴 보았다.

① 쌔혀-나다(두해-초 3:7, 남명 하:38~39), 쌔혀-내다(두해-초22:40)
　　쌔혀-내다(능엄 1:5, 월석 9:42), 쌔혀다(월석 9:41, 월곡 158)

② 솝다(박통 상:44, 두해-중 13:41), 솝-듣다(석보 19:6)

①의 예는 「쌔다(拔)」와 「혀다(引)」의 합성어이고, ②의 「솝다(拔)」, 또는 「솝다」와 「듣다(落)」의 합성어로 볼 수 있다.

이 용례에서 '뽑다가리다'의 뜻에 해당하는 중세어는 「쌔다」와 「솝다」임을 알 수 있다. 「쌔다」는 「쌔히다」로 변했다가 '빼다'로 남아 있고, 「솝다」는 현대어가 '뽑다'로 남아 있다. 여기서 이 두 낱말이 같은 뜻의 낱말로, 같은 말밑임을 알 수 있다. 그래서 이 두 낱말의 미분화된 고대어가 「巴寶-」일 것으로 추상하고, 「바보-」로 재구한다. 곧 다음과 같은 변화를 추상할 수 있다.

```
                 ┌─바다 〉 쌔다 〉 쌔히다 〉 빼다
        바보다 ───┤
                 └─보다 〉 봅다 〉솝다 〉 뽑다
```

「白」은 객체 높임의 안맺음씨끝 「-숩-」인데, 그 객체가 풀이씨의 매김꼴 「-ㄴ」의 지배를 받는 「花」이므로, 이는 객체가 속구조에 나타난 경우이다.

「乎」는 대상법의 안맺음씨끝 「-오-」, 「隱」은 약음차자 「-ㄴ」으로 매김 씨끝이다.

3.3.1.2「花良」

「花」는 훈독자「곶」,「良」은 약훈차자「아」로 부름자리토씨로 쓰였다.

3.3.2 慕呂白乎隱佛體前衣(예경) ⇒ 그리솔본 佛體 알비

3.3.2.1「慕呂白乎隱」

「慕」는 훈차자「그리-」의 줄기이다. 〈모죽지랑가〉의「慕理」는 '思慕'의 뜻인 훈독자「그리-」이나, 여기서는 '畵'의 뜻인 훈차자「그리-」로 쓰였음이 최 행귀의 번역시 '以心爲筆畵空王'으로도 확인된다.「呂」는 약음차자「리」로 끝소리 덧적음이다.

◆ 呂 (상고) 來魚   〔lǐɑ〕
   (광)   力擧切 來語 개 3등 상 遇〔lǐo〕 (신)「려(riä)」

「白」은 훈차자로 객체 높임법의 안맺음씨끝「-숣-」이며,「乎」는 약훈차자로 대상법의 안맺음씨끝「-오-」표기자이며,「隱」은 약음차자로 매김 씨끝「-ㄴ」표기자이다. 그러므로 속구조에서는 다음의 임자씨「佛體」가 풀이씨의 부림말 기능을 한다. 그리고 매김 씨끝「-ㄴ」은 확정법의 때매김 기능을 가진다.

3.3.2.2「佛體前衣」

「前」은 훈독자「앒」으로 읽고,「衣」는 위치자리토씨로 읽는다.

3.3.3 刹刹每如邀里白乎隱(예경) ⇒ 刹刹마다 뫼솔본

3.3.3.1「刹刹每如」

「刹刹」은 음독자로 읽고,「每」는 훈독자「마다」로 읽는다. 중세 한국어의 도움토씨와 동일하게 읽었다. 「如」는 약훈차자 「다」 표기로 「마다」의 끝소리 덧적음이다.

3.3.3.2 「邀里白乎隱」 (3.2.2.2 항 참고)

3.3.4 禮爲白孫佛體刀(보개) ⇒ 禮ᄒ술본 손 佛體도

3.3.4.1 「禮爲白孫」

「禮爲」는 「禮」에 「-ᄒ다」란 뒷가지가 붙은 파생어이다.
「白」은 훈차자로 객체 높임법의 안맺음씨끝 「-숩-」 표기자이다. 그 다음에 고룸홀소리 「ᄋ」와 매김 씨끝 「-ㄹ」의 표기자가 표기되지 않았다. 이렇게 표기되지 않은 자를 인정하는 것은 중세 한국어의 매인이름씨 「ᄉ」가 반드시 매김 씨끝 「-ㄹ」 아래에서만 쓰인다는 사실에 의한 것이다. 매김 씨끝 아래 오는 매인이름씨 「ᄉ」는 그 다음의 「佛體」와 같은 내용이며, 따라서 속구조에 반영된 객체를 높이는 기능을 「-숩-」이 담당한다.
「孫」은 음차자 「손」의 표기이고, 이는 「ᄉ+오+ㄴ」의 형태소로 분석된다. 「ᄉ」는 매인이름씨임이 확실하나 「오」가 무엇인지 알 수가 없다. 그 다음 낱말인 「佛體」가 이름씨이기 때문에, 「-ㄴ」은 매김 씨끝이라야 하며, 매인이름씨와 매김 씨끝 사이에 들어갈 수 있는 형태소는 잡음씨의 줄기라야 한다. 중세 한국어에서는 「ᄉ」와 잡음씨의 줄기 「이-」와 결부되어 「시」로 쓰였다. 그렇게 본다면 이 「孫」은 「신」의 표기이거나, 「신」의 방언적 표기일 것이다. 여기서는 뒤의 것으로 생각한다.

3.3.4.2 「佛體刀」

「刀」는 음차자 「도」로 도움토씨로 쓴 유일한 용례이다.

◆ 刀 (상고) 端宵   〔tau〕
       (광)   都牢切 端豪 개 1등 평 效 〔tɑu〕 (신) 「도(tu)」

'같음, 역시, 함께'의 뜻을 가진 도움토씨 '-도'는 임자자리, 부림자리, 위치자리, 방편자리 등에 쓰이며, 현대 한국어와 중세 한국어에서는 그 형태와 용법이 동일하다. 이 토씨가 임자자리나 부림자리에 쓰일 때는 그 자리토씨가 반드시 생략되나, 위치자리나 방편자리에서는 생략되지 않는 특징을 가지고 있다. 고대 한국어에서도 임자자리와 부림자리에서 그 자리토씨가 생략되는 것으로 보아, 이 도움토씨는 고대부터 현대에 이르기까지 모두 동일한 용법을 가진 것으로 보인다. 고대 한국어 자료에 반영된 이 도움토씨의 표기자는 「置」와 「都」, 「刀」 등 세 자로 되었다.

「置」는 훈차자로 「두-」의 줄기를 차용하였으며, 「都」는 음차자로 볼 수 있으나, 이 도움토씨가 가진 의미, 즉 '모두'의 뜻을 내포하고 있으므로 훈독자로 볼 수도 있다. 이 세 자는 음운 환경에 따라 「-도/두」로 교체 된 것이 아니다. 「두」 도움토씨는 중세 한국어나 현대 한국어에서와 같은 일종의 방언형으로 본다. 임자씨 홀소리의 종류와 상관없이 쓰이고 있기 때문이다.

「都」의 훈이 '總也'라 하였으니, '모두'의 뜻이다. 현대 한국어 도움토씨 「도」에도 '모두'의 뜻이 내포되어 있다. 따라서 「도」의 말밑은 '都' 즉 '모두' 뜻의 이름씨로 추정된다(김 승곤 1982 : 15). 차자 표기는 훈과 음을 함께 차용하려는 의도가 엿보이고, 후대로 오면서 그 훈의 음만 차용하려는 경향이 고려향가에서 드러난다. 고려향가의 「置」는 뜻과는 관계없이 오직 그 훈의 음만 차용한 것이다. 「도」가 처음에는 실사로 사용되다가 '모두'의 의미가 없어 지면서 신라 때부터 「都」와 「置」가 함께 쓰였으며, 고려향가에서는 「都」가 전혀 쓰이지 않고 「置」와 「刀」만 쓰인 것으로 보아 이 때는 이미 실사의 개념은 완전히 소멸된 것 같다. 이두 표기에서도 「置」만 쓰였다.

이상 객체 높임법의 안맺음씨끝 「-白(숣)-」의 통어적 기능을 고찰한 결과, 어찌말로 쓰인 객체, 부림말로 쓰인 객체, 문장의 속구조에 쓰인 객체를 높이는 기능을 하는 사실을 확인하였다. 그리고 이들의 용법과 통어 구조가 중세 한국어와 동일함도 확인하였다.

따라서 중세 한국어에 쓰인 안맺음씨끝 「-습-」과 같은 형태소가 고대 한국어에서도 쓰였으며, 객체를 높이는 문법 범주를 표시한 것도 모두 동일함을 재확인하였다. 다만 형태상의 변화를 입어 고대 한국어에서는 단일형인 「-솗-」이 쓰였으나, 중세에 오면서 6가지 변이형태로 분화된 점이 다를 뿐이다.

4. 맺음말

고대 한국어에서도 중세 한국어에서와 같은 높임법이 있었음을 위에서 확인하였다.

첫째, 들을이를 높이는 상대 높임법은 마침법에만 나타나는데, 마침법의 하위 범주인 서술법, 약속법, 물음법, 꾀임법, 시킴법 등에 모두 쓰였으리라 추정되나, 고대 한국어 자료에는 서술법의 안맺음씨끝 형태소 「-이-」와 시킴법의 맺음씨끝 형태소 「-시셔」로만 반영된다.

고대 한국어 상대 높임법의 안맺음씨끝을 「-이-」로 생각하였다. 종래 상대 높임법의 안맺음씨끝을 「-ㅁ-」이라 생각한 것은 「音」 자로 표기된 형태소를 중고음에 의한 신라한자음 「음」에 집착한 결과였다. 그러나 「ㅁ〉이」의 음운 변화는 그 용례도 없을 뿐만 아니라, 중국의 남방 방언에 「音」의 소릿값이 〔in〕 또는 〔ig〕으로 쓰이는 점으로 보아 남방계 방언에 의해서 「音」의 신라한자음은 「이」로도 쓰였으리라는 점, 또 「-시이다」의 축약형 「-싱다」의 표기자를 「省」 자로 한 점은 고대 한국어의 상대 높임의 안맺음씨끝을 「-이-」로 생각하게 한다.

둘째, 주체 높임법의 안맺음씨끝은 고대 한국어, 중세 한국어, 현대 한국어 모두 「-시-」였고, 고대 한국어에서는 그 표기자를 「賜」로 썼다.

셋째, 객체 높임법의 안맺음씨끝 「-白(솗)-」은 어찌말로 쓰인 객체, 부림말로 쓰인 객체, 문장의 속구조에 쓰인 객체를 높이는 기능을 하는 사실을 확인하였고, 이들의 용법과 통어 구조가 중세 한국어와 동일함도 확인하였다. 다만 형태상의 변화를 입어 고대 한국어에서는 단일형인 「-솗-」이 쓰였으나, 중세에 오면서 6가지 변이형태로 분화된 점이 다를 뿐이다.

참 고 문 헌

강 신항(1980), 『계림유사 고려방언 연구』, 성균관대 출판부.

강 신항(1995), 『조선관역어 연구』, 성균관대 출판부.

김 방한(1983), 『한국어의 계통』, 민음사.

김 석득(1992), 『우리말 형태론』, 탑출판사.

김 완진(1980), 『향가 해독법 연구』, 서울대 출판부.

박 병채(1989), 『국어발달사』, 세명사.

박 병채(1990), 『고대 국어학 연구』, 고대 민족문화 연구소.

서 재극(1975), 『신라 향가의 어휘 연구』, 계명대 출판부.

신 용태(1981), 한국한자음원류고, 『言語』 2. 大修館書店.

양 주동(1942), 『조선 고가 연구』, 박문서관.

양 주동(1975), 『고가 연구』, 일조각.

유 창균(1980), 『한국 고대 한자음의 연구(1)』, 계명대 출판부.

유 창균(1983), 『한국 고대 한자음의 연구(2)』, 계명대 출판부.

유 창균(1991), 『삼국 시대의 한자음』, 민음사.

유 창균(1994), 『향가비해』, 형설출판사.

이 기문(1972), 『국어사 개설』, 탑 출판사.

이 기문(1982), 『국어음운사 연구』, 탑출판사.

이 기문(1991), 『국어 어휘사 연구』, 동아출판사.

이 병선(1982), 『한국고대국명지명 연구』, 형설출판사.

이 병선(1993), 『국어학론고』, 아세아문화사.

최 남희(1985a), 고대 국어의 목적격 조사에 대하여, 『건국대 논문집』 제20집.

최 남희(1985b), 'ㅿ'(z) 생성 시기의 고찰 『건국 어문학』, 제9·10합집.

최 남희(1986), 『고려 향가의 차자 표기법 연구』, 홍문각.

최 남희(1987a), 선어말어미 '-*숣-의 통어적 기능, 『건국어문학』 제11·12합집.

최 남희(1987b), 선어말어미 '-*오/우-'의 통어 기능, 『동의 어문론집』 제3집.

최 남희(1990), 고대 국어의 마침법 연구, 『한글』 제208호. 한글학회.

최 남희(1991a), 고대 국어의 이음법에 대한 연구, 『한글』 제212호. 한글학회.

최 남희(1993a), 국어 이름법의 통시적 고찰, 『동의 어문론집』 제6집. 동의대

최 남희(1993b), 고대국어의 조어법 연구, 『한글』 제220호. 한글학회.

최 남희(1994a), 고대국어 자료 「此」의 소리값과 기능. 『한글』 제224호. 한글학회.

한글학회(1992), 『우리말 큰사전』, 어문각.

허　웅(1961), 15세기 국어의 존대법과 그 변천. 『국어 경어법 연구』, 집문당.

허 웅(1975)『우리 옛말본』, 샘 문화사.

허   웅(1983),『국어학』, 샘 문화사.

허   웅(1985),『국어 음운학』, 샘문화사.

허   웅(1989),『16세기 우리 옛말본』, 샘 문화사.

홍 기문(1990),『향가 해석』, 여강 출판사.

小倉進平(1929),『鄕歌及吏讀硏究』, 京城帝國大學.

有坂秀世(1936), 漢字の 朝鮮音について,『方言』4·5월호

河野六郎(1968),『朝鮮漢字音の硏究』, 天理時報社.

藤堂明保(1965),『漢字語源辭典』

陳 彭年(1974),『廣韻校本』, 世界書局.

張麟之(1975),『等韻五種(韻鏡,七音略,四聲等子,切韻指掌圖,經史正音切韻』, 藝文
      印書館

丁 度(1978),『集韻』, 中華書局.

張玉書(1993),『康熙字典』, 警官敎育出版社(北京).

漢語大字典編輯委員會(1993),『漢語大字典』, 四川辭書出版社(成都).

辭海編輯委員會(1989),『辭海』, 上海辭書出版社(上海).

董同龢(1978),『中國語音史』, 華岡出版有限公司.

董同龢(1985),『上古音韻表稿』, 中央歷史語言硏究所.

劉 復(1973),『十韻彙編』, 學生書局.

前間恭作(1925),『鷄林類事 麗言考』, 東洋文庫論叢.

周法高(1973),『漢字古今音彙』, 中文大出版部(香港).

諸橋轍次(1960),『大漢和辭典』, 大修館書店.

郭 錫良(1986),『漢字古音手冊』, 北京大學 出版部.

李珍華·周長楫(1993),『漢字古今音表』, 中華書局(北京).

王   力(1962),『古代漢語』, 中華書局(北京).

王   力(1983),『中國言語學史』, 계명대 출판부.

熊   忠(1975),『古今韻會擧要』, 아세아문화사.

樂 韶鳳(1973),『洪武正韻』, 아세아문화사.

B. Kalgren(1923), *Analytic Dictionary of Chinese and Sino-Japanese* Paris.

-------- (1954), *Compendium of Ponetics in Ancient and Archaic Chinese.*

--------(최영애 역).『고대한어음운학개요』, 민음사(1985)

R. A. Miller(1971), *Japanese and the Other Altaic Languages* Chicago.

--------(1979), Old Korean and Altaic, *Ural-Altaische Jahbucher* 51.

N. Poppe(1950), Review of G.J. Ramstedt's Studies in Korean

Etymology, *Harvard Journal of Asiatic Studies* 3.4.

--------(1965), *Introduction   to   Altaic   Linguistics*   Wiesbaden:Otto Harrassowitz.

--------(1974), Remarks on Comparative Study of the Bocabulary of the Altaic Languages, *Ural-Altaische Jahbucher* 46.

때매김법 체계의 변화 양상 연구

김 용 경

1. 머리말

어떤 언어 현상과 관련하여 이루어진 한 문법범주는 일정한 체계를 이루고 있으며 이들을 구성하고 있는 부분은 또 일정한 기준에 의해서 하부 구조를 형성하고 있다. 그래서 공시적으로 보면 이들이 완벽한 하나의 틀을 형성하여 이러한 체계에 어떤 변화도 일어나지 않을 것처럼 보인다. 그러나 이러한 문법범주가 이루어 내고 있는 체계도 통시적인 면에서 살펴 보면 불완전한 것이고 이러한 불완전성은 새로운 체계로의 변화를 유도한다.[1]

때매김법에서도 이러한 변화가 다른 문법범주 못지않게 이루어져 왔다. 15세기부터 현대 국어에 이르기까지 때매김법은 그 하위범주의 소멸 및 생성이 이루어져 왔다. 또, 이들 하위범주를 실현하고 있는 씨끝들도 그 형태와 의미가 많이 변화되어 왔다.

이 연구는 이러한 때매김법의 변화, 특히 추정법과 확정법, 완결법에서 나타나는 변화 양상들을 살펴 그 변화 유형을 나누고, 이의 변화 요인을 설명해 보기로 하겠다.[2]

---

1) 국어의 모음 체계의 변화 과정은 이를 잘 보여 주고 있다. 즉, 15세기의 단모음 수는 7개로, 한 개의 전설모음(/ㅣ/)과 여섯 개의 후설모음(/ㅡ, ㅗ, ㅏ, ㅜ, ㅓ ㆍ/)으로 이루어져 있었다. 그러나 현대 국어에서는 10개의 단모음을 가지고 있으면서 5개의 전설모음과 5개의 후설모음 체계를 이루고 있다. 그런데, 이러한 체계도 완전한 것은 아니어서 20세 이하의 모국어 화자들은 그 중, 'ㅟ,ㅚ'와 같은 모음을 이중모음으로 발음하고 있는 실정이어서 이 체계의 변화를 쉽게 예측할 수 있게 해 준다.
2) 여기서 제시되는 15세기 ~ 19세기 자료와 체계들은 주로 허웅(1987)의 것을 참고로 하여

2. 추정법에서의 변화 양상

허웅(1987:204)에서는 15세기 한국말의 기본적인 때매김법을 1)과 같이 제시하고 있다.

1) 현실성 ┌ +현실법   : -ᄂ-
          └ - 회상법(또는 경험법) : -더/러-, -다/라-
    확정성 ┌ +확정법(또는 기정법) : -으니/과, -은(-)
          └ - 추정법(또는 미정법) : -으리-

위에서 추정법은 15세기에 현실법, 회상법, 확정법과 함께 때매김법의 하위범주로서 단순 때매김법을 이루어 왔다. 그리고, 추정법은 확정성의 유무에 따라 확정법과 의미 대립을 보이기도 했다.

추정법은 15세기에서부터 오늘날까지 계속 유지되고 있는 문법범주인데, 다만 이를 실현하는 방법에 변화가 생겼을 뿐이다. 추정법의 실현방법의 변화는 다른 때매김법과 상호 관련을 맺으면서 이루어졌다고 보는데, 이는 때매김법의 변천 양상을 파악하는데 중요한 자료가 되고 있다.

먼저, 15세기부터 추정법을 실현해 온 '-으리-'와 이를 대체해서 나타난 '-겠-'의 교체과정을 살펴 보기로 하겠다.

15세기 '-으리-'는 마침법에서는 서술법, 물음법, 이음법에서 나타나고 있다.

2) ㄱ. 아들ᄯ롤 求ᄒ면 아들ᄯ롤 得ᄒ리라(석보9:23)
    ㄴ. 往生快樂이 달옴 이시리잇가(월석9:5, 기260)
    ㄷ. ᄒ마 비 오려다 홇 저긔(월석10:85)

그리고 다른 때매김씨끝 '-더-', '-으니-'와 결합하기도 한다.

3) ㄱ. 幻 ᄀᆮ홈도 得디 몯ᄒ리니라(원각, 하2-2:11)
    ㄴ. 光明이 하 盛ᄒ야 몯다 보ᅀᆞᆸ리러니(월석8:17)

이루어졌고 현대 국어의 체계와 자료는 김용경(1994)를 바탕으로 하였다.

이들은 '추정'의 의미를 나타내며, 말할이가 1인칭이고 안맺음씨끝 '-오/우-'와 결합할 때는 '의도'를 나타낸다.

16세기의 추정법은 의미에 있어서는 어떤 변화도 일어나지 않는데, 형태상으로는 주목할만한 현상이 나타나고 있다. 즉, '-으리로다'가 '-을로다'로 축약되고 있다.

4) ㄱ. 밍ᄀ로몰 곱고 조케 ᄒ면 은 세돈애 밍굴로다(박통, 상:16)
   ㄴ. 이 四端을 두더 스스로 能히 몯홀로다 닐ᄋᄂ 者ᄂ = 有是四端而自胃不能者ᄂ(맹자3:32)

그리고, 15세기에 보이던 '-으리 + ㄴ'의 결합이 보이지 않으며, 처음으로 '-앗(아시) + 으리-'(완결추정)가 나타나기 시작한다.

5) ㄱ. ᄒ다가 萬一 위틱흔 禍ㅣ이시면 엇디 맛당히 혼자 사라시리오 = 若萬一危禍ㅣ면 豈宜獨生이리오(소학6 : 59-60)

17세기에서도, 마침법의 서술, 물음과 이음법에 '-으리-'가 결합되고 있다. 그리고 16세기와 마찬가지로 '-으리-'가 줄어서 된 '-을-'이 나타난다. 또 '-으리오, -으리아' 형이 없어지고 '-으료, -으랴' 형만이 남는다.

6) ㄱ. 만일 글이 니ᄅᄂ 날이면 눗출 봄도곤 나으리이다(박통중, 하 : 12)
   ㄴ. 져젯 술을 가져오면 엇디 머그리오(박통중, 상 : 2)
   ㄷ. 뎌 人家ㅣ ...즐겨 재디 아니ᄒ리니...우리들히 무로라 가쟈(노걸중, 상 : 42)
   ㄹ. 그 벗이 이제 미처 올가 못올가(노걸중, 상 : 1)
   ㅁ. 뎌의 머글 밥을 쏘 엇디ᄒ료(노걸중, 상 : 38)

16세기에는 이미 'ᄒ리로다'가 '홀로다'로 바뀌고, 다시 이것은 'ᄒ로다'로 바뀌었는데, 17세기에는 한걸음 더 나아가 '로'의 '오'를 줄이는 데까지 이르러 '홀다' 형이 나타난다. 그리고 이런 축약현상이 다른 때매김 씨끝과 결합한 형태에까지 나타나고 있다(-으리러-)- ㄹ러).[3] 그러나, 이 시기에도 '-으리-'의 의미변화는 크게 일어나지 않는 것 같다.

───────────────
3) 허웅(1987:135) 참고

18세기는 16,7세기에 나타나는 여러 현상들이 그대로 나타나고 있다. 다만, 15세기에서만 보였던 '-으린'이 나타나고 있는데, 이는 원간의 말씨를 그대로 옮겼기 때문이라 짐작된다. 또, '-러-' 앞에서 '-리-'는 '-ㄹ-'로 나타난다. 또, '-올러니라'에서 '미정회상'의 뜻이 분명하지 않은데, 이는 17세기 언어에서부터 뚜렷이 나타나고 있는 현상이다.

7) ㄱ. 피히 ᄀᄅ치지 못ᄒ린 後에 怒ᄒ고 만일 피히 怒롤 못ᄒ린 後에 틸ᄺ니
(어내3 : 4)
ㄴ. 져년ᄀᆺ치 됴히 거두엇던들...다 뿔 주어 먹일러니라(몽노걸3 : 22)

19세기의 '-으리-'는 18세기까지의 변화 과정이 지속되고 있는데, 이 시기의 두드러진 현상은 18세기 말기에서부터 새로 나타나기 시작한 '-겟-'이다.[4]

이러한 '-겠-'은 본디 '시킴'의 뜻을 가진 '-게 ᄒ엿-'에서 비롯된 것인데 이는 '-게 ᄒ-'의 완료형으로서 '-게 ᄒ-'와 같이 '시킴'을 나타내었다.

8) ㄱ. 그 디신의 뉴강이롤 보너고 국영이롤 아니 가게 ᄒ야시니(한듕, 오 : 424)
ㄴ. 가례 기약 이미 츠니 막듕 인뉸의 일을 폐치 못ᄒ게 ᄒ야시니(한듕, 삼 : 236)

이러한 '-게 ᄒ엿-'은 18세기에 완료의 의미를 가진 '-엿-' 앞에서 'ᄒ'를 탈락시킨다. 그리고 이것이 다시 축약되어 '-겟-', 오늘날에는 '-겠-'으로 변화되었다. 이런 과정에서 '-ᄒ엿-'은 '시킴'의 뜻과 '추정'의 뜻을 동시에 실현하고 있는데 이들이 점차로 '시킴'과 '추정'의 의미를 구별하여 사용되다가 축약되면서 '-겠-'은 '추정'의 의미만을 나타내게 되었다.

9) ㄱ. 내일이야 가게엿습마논(언간 224 : 193)
ㄴ. 아모리 ᄒ여도 못 살겟다 ᄒ시고(한듕, 이 : 156)
ㄷ. 이제 일이 잘 풀리겠다.

---

4) '-겠-'의 앞선 형태에 대해서는 크게 세 가지 견해가 있다. 즉, Ramstedt(1939:71)에 의해 제기된 '-게 잇-'과 김영배(1984)에 의해 제기된 '-기 잇-'과 나진석(1953)에 의해 제기된 '-게 ᄒ엿-'이 있는데, 여기서는 설명의 타당성에 의해 셋째 의견을 따르기로 한다.

3. 확정법에서의 변화 양상

15세기 때매김법은 확정성의 있고 없음에 따라 확정법과 추정법으로 나뉘어지고 있는데, 확정법은 '이미 결정적인 사실로 말할이에게 파악되어서, 그것을 확인하는 것'으로 안맺음씨끝 '-으니/과-', 맺음씨끝 '-은'에 의해 실현된다.

10) ㄱ. 녀느 쉰 아히도 出家ᄒ니라(석보 6 : 10)
    ㄴ. 道ㅣ 머녀(영가, 1하 : 117)
11) ㄱ. 아래 잇디 아니혼 거슬 得과라(능엄 4 : 75)
    ㄴ. 오늘ᅀ 맛나ᅀ과이다(법화 3 : 119-120)

한편, '-은'과 '-으니-'는 다른 때매김씨끝과도 결합할 수 있는데, 이때 '-은'은 본디의 뜻을 잃어 버리고 본디의 뜻에서 번져 나가게 된다. 이는 '-으리-'가 다른 때매김씨끝과 결합할 때, 제 뜻을 유지하는 것과는 대조적이다.

12) ㄱ. 디난 히(월석8 : 6)
    ㄴ. 됴히 잇ᄂ가(두언 23 : 22)
13) ㄱ 가료미 업ᄂ니라(금강 10)
    ㄴ. 엇뎨 부톄라 ᄒ나닛가(석보 6 : 16)
14) 그 數ㅣ 몯내 혜리러라(월석 8:90)

16세기에서도 '-으니-'는 서술과 물음에서 쓰이고 있다. 다만 물음에서 '-녀'는 15세기와 16세기 초까지 주로 나타나던 것이었는데 후기로 가면 이 형이 사라지기 시작하고 대신 '-냐' 형이 나타나기 시작한다. 이 시기가 이 어형의 교체기였으리라 짐작된다.

'-과/와-'도 15세기와 마찬가지여서 큰 변화를 보이지 않는다.

15) ㄱ. 이제 後에ᅀ 내 죄홈을 알와라 뎨ᄌ돌하(소학 1 : 23-4)
    ㄴ. 내 두챵 새 휘를다가 다 돈녀 희야ᄇ리과라(박통, 상 : 35)

16세기에서도 때매김씨끝들이 겹쳐날 때 그 뜻을 잃거나 번져 나가는 경우는 15세기와 같다. 그리고 15, 6세기 모두 '-으니-'와 '-은'이 겹쳐나는 일은 없는데 이는 의미의 중복을 피하기 위함이라 생각된다.[5]

17, 8세기의 확정법은 15, 6세기와 마찬가지로 '-으니-', '-과-', '-은(-)'에 의하여 실현되고 있다.

16) ㄱ. 이 벗이…… 이제 ᄌ 오니라(노걸중, 상 : 1)
   ㄴ. 내 이 훈 글월 쓰과라(노걸중, 하 : 14)
   ㄷ. 사오나온 ᄇ람(첩 2 : 1)
17) ㄱ. 일홈ᄒ야 닐오디 炮烙 刑罰이라 ᄒ니라(어내, 서 : 3)
   ㄴ. 可히 重치 아니ᄒ야(여사, 어제서 : 4)
18) ㄱ. 聖人의 ᄀᄅ치실 말ᄉ(어내, 서 : 6)
   ㄴ. 아들이 정승이 되연 지 三年이로되(어내, 3 : 22)

그 외에 '-아-, -거/나-' 등이 확정법을 나타내고 있다. 또, 15,6,7세기에 쓰였던 '-어다, -거다, -나다, -과라' 따위가 18세기에 합류되어 19세기에는 이 꼴이 없어진다. '-으니-'는 때매김의 뜻을 잃고 '다짐'의 뜻으로 변질되거나 맺음씨끝에 녹아 붙는다. 그리하여 확정법은 점점 퇴화하고 '-은'은 완결법에 합류한다.

4. 완결법에서의 변화양상

15세기 말에 가면 '완결지속'을 나타내는 새로운 형태가 등장하기 시작하는데 그 유형을 보면 다음과 같다.

19) ㄱ. ᄒ야 잇다(ᄒ야 이시-)
   ㄴ. ᄒ얫다(ᄒ얘시-)
   ㄷ. ᄒ다(ᄒ야시-)

또, '완결지속'을 나타내는 '-아 잇(이시)-'는 16세기에 들어서도 계속 쓰

---

5) 권재일(1985), 김용경(1994) 참조

이고 있다.

20) ㄱ. 우리 바비 니거 잇나니 나그내네 먹고 디나가라(노걸, 상:40)
  ㄴ. 사돈짓 사롬이 위두 손이 드외얫거든(여씨 25)
  ㄷ. 고홀 버히고 니블에 ᄢᅥ여 누엇거늘(번소 9:62)

그런데 19.ㄱ)과 같이 'ᄒᆞ야 잇다' 형에서는 '잇다'가 비록 매인 풀이씨이지만 독립된 낱말이기 때문에 그 지속의 뜻이 강하게 나타나고 있다. 그러나, 19.ㄴ,ㄷ)의 'ᄒᆞ얫다', 'ᄒᆞ얏다' 형에 있어서는 '잇다'가 외형상 분명하지 않기 때문에 '지속'의 뜻이 약화되는 경향이 있다.

이와 같이 '완결지속법'에서 '①ᄒᆞ야 잇다〉②ᄒᆞ얫다〉③ᄒᆞ얏다'의 변화과정에서 ①, ③형만이 남게 되는데 아직까지는 이 두 형의 다름이 확립되지 않고 있다.

15세기 이전에는 완결지속법이 매인 풀이씨로 표현되다가 차츰 안맺음씨끝의 발달을 보게 되는데, 'ᄒᆞ얫다' 형은 그 중간과정을 보이는 것이다. 이러한 사정은 16세기에도 계속되며, 과도형이 없어지고 ①, ③의 두 어형만이 남게 된 것은 17세기의 일이다.

그리고, 제3형인 '-앗-'은 본디 '잇-'을 포함하고 있기 때문에, 여러 가지 때매김의 안맺음씨끝들이 겹쳐질 수 있다.

21) '-앗-'과 본디 때매김씨끝과의 겹침
  ㄱ. -앗 + 은(-)(완결)
  ㄴ. -앗 + 을(완결추정)
  ㄷ. -앗 + ᄂᆞ-(완결현실)
  ㄹ. -앗 + 더-(완결회상)
  ㅁ. -앗 + 으리-(완결추정)

18세기 완결지속법에 '-아 잇다'와 같은 통어적 표현이 쓰이고 있는 점은 15,6,7세기나 같다.

22) ㄱ. 어디 부리워 잇어뇨(몽노걸 5:7)
  ㄴ. 남으로 도라보니 스믈 네 문 지어 잇고 쏘호는 큰 비를 성ᄀᆞ치 버러 잇고(삼역 7:14)

또, '-고 잇다'가 나타나는데, 이 때는 오늘 날의 '행동의 지속'보다는 두 태도의 벌임으로 보는 편이 낫다고 할 수 있다.

23) ㄱ. 그 적의 孫權이...... 속으로 의심ᄒᆞ고 이실제(삼역 3 : 25)
    ㄴ. 숨어서 풀을 키여 먹고 잇더니(오륜 3 : 38)

완결법은 19세기 끝에 가서 '-아시-'가 '-앗시-'로 강화되고, 이어 '-았-'으로 형태 통일이 일어나서 표기상 한 형태를 가지게 된다.

그런데 20세기에 들어 와서 이러한 완결법에 새로운 변화 양상이 나타나게 된다. 즉, 완결 형태소 '-었-'의 뒤에 다시 '-었-'이 중첩되어 나타나는 현상이다.6)

24) ㄱ. 임의 가경홀 쟈ㅣ 되엿시니(긔힌일긔 범례)
    ㄴ. 성인품에 오르지는 아니ᄒᆞ엿시나(긔힌일긔 범례)
    ㄷ. 그는 아침에 출발했다.
    ㄹ. 오늘도 약수터에 들렀었다.

그런데, 이러한 '-었1-'과 '-었2-'는 그 의미 기능이 다르다. 즉, '-었1-'은 '완결'의 의미 기능을 갖고 있는데 반해, '-었2-'는 '과거'라는 시제 의미를 띠거나 '강조' 등의 의미를 띠고 있다.7) 이러한 '-었2-'는 아직 독립된 시제 형태소로 보기에는 여러 가지 문제점이 있으나 '-었1-'이 지니고 있는 시제 기능을 보완하는 측면에서 때매김법의 체계 변화에 중요한 역할을 할 것으로 기대된다.

5. 변화 유형과 변화 요인

Benveniste(1968:83-94)는 문법 변화를 크게 두 가지 유형으로 나누고 있다. 즉, 문법범주를 보존하면서, 그 실현방법만이 변화하는 보수적

---

6) 여기서는 편의상 앞의 '었'을 '-었1-', 뒤의 '었'을 '-었2-'라고 부르기로 하겠다.
7) 김용경(1994:180이하)에서는 '-었2-'의 의미를 시제적 의미와 비시제적 의미로 나누어 살펴보고 있다. 즉, 문맥 속에서 실현되는 '-었2-'의 시제적 의미로는 [과거], [단절], [회상] 등이고, 비시제적 의미로는 [강조], [경험], [대조] 등으로 나누고 있다.

변화와 문법범주가 새로 발생되거나 소멸하는 개신적 변화이다. 이처럼 때
매김법도 그 변화 유형을 나누어 볼수 있는데, 여기서는 보수적 변화를 일
으키는 것을 제 1유형으로, 개신적 변화를 일으키는 것을 제 2유형으로
나누어 살펴 보기로 하겠다.8)

5.1. 보수적 변화

15세기의 추정법은 '-으리-'에 의해서 실현되고 있었다. 그런데 이 '-으
리-'가 줄어져서 '-ㄹ'(-올로다)로 변하는 현상이 나타나기 시작한다. 이는
장차 '-으리-'의 형태가 변화될 조짐을 보여주는 것인데, 이러한 변화는 의
미상 대립([±확정성])관계를 갖는 확정법의 '-으니-'와 관련되어 나타난다
는 것이 특징이다. 즉, '-으니-'도 같은 시기에 '-ㄴ'의 축약된 형태로 나타
나고 있는 것이 그 예이다.

```
25) ㄱ. 도로보디 몯ᄒᄂᆞ다 일훔ᄒᆞ려(능엄 2 : 72)
    ㄴ. 므스거스로 道ᄅᆞᆯ 사ᄆᆞ료(월석 9 : 22)
    ㄷ. 道 머녀(영가, 하 : 117)
    ㄹ. 엇뎨 ᄆᆞᅀᆞᄆᆞ로 道ᄅᆞᆯ 사ᄆᆞ뇨(월석 9 : 23)
```

이로 볼 때, 확정법의 '-으니-'는 이미 15세기에 그 문법범주의 불안정
함이 엿보이고 있는데9) '-으니-'의 축약현상은 의미상으로 [±확정성]으로
대립하면서 맞서 있는 '-으리-'에게도 영향을 주어서 같은 축약 현상이 일
어난 것으로 보아진다.

---

8) 한편, 허웅(1983:460-461)에서는 이러한 문법 변화를 일으키는 요인으로 문법 체계 자체
   에 따르는 내적 요인과 사회적-심리적 요인에 따르는 외적 요인을 종합하여 다음과 같이 제
   시하고 있다.
   ① 말하기에 들이는 노력을 덜기 위한 것
   ② 형태를 통일하기 위한 유추작용
   ③ 문법범주의 관념을 분명히 나타내려는 심리작용
   ④ 언어내용을 전달하는 상황에 따르는 화자의 심리적 태도에 의한 것
   ⑤ 문법 체계의 압력
   ⑥ 음운 변화 결과의 영향
9) 3장에서 이미 설명한 바 있음.

이상에서 다음과 같은 요인을 정리해 낼 수 있다.

요인1〕 한 문법범주를 이루는 각 요소는 다른 구성 요소와 긴밀한 관계를 갖고 있으면서 한 요소의 변화는 이와 의미상 대립관계를 갖는 다른 요소에게 도 영향을 끼치게 된다.

그런데, '-으리-'의 형태상의 변화는 아직 의미상의 변화에까지 영향을 미치지 못한 것 같다. 이 때도 '-으리-'는 '추정'의 의미를 그대로 지니고 있으면서 말할이가 1인칭일 경우에는 '의도'의 의미를 띠고 있는데, 이 의미는 다른 때매김씨끝과 결합할 때도 마찬가지이다. 이것은 다른 때매김씨끝과 결합하면 '확정'의 의미에서 번져 나간 '다짐'의 의미를 지니는 '-으니-'와 대조를 이룬다.

26) ㄱ. -느니-(현실다짐)
    ㄴ. -으리니-(미정다짐)
    ㄷ. -더니-(회상다짐)

그렇다면 여기서 한 가지 의문이 제기된다. 확정법의 불안정성에 의해 '추정'의 '-으리-'가 형태적 변화를 입게 되었다면 확정법은 후에 완결법에 흡수되고 마는데 반해, 추정법은 어떻게 현재까지 그 문법범주를 유지할 수 있었는가 하는 것이다.

이는 우선 체계 내에서의 역할을 가지고 설명할 수 있을 것이다. '확정법'은 거의 같은 의미 범주를 지닌 '완결법'이 나타나므로서 그 기능이 중복 수행되게 되자, '완결(지속)법'에 밀려 한 문법범주로 통합될 수밖에 없는 처지에 이른다. 그러나 '추정법'은 이와는 다르다. 비록 '-으리-'가 형태적 손상을 입고 그 의미나 기능이 퇴화되어 감에도 불구하고 국어 때매김법의 필수적인 범주이면서 이를 대체할 다른 문법범주가 나타나지 않으므로 그 문법범주를 유지할 수 있었다.

이상에서 다음과 같은 요인을 정리해 낼 수 있다.

요인2) 한 문법범주가 동요될 기미를 보임에도 모국어 화자의 언어 사용상 반드시 필요한 요소는 결코 소멸되지 않는다. 다만 이에 맞갈음할 수 있는 다른 언어 형식을 통해서라도 실현될 수밖에 없다.

이렇게 '-으리-'의 기능을 대신할 형태소가 필요하게 되자, 본래 '시킴'을 나타내는 통사적 구성인 '-게 ᄒ엿-'이 그 기능을 수행하게 된 것이다.

27) 국영이롤 아니 가게 ᄒ야시니(한듕, 삼230)

위의 27)에서 '-게'는 '장차 어느 지경에 이름'의 뜻을 가지고 있는 씨끝인데 '-게 ᄒ엿-'에 있어서는 '추정'의 뜻이 두드러지고 '시킴'의 뜻은 희미해진다.

다음과 같은 경우는 '시킴'의 뜻보다 '추정'의 뜻이 강하거나 '추정'만의 의미를 나타낸다.

28) ㄱ. 병이 이러ᄒ니 어더 살게 ᄒ얏는가(한듕, 삼230)
　　ㄴ. ᄌ네는 됴히 살게 ᄒ얏늬(한듕, 상260)

이러한 통사적 구성 '-게 ᄒ엿-'은 축약의 과정(*-게 ᄋ얏- 〉 -게 얏-)'을 거쳐서 형태적 구성인 '-겟-)-겠-'에 이르고 있다.

이처럼 통사적 구성의 '-게 ᄒ엿-'이 형태적 구성인 '-겠-'으로 변화한 것은 몇 가지 요인으로 설명할 수 있다.

첫째는, 때매김법의 실현방법이다. 전통적으로 때매김법은 형태적 구성으로 실현되며 특히 안맺음씨끝에 의해서 실현되어 왔다. 그런데 '-게 ᄒ엿-'은 통사적 구성으로 그 형태나 실현방법이 서로 다르게 되자 이의 통일성을 꾀하게 되었다 할 수 있다.

이러한 유추작용은 같은 때매김의 '완결법'에서 쉽게 찾을 수 있다. 즉, '-어 이시(/잇)-'라는 통사적 구성이 '-엣/앳-'을 거쳐 '-엇/앗-)-었/았-'으로 변화하여 형태적 구성으로 바뀌고 있는 것이 한 예이다. 또, 〈먹ᄂ다〉가 〈ᄒ다〉에 끌려 〈먹는다〉로 바뀐 것도 이러한 작용에 의해서라 할 수 있다.

이상에서 다음과 같은 요인을 정리해 낼 수 있다.

요인3) 한 때매김법을 실현하는 문법범주는 그 실현방법의 통일을 꾀하려 노력
하며 이러한 요인이 한 변화요인이 되기도 한다.

둘째로, '-게 ㅎ엿-'은 원래 '시킴'의 문법적 기능을 지니고 있는데 그 쓰
임이 아주 없어지지 않고 현재까지 그 문법 기능을 수행하고 있다. 따라서
'추정'의 '-게 ㅎ엿-'은 '시킴'의 '-게 ㅎ엿-'과 의미상은 물론이고 형태상으로
도 분명한 구별이 필요하게 된다. 이러한 이유가 위의 첫째 요인과 맞물려
형태적 구성인 '-겟-'으로 축약이 되어 현재의 '-겠-'에 이르렀다고 할 수
있다.10)

이상에서 다음과 같은 요인을 정리해 낼 수 있다.

요인4) 한 언어 형식이 한 가지의 문법 기능 외에 또 다른 문법 기능을 실현시
키고자 할 때, 이들 사이에는 의미 뿐만 아니라 형태적인 변별까지도 시
도하려는 노력을 하게 되고 이러한 요인에 의해 새로운 문법 변화가 생
기게 된다.

5.2. 개신적 변화.

여기서는 '확정법'이 소멸되고 '완결법'이 새로 생겨나서 그 자리를 대신
하게 되는 과정을 주로 살펴 보기로 하겠다.

허웅(1987 : 212, 213)에 의하면 15세기에는 '확정법'이 때매김의 한

---

10) 이는 '-어 잇-'에서도 잘 나타난다. 김석득(1987:162)에서는 '-어 잇-'의 변화 과정을 다음
과 같이 나타내고 있다.

-어 잇-(→-엣-))-앳-(→-엇-)) -엇-) -었-
　　15세기 초　　　15세기 말　　　16세기　1933 - 현재
　　정태지속　　　정태지속　　　　완　　료

　　　　)-어 잇-(→-엇-)) -어 있-(→-었-)
　　　　　15세기 말 -
　　　　　정　태　지　속

즉, 한 '-어 잇-'은 '정태지속'의 의미를 그대로 지니면서 현재에 이르고 있으며, 다른 '-
어 잇-'은 '-엣-)-엇-)-었-'으로 변화하면서 '완료'의 의미를 실현하고 있는 것이다.

체계를 이루고 있었지만 이미 그 지위가 약화되어 가고 있었다. 3장에서도 이미 설명했듯이, '-으니-'나 '-은'이 다른 때매김 없이 독자적으로 실현될 때는 제 뜻을 유지하다가도 다른 때매김씨끝과 함께 실현되면 그 뜻을 잃어 버리거나 번져 나가는 것을 볼 수 있다. 이와는 달리 '추정법'을 실현하는 '-으리-'는 다른 때매김씨끝과 결합해도 그 뜻이 달라지지 않고 있다. 이렇게 볼 때, '-으니-'나 '-은'으로 실현되는 '확정법'은 이미 동요될 기미를 보이고 있다고 보아야 할 것이다.

그렇다면 이처럼 '확정법'이 동요되기 시작한 것은 무엇 때문일까? 일반적으로 한 체계가 상호 대립관계를 유지하면서 균형관계를 유지하고 있을 경우, 그 체계의 변화란 쉽게 예상되지 않는다. 따라서, 이 체계를 흔들 수 있는 동인이 있어야 하는데 이러한 동인 역할을 했던 것이 '완결(지속)법'이 아닌가 한다. 미약하지만 '완결지속법'의 출현으로 인해서 '확정법'이 동요하게 되고, 이와 의미상 대립관계를 갖는 '추정법'에도 영향을 주어 '추정법'마저 동요하게 되었다.

이처럼 '확정법'이 동요하게 된 이유를 보면 다음과 같다.

먼저, '확정법'을 실현하는 '-으니-'와 '완결(지속)법'을 실현하는 '-어 이시-'의 의미의 유사성이다. 즉, '확정'의 의미는 '이미 확정된 것'을 포함하므로 이를 '완결', 또는 '완결지속'의 의미로도 볼 수 있는 것이 있다.

29) ㄱ. 寂寂호미 일후미 굿거늘 엇뎨 法身이라 일훔 지ㅎ뇨(월석, 서 : 5)
ㄴ. 師이 그 말ᄉ매 大悟ㅎ시니라(선가, 상 : 4)

위의 29.ㄱ)은 15세기, 29.ㄴ)은 16세기의 문헌 자료인데, 모두 '-으니-'의 쓰임을 나타내고 있다. 그런데 여기서 '-으니-'는 모두 '완결'의 의미를 지니고 있다고 볼 수 있다. 따라서 이들 두 때매김법 간에 의미상 공유하는 부분이 많은 '완결지속법'이 나타나기 시작하자 '확정법'의 동요가 가속화되기 시작했다고 볼 수 있다.11)

11) 이 둘은 모두 상적 자질을 가지고 있으면서 의미상 중복된 요소를 가리키는 경우가 많다. 3장의 10), 11)의 ㄱ은 '확정'의 의미뿐만 아니라, '완결'의 의미를 나타낸다고 할 수 있다. 따라서 '완결법'은 이 '확정법'을 통합할 수 있게 된 것이다.

그런데, 이러한 의미상의 동요는 '-으니-'가 단독으로 실현될 때보다 다른 때매김씨끝과 결합할 때에 나타나기 시작했다. 즉, 다른 때매김씨끝과 결합할 때의 '-으니-'는 '확정'의 의미에서 번져 나가 '다짐'의 의미로 쓰이게 되면서 때매김의 의미 기능이 약화되고 있었다. 그리고 이러한 약화현상은 차차 단독으로 실현될 때도 나타나게 되어, 결국, '확정법'은 18세기 말에서 19세기 초에 '완결'의 의미를 지닌 '-아 잇-)-엣/앳-)-엇/앗-'에게 때매김의 자리를 완전히 내주고 말았다.12)

이상에서 다음과 같은 요인을 정리해 낼 수 있다.

요인1] 서로 다른 때매김의 문법범주가 의미상으로나 문법적으로 그 기능이 중복될 때 어느 한 쪽이 다른 문법범주에 흡수(통합)되거나 소멸하게 된다.
원리2] 한 문법범주를 실현하는 언어 형식에 의미 변화가 일어날 경우, 일반적인 경우보다 제한되고 특수한 경우부터 의미변화가 시작된다.

이러한 '확정법'의 쇠퇴를 재촉하는 또하나의 요인은 씨끝의 축약현상이다. 원래 '-으니-'는 안맺음씨끝으로 뒤에 상대 높임 안맺음씨끝과 의향을 나타내는 풀이씨끝이 올 수 있었다. 그런데 이런 높임의 씨끝과 풀이씨끝

---

12) 15세기 국어에서는 '-오/우-'의 실현 여부에 따라 1인칭과 2,3인칭으로 나뉘고 있다. 그런데 때로는 이러한 조건이 지켜지지 않는 경우가 있었다. '-오/우-'가 나타날 자리인데도 나타나지 않는 경우를 보면 다음과 같다.
첫째, 임자말이 둘인 경우이다. 즉, 간접 임자말이 '나(우리)'이면, '-오/우-'를 요구하는 것이 원칙이나, 때로는 이러한 경우에도 그 직접 임자말에 끌려서 '-오/우-' 없는 활용형을 쓰는 일이 있다.

· 우리 出家ᄒ라 오니 우리는 驕慢ᄒ 모ᄉᆞᆷ 하니(월석 7:3-4)

둘째는 말할이가 대이름씨 '나(우리)'가 아닌 다른 이름씨로 부를 때이다. 이 경우, '-오/우-'를 요구하는 것이 원칙이나, 제삼인칭격인 표현에 이끌려 /-오/우-'가 들어가지 않는 일도 있다.

· 우리 諸山앳 道士돌히......몯ᄒᆞᆫ 일 업스니(월석 2:71)

이러한 예외는 16세기부터는 점차 일반적인 것이 되어 가고 급기야는 인칭법이 국어 문법에서 사라지는 결과를 가져온다.

이 자주 생략되는 경향이 있게 되면서 때매김씨끝의 기능보다는 맺음씨끝의 기능을 하게 되는 경우가 많아지게 된다.

30) ㄱ. 머금이 브르냐 아니 브르냐(노걸 중, 상:38)
　　ㄴ. 五世어든 遷ᄒᄂᆞᆫ 宗도 잇다 ᄒᆞ니 엇데니잇고(가례 1:14)

위의 30)은 모두 17세기의 자료인데 30.ㄱ)은 '-으니-'의 때매김의 형태가 분명치 못한데 반해, 30.ㄴ)은 상대 높임인 '-으이-'가 나타나서 '-으니-'의 형태가 분명하게 유지된다.

형태가 분명하게 드러날 때는 그 기능을 분명하게 유지할 수 있으나 그 형태가 분명하지 못할 때는 기능 또한 약화될 수밖에 없다. 결국, 이러한 현상은 18세기에 가서 더욱 진전되어 '-으니-'는 맺음씨끝화되면서 때매김의 의미 기능도 잃고 말았다.

국어문법에서 의향법은 반드시 실현되어야 할 문법범주이다. 그런데, 이를 실현하는 맺음씨끝이 축약되어 그 기능을 수행할 수 없게 되었다. 따라서 이의 기능을 대신하여 '확정'의 때매김을 수행하는 '-으니-'가 그 기능을 수행하는 일이 자주 생기게 되었다. 이 때, '확정법'은 이미 때매김법에서 그 위치를 잃어가고 있었기 때문에 자연스럽게 의향법씨끝으로 녹아질 수 있었다.[13]

이상에서 다음과 같은 요인을 정리해 낼 수 있다.

요인3) 특별한 상황에서 원래의 문법적 기능 외에 다른 문법적 기능을 맡게 되는 일이 계속될 때, 그리고 이 다른 문법적 기능이 그 언어에서 필수적

---

[13] 이와 같은 현상은 높임법에서도 찾아 볼 수 있다. 17세기에 청자 높임씨끝 '-으이-'가 자주 생략되면서 그 기능이 약화되어 갈 기미가 보였다. 그러나 국어의 높임법에서 청자 높임법은 없어서는 안될 문법범주이므로 이를 막기 위해 객체 높임씨끝으로 사용되어 오던 '-습-'을 대신 사용하게 되었다. 결국, 청자 높임법은 '-으이/으이-'가 쓰이거나, '-습-'만 쓰이거나, 이 두 가지가 겹쳐 쓰이다가 현대 한국어에서 '-ㅂ니다' 형태를 발생시켰다.

ㄱ. 민망ᄒᆞ여이다(첩해신어3)
ㄴ. 그리하옵소(첩해신어1)
ㄷ. 하 젓소이 너기ᄋ와 다 먹습ᄂᆞ이다(첩해신어2)

인 것으로 인식될 때, 원래의 기능을 잃고 다른 문법적 기능을 맡게 되거나 그 요소의 일부가 된다.

이러한 완결법이 15세기에 동요를 보이기 시작하던 확정법을 밀어 내고 때매김 체계에 완전한 자리매김을 한 것은 18세기 말부터 19세기 초이다. 그런데, 완결법은 20세기에 들어 와서 새로운 변화 양상이 나타나기 시작하였다. 즉, '-었₁-' 다음에 새로운 '-었₂-'가 나타나기 시작한 것이다. 이러한 '-었₂-'의 출현은 때매김 체계의 변화를 예고하고 있는 것이다. 20세기 초, 몇몇의 문헌에만 보이던 이 '-었₁었₂-'는 20세기 후반에 들어서는 다양하게 쓰이고 있다.14)

이러한 '-었₂-'의 출현을 '-었₁-'의 기능과 연결지어서 살펴 본다면, '-었₁-'의 상적 자질이다. '완결'은 어떤 일의 시간적 선후관계를 따지는 것이 아니라 그 일이 일어나는 모습을 나타내는 것이다. 따라서 시간적 선후관계를 분명히 구별해 주기 위하여 '과거'라는 시간적 의미를 갖는 '-었₂-'가 필요하게 되었을 것이다.

이와 같은 현상은 사동법과 피동법의 관계에서도 찾아볼 수 있다. 국어의 사동법과 피동법은 같은 형태의 파생 접미사로 실현되어 오고 있다. 이는 사동법과 피동법이 역사적으로 밀접한 관련성을 맺고 있다고 할 것이다. 이 경우, 사동법을 실현해 오던 접미사가 필요에 의해서 발생하게 된 피동법을 함께 실현해 왔다고 생각된다. 그것은 사동 범주가 피동 범주보다 더 기본적인 것이기 때문이다.15)

이상에서 다음과 같은 요인을 정리해 낼 수 있다.

요인4] 한 때매김의 문법 기능이 보다 정밀한 것을 요구하게 될 때, 이 기능을 보조하기 위하여 새로운 문법적 기능을 담당할 요소가 등장하게 된다.

---

14) 이러한 '-었2-'가 처음 나타난 것은 주시경(1910:100)이다. 이후로 신문이나 문예물에서 드물게 나타나다가 1930년대 이후부터는 다양하게 나타나기 시작한다.
15) 김용경(1995)에서는 신라, 고려 향가를 통해 역사적으로 사동 접미사가 피동 접미사로 발전했음을 밝히고 있다. 인도 유럽어의 경우에 있어서도 피동사는 중간태(middle voice)를 표현하는 동사 형태로부터 발전되어 나왔다는 것이 정설로 되어 있다(Lehmann 1974). 피동의 역사적 기원에 대한 논의는 이향천(1991)을 참고할 것.

6. 맺음말

이상에서 살펴 본 15세기부터 현대에 이르는 때매김법의 변화 양상과 변화 유형 및 그 요인을 정리해 보면 다음과 같다.

1) 그 중, 변화 양상을 보면, '추정법'은 그 실현되는 형태소를 달리하여 그 문법범주를 계속 유지해 오고 있다. 그러나 확정법은 자체 내의 동요 요인과 새로 나타난 완결법에 의해 그 지위를 넘겨 주고 소멸되고 말았다. 한편, 완결법은 20세기에 들어 와서 모국어 화자들의 필요에 의해 새로운 문법범주의 실현을 끊임없이 요구받고 있다. 이러한 요구는 '-었-'이 겹쳐진 형태로 나타나고 있는데, 이는 분명 '-었-'의 의미와는 다르게 나타나고 있다. 이로 볼 때, 머지 않아 새로운 때매김 체계가 구성될 것이라 예측해 볼 수 있다.

2) 때매김 체계에서의 변화 유형은 크게 문법범주를 보존하면서, 그 실현방법만이 변화하는 보수적 변화와 문법범주가 새로 발생되거나 소멸하는 개신적 변화로 나누어 볼 수가 있다. 이러한 변화 양상의 요인을 보수적 변화와 개신적 변화로 나누어 정리하면 다음과 같다.

ㄱ) 보수적 변화

요인1) 한 문법범주를 이루는 각 요소는 다른 구성 요소와 긴밀한 관계를 갖고 있으면서 한 요소의 변화는 이와 의미상 대립관계를 갖는 다른 요소에게도 영향을 끼치게 된다.

요인2) 한 문법범주가 동요될 기미를 보임에도 모국어 화자의 언어 사용상 반드시 필요한 요소는 결코 소멸되지 않는다. 다만 이에 맞갈음할 수 있는 다른 언어 형식을 통해서라도 실현될 수밖에 없다.

요인3) 한 때매김법을 실현하는 문법범주는 그 실현방법의 통일을 꾀하려 노력하며 이러한 요인이 한 변화요인이 되기도 한다.

요인4) 한 언어 형식이 한 가지의 문법 기능 외에 또 다른 문법 기능을 실현시키고자 할 때, 이들 사이에는 의미 뿐만 아니라 형태적인 변별까지도 시도하려는 노력을 하게 되고 이러한 요인에 의해 새로운 문법 변화가 생기게 된다.

ㄴ) 개신적 변화

요인1] 서로 다른 때매김의 문법범주가 의미상으로나 문법적으로 그 기능이 중
복될 때 어느 한 쪽이 다른 문법범주에 흡수(통합)되거나 소멸하게 된
다.

원리2] 한 문법범주를 실현하는 언어 형식에 의미 변화가 일어날 경우, 일반적
인 경우보다 제한되고 특수한 경우부터 의미변화가 시작된다.

요인3] 특별한 상황에서 원래의 문법적 기능 외에 다른 문법적 기능을 맡게 되
는 일이 계속될 때, 그리고 이 다른 문법적 기능이 그 언어에서 필수적
인 것으로 인식될 때, 원래의 기능을 잃고 다른 문법적 기능을 맡게 되
거나 그 요소의 일부가 된다.

요인4] 한 때매김의 문법 기능이 보다 정밀한 것을 요구하게 될 때, 이 기능을
보조하기 위하여 새로운 문법적 기능을 담당할 요소가 등장하게 된다.

결국, 하나의 문법범주는 안정된 틀을 유지하면서 항상 제 모습을 유지
하는 것처럼 보이지마는 끊임없이 새로운 요인에 의해서 변화되어 가고
있다. 이 경우, 어느 것이 개신적인 변화를 보이고 어느 것이 보수적인 변
화에 그치느냐는 그 문법범주에서 담당하는 기능의 중요성에 의해서 결정
된다고 보아야 할 것이다.

참 고 문 헌

권재일(1992), 『한국어 통사론』, 정음사.

권재일(1994), 『한국어 문법의 연구』, 서광학술 자료사.

김석득(1987), '완료'와 '정태지속'에 대한 역사적 정보, 『한글』196호, 한글학회.

김승곤(1991), 『한국어 통어론』, 건국대학교 출판부.

김용경(1994), 『국어의 때매김법 연구』, 서광학술 자료사.

김용경(1995), 피동법과 사동법의 역사적 상관성, 『건국 어문학』 19 · 20합집, 건
국대 국어국문학 연구회.

김일근(1986), '언간의 연구'. 건국대 출판부.

이기갑(1987), 미정의 씨끝 -으리-'와 '-겠-'의 역사적 교체, 『말』12호 연세대학교
한국어학당.

이향천(1991), 피동의 의미와 기원, 서울대학교 박사학위 논문.

이향천(1992), 피동의 의미론, 『언어학』 14호, 한국 언어학회.

조오현(1995), '-았었-'의 의미, 『한글』 227호, 한글학회.

주시경(1910), 『국어문법』, 박문서관.

최현배(1937), 『우리말본』, 정음사.

허 웅(1975), 『우리 옛말본』, 샘문화사.

허 웅(1987), 『국어 때매김법의 변천사』, 샘문화사.

Benveniste, E.(1968), Mutations of linguistic categories, Lehmann, W.-Y. Malkiei, eds., Directions for Historical Linguistics, University of Texas Press, Austin.

『國語文法』의 "듬"과 格範疇

전 정 례

1. 머리말

周時經의 「國語文法」(1910)은 "듬"을 중심으로 쓰여졌으며 보편문법의 원리에 입각하고 있다는 것을 "이 온 글의 잡이"에서 명백히 하고 있다.

(1) 이 글은 우리 나라 말의 듬을 말하는 것이요 뜻을 말하는 것은 안이나 엇지하였든지 말을 배호는 글이라. 「國語文法」: 百十六)

(2) 이 글은 今世界에 두로 쓰이는 文法으로 웃듬을 삼아 꿈임이라. 그러하나 우리 나라 말에 맞게 하노라 함이라. (「國語文法」: 百十七) - 방점: 필자

여기서 "듬"이란 "말이 꿈이어지는 여러가지 법을 이르는 이름"(「國語文法」: 三十六)으로 정의되었는데 이는 문장의 구성법을 말하고 있다고 할 것이다. 또한 "今世界에 두로 쓰이는 文法"이란 보편문법을 지칭한다고 볼 수 있다. 즉 「國語文法」의 문법관이 형태론이나 의미론 중심이 아니고 통사론 중심이라는 것을 (1)에서 밝히고, 보편문법을 추구하고 있다는 것을 (2)에서 밝히고 있다. 언어의 특수성을 강조하는 문법이 각 언어 특유의 형태소를 연구하는 형태론 중심의 것이 된다면, 언어의 보편성을 강조하는 문법은 형태소보다 큰 단위의 문장성분을 연구하는 구성론 중심의 것이 된다.[1] 후자의 문법기술에서 가장 중요한 것은 언어의 논리성에 기

---

1) 「말의 소리」(1914)에 와서는 국어의 특수성을 강조하는 형태론 중심의 기술을 하고 있으나, 「國語文法」(1910)에서는 일관되게 보편성에 입각한 통사론 중심의 기술을 하고 있다.

반을 둔 문장의 논리적 구조이다. 그리하여 「國語文法」의 중심이 되는 "짬
듬갈"에서는 이러한 논리적 구조를 바탕으로 하고 문장성분에 해당하는
"듬"을 기본 단위로 하여 국어의 문장을 철저하게 분석해 내고 있는 것이
다. 본고에서는 이러한 "듬"의 설정이 언어 보편적인 논리적 구조에 입각
하고 있다는 점과, "듬"이 문장의 기능·역할 단위로서 문장의 성분이 되는,
언어 보편적인 문법범주인 격범주 단위라는 것을 밝히려 한다.

「國語文法」에서 문장은 "임이듬", "씀이듬", "남이듬", "금이듬"으로 구성
되며, "임이듬", "씀이듬", "남이듬"을 주성분으로 한 다음과 같은 두 개의
기본문형을 설정하고 있다.

(3) 본드1: 아기가 자라오
　　　　임이듬　남이듬　　　(「國語文法」: 四十)
(4) 본드 2: 아기가 젓을 먹소
　　　　임이듬　씀이듬　남이듬　　　(「國語文法」: 四十一)

위의 예에 대한 설명으로서 "다 된 다는 아모리 적어도 이 두 듬은 잇
나니라"(「國語文法」: 四十)와 "다 된 다는 아모리 크어도 이 세 듬에 더함
이 없나니라"(「國語文法」: 四十一)로 문장의 주성분으로서 "임이듬", "씀이
듬", "남이듬"의 설정을 뚜렷이 하고 있다. 위의 두 문장을 수형도로 나타
내 본다면 다음과 같다.

(5) 본드 1　　　　　　　　　　　　(6) 본드2

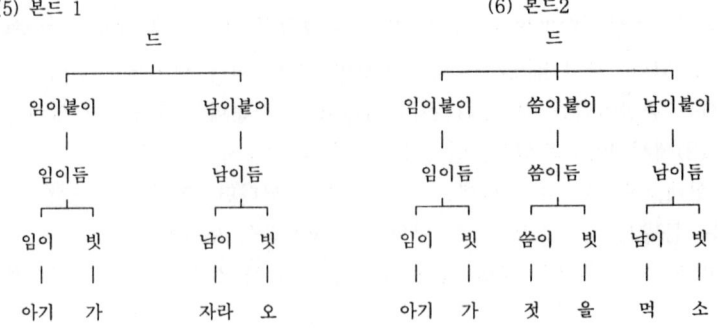

(6)의 경우 세 갈래의 "붙이"를 수평적인 구조로 인식하는데, 이는 "임이 듬", "씀이듬", "남이듬"을 동등한 자격으로 인정하는 논리적 구조에 기초한 것이다.2) 이에 대하여 김석득(1988)은 불만스럽게 여기고 이와 같은 불만이 최현배의 「우리말본」에 와서 "조각"이라는 구조층을 하나 더 설정함으로써 해소된다고 하였다. 그가 보인 예는 다음과 같다.

(7) (김석득 1988: 104)

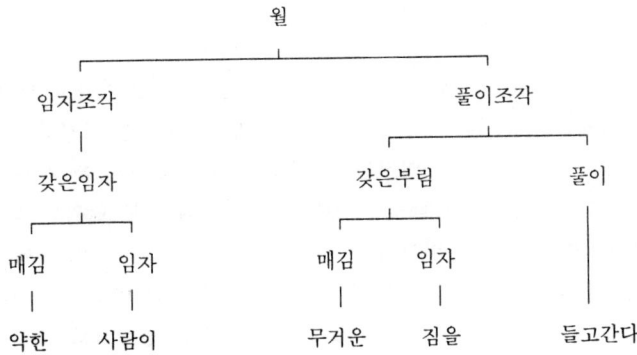

(7)은 兩分的 句構造層과 일치한다. 그러나 (6)과 같이 세 갈래의 "붙이"로서 문구조를 인식한 것은 우리 말에 양분적 분석을 하지 않음을 의미한다. 이는 언어의 논리적 구조에 바탕을 둔 "듬"의 설정에서 기인하는 것으로서 모든 언어가 양분적 구구조층을 이루지 않는다는 것은 Hale(1980)에서도 지적된 바 있다.3) 결국 「國語文法」에서는 "듬"을 單位로 한 論理的 구조를 바탕으로 하여 다음과 같은 문구조를 설정하고 있다고 볼 수

---

2) Leech(1974:133)는 논리적 구조를 다음과 같이 나타내고 있다.

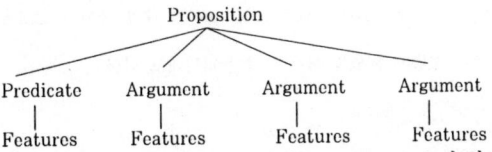

3) Hale(1980)에서는 한국어나 일본어를 Flat-language라 하여 兩分的 句構造層을 갖지 않는 것으로 보며, Chomsky(1981)도 語順이 자유롭고 形狀으로 정의할 수 없는 언어를 非形狀言語(non-configurational language)로 부르고 있다.

있다.

(8)

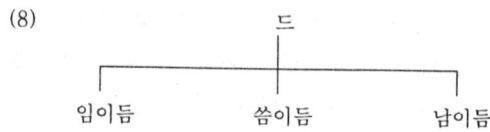

임이듬   씀이듬   남이듬

2. "듬"과 格範疇

"짬듬갈"에서 "듬"은 "格과 한 뜻"(「國語文法」: 三十七)이라고 하였다. 그
러므로 앞에서 내린 "듬"의 定義는 그대로 "格"의 定義로 바꾸어 볼 수 있
다. 즉 "格"이란 "말이 꾸미어지는 여러 가지 法"으로 문장을 기능·역할 단
위로 분석할 때 문장내의 관계를 말해 주는 통사적 성분 단위인 것이다.

일반적으로 격이란 문법론에서 통사적 구성 관계를 논할 때에 필요로
하는 문법범주이다. 전통적으로 라틴문법의 격에 대한 연구는 명사의 격변
화에 따른 분류로 시작되었다. 주로 격형태 표시를 중심으로 하여 명사의
격을 형태적 격으로 분류하였다.(Nominative, Genitive, Dative, Accusat
ive, Ablative, Vocative)

이러한 전통적 격체계가 형태를 중심으로 한 언어 특수한 현상으로 다
루어진데 반하여 그 후 격체계의 연구는 격의 한 문장 안에서의 역할을
중심으로 한 언어 보편적 현상으로 연구되었다. 格文法(Case Grammar)
의 이론이 그렇고, 최근 문법이론들의 격범주에 대한 접근 또한 그렇다.4)

---

4) 格에 對한 形態的 접근이 아닌 統辭的·意味的 접근을 말한다. Fillmore의 格文法, Gruber의
意味役, Brame의 함수논항구조, LFG의 논항구조, GB의 테마기준 등이 이와 관련된다. 이
들은 공통적으로 意味格(semantic case), 意味役(semantic role)에 대한 통사적 記述을 추
구하고 있다.
　예 ① Cook(1979)는 格文法의 論理的 構造를 다음과 같이 나타내고 있다.

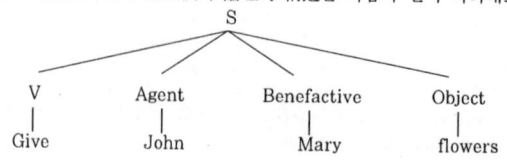

즉 한 文章 안에서의 論項과 述語 사이의 기능·의미적 관계를 중심으로 발달하고 있는 것이다. "듬(格)"을 문장성분 혹은 문장구성법으로 이해하면 이를 문장 안에서의 기능·의미적 관계를 나타내는 격범주로 인식함에 어려움은 없을 것이다. 논리적 구조를 통한 보편문법을 추구하는 「국어문법」은 격범주에 대한 인식을 "듬(격)"의 역할에 두고 있는 것이다. 즉 통사적 관계를 중심으로 문장성분을 기능적으로 분석하여 "듬"이라는 언어단위를 설정하였는데 이것이 바로 격에 대한 설정인 것이다. "듬"="格"이라고 하였으므로 (8)은 다시 다음과 같이 나타낼 수 있다.

(9)

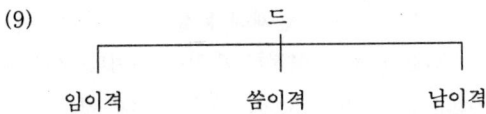

본고는 이러한 논리적 구조에 바탕을 둔 "듬(격)"의 설정을 문법 범주로서의 격범주에 대한 설정으로 보며, "듬(格)"이 「國語文法」의 문장 분석에 중심단위로 작용한다는 것을 다음 몇 가지로 논의해 보려 한다.

1. 숨은 成分에 對한 인식

「國語文法」에서는 문장에 나타나지 않은 "임이듬", "씀이듬"에 대하여 "속뜻"이라 하여 숨은 성분을 설정한다.

(10) 버금본드 2: 먹는다.

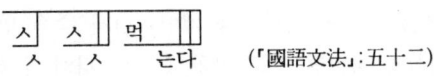

(「國語文法」:五十二)

---

② Chomsky(1981)의 GB이론에서는 θ-role의 設定을 Give, V, 〈NP, PP〉, 〈Agent, Theme, Goal〉로 나타내고 있다.
③ Bresnan(1982) LFG이론에서는 모든 論項이 문법기능과 1:1로 짝지어져 있다.
  (↑PRED) = 'drink 〈(↑SUBJ) (↑OBJ)〉'
              Agent   Theme

"人"의 존재로서 숨은 成分을 인정하게 되는데 '먹는다'의 경우 '먹는 이'
와 '먹히는 것'의 두 "듬"이 필요하다. 이는 '먹는다'의 논리적 구조가 다음
과 같기 때문이다.

(11)

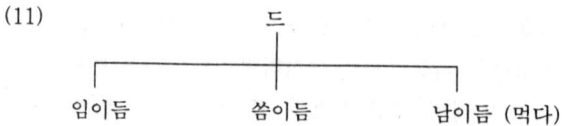

임이듬   쏨이듬   남이듬 (먹다)

즉 '먹다'는 논리구조상 "임이듬"과 "쏨이듬"을 필요로 하는 술어인 것이다.
그러므로 표면에 나타나지 않더라도 당연히 존재해야 할 "임이듬", "쏨이듬"을
논리적인 격범주로 인식하여 숨은 성분을 설정하고 있는 것이다. 이는 흔히
설명되어 오듯이 속구조(deep structure)와 걷구조(surface structure)의
두 차원의 구조층을 설정하여 변형의 개념으로 설명하지 않더라도 '먹는다'
라는 "남이듬"을 갖는 "드"가 "임이듬"과 "쏨이듬"을 필요로 한다는 논리적
구조로서 바로 설명될 수 있는 것이다.5) 이에 대한 「國語文法」의 설명은
다음과 같다.

(12) 이 말에 반듯이 임이듬과 쏨이듬이 속뜻으로 잇으니 먹으면 반듯이 먹
    는 이가 잇을지라. 이는 임이요, … 먹으면 반듯이 먹히는 것이 잇을지
    라. 이는 쏨이요. … (「國語文法」:五十三)-방점: 필자

이는 「國語文法」이 보편적인 논리구조와 격구조에 대한 인식으로 기능
중심의 문장 해석을 하고 있음을 말한다.
　Fillmore(1968)가 意味役 중심의 격이론을 제안하면서 숨은 범주(cove
rt categories)에 대한 인식을 하였던 것도 이와 같은 논리적 구조에 바탕
을 두었기 때문이다. Fillmore의 격이론도 이 숨은 범주에 대한 인식이
그 중심을 이루고 있다.6) 「國語文法」에서는 용어를 일관되게 사용하고 있

---

5) 변형이론으로 설명하는 部類로는 허웅, 박지홍, 김석득, 진말득 등을 들 수 있고 論理構造理
　論으로 설명한 것으로는 박태권(1986)이 있다.

지는 않지만 이러한 숨은 범주를 "속뜻"과 "숨은뜻"으로 구별하고 있다.7)

이렇듯 숨은 성분, 즉 "속뜻"과 "숨은뜻"에 대한 설정은 「국어문법」의 문장을 분석함에 있어서 기능과 의미를 바탕으로 한 논리적 구조 위에서 격범주에 대한 인식을 뚜렷이 하고 있음을 말해 준다.

2. 제움→남움, 남움→제움의 통사적 차이에 대한 인식

그리하여 「國語文法」은 "기몸박굼"에서도 형태론적 기술을 하지 않고 기능적인 측면을 고려한 통사론적 기술을 하고 있다. 그리하여 "기몸박굼"에서도 "듬"이 중심 단위가 되는데 이는 「國語文法」이 일관성 있게 "듬" 중심의 통사론적 기술 방법을 취하고 있기 때문이다.

"기몸박굼"에서 특기할 것으로는 접사가 붙어서 형성되는 "제움"과 "남움"을 같은 "움기"인데도 한 "기"가 다른 "기"로 몸바꿈한 것으로 다루고 있다는 점이다. 이것은 "제움"→"남움", "남움"→"제움"의 변화를 통사구조상의 변화로 인식했기 때문이다.8) 이러한 변화가 통사상의 차이로 인식된 것은 동사가 필요로 하는 "듬(格)"의 수에 변화를 가져오는 것을 포착한 결과이다. 이 또한 뚜렷한 격범주에 대한 인식에서 비롯되는 것이다.

① 제움→남움 (줄다→줄이다)

'줄다'와 '줄이다'의 필요로 하는 "듬"과 논리구조의 차이를 보이면 다음과 같다.

---

6) Fillmore(1968)는 숨은 범주를 다음과 같이 분류하고 있다.

Covert case roles ┌ Partially ①
                 └ Totally ┌coreferential ②
                             └lexicalized ③

                       ① Susan is cooking(something) : A. O/O-del.
                       ② Max rolled down the hill: A. *O. L /A=O
                       ③ They dined at 5 o'clock: A, *O/O-lex
                             V+O

7) 高永根(1982)은 화용상으로 나타나지 않은 기본 成分을 "속뜻"으로, 통사상의 잠재 成分을 "숨은뜻"으로 구분하고 있다.

8) 남기심·고영근(1985)에서도 使動과 被動을 統辭的 派生法으로 보아 形態論에서도 다루고, 構文論에서도 다룬다.

(13) 줄다(제움)

　　스스 줄다:

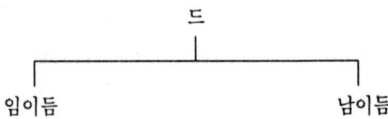

(14) 줄이다(남움)

　　스스 스스 줄이다:

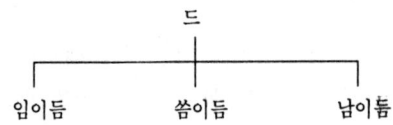

　'줄다'는 "숨은뜻"으로 하나의 "듬(格)"을 필요로 하지만, '줄이다'는 두 개의 "숨은뜻", 즉 두 개의 "듬"을 필요로 한다. 이는 "남움"이 "제움"보다 논리구조상 격을 하나 더 필요로 하기 때문이다.

　또한 '줄어지다'를 '줄다'와 같다고 보는 것도 이 두 동사가 필요로 하는 "듬(格)"의 수가 같기 때문이며 형태상의 차이보다는 통사상의 관계를 중요시한 관점인 것이다.

　② 남움→제움(걸다→걸이다)

　"제움"→"남움"의 변화와는 반대로 필요로 하는 "듬"의 수가 두 "듬"에서 한 "듬"으로 되는데 이는 "제움"이 "남움"에 비하여 격을 하나 덜 필요로 하기 때문이다. 또한 '걸이어지다'를 '걸이다'와 같이 보는 것도 이 두 동사가 필요로 하는 "듬(格)"의 수가 같아 통사적 구조를 같이하기 때문이다.

　③ 쏨남움→시킴남움(먹다→먹이다)

　"남움"을 "쏨남움"과 "시킴남움"으로 구분하였다.

(15) 쏨: 나는 밥을 먹는다 (먹다)

　　시킴: 나는 아기를 먹이오 (먹이다)

　'먹다'와 '먹이다'는 표면상 필요로 하는 "듬"의 수가 차이가 없는 것처럼 보이나 '먹이다'는 "숨은뜻"으로 "듬"을 하나 더 가지고 있음을 알 수 있다.

(16) 나는 아기를(에게) 밥을 먹이오.

즉 '먹이다'는 '먹다'에 비하여 격을 하나 더 필요로 하는 것을 알 수 있다. 그러므로 '먹다'와 '먹이다'의 논리적 구조는 다음과 같다.

(17) 먹다:

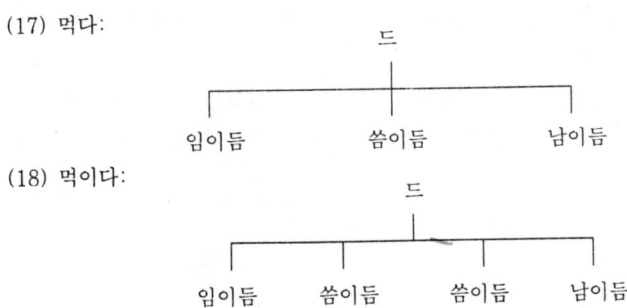

(18) 먹이다:

또한 '먹이다'를 '먹게 하다'와 같게 보는 것도 이 둘의 논리적 구조가 같기 때문이다.

이상에서 볼 수 있듯이 「國語文法」에서는 "제움"→"남움", "남움"→"제움", "씀남움"→"시킴남움"의 변화를 "듬"의 수의 변화로 인한 통사상의 변화로 인식하여 "기몸박굼"에서 다루었다. 이는 한 문장내에서의 논리적 관계인 "듬(格)"의 역할에 대한 분석에서 얻어진 결과이다.9)

3. "금이듬"에 대한 機能 分析

지금까지 "듬"에 대한 논의를 하면서 논외로 한 "듬"이 "금이듬"이다. 이

---

9) 動詞의 派生法에 의한 動詞값(valency)의 본격적인 論議는 Chafe(1970: 132)에서 찾아볼 수 있다.

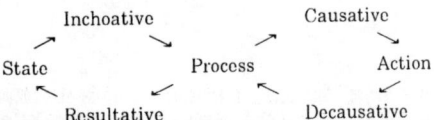

例를 들면, break는 Process Verb인데 여기에 Resultative 接辭가 붙어 State verb가 되면 broken이 되는데 이 때 필요로 하는 論項은 하나 줄어든다.

는 "금이듬"이 문장의 주성분에 속하지 않고 격을 할당받는 논리적 구조에
서 제외되어 격범주를 논할 때에 포함되지 않기 때문이다. 「國語文法」에서
의 "금이듬"에 대한 설명은 다음과 같다.

(19) 금이듬: 임이나 씀이나 남이가 제 빗을 가지지 못하고 금이 되는 빗을
       가지어 금이 됨을 이름이니 … (「國語文法」:三十八)- 방점: 필자.

"금이듬"이 다른 "듬"과는 달리 논리구조상의 "듬(格)"에는 포함되지 않지
만 「國語文法」에서는 "금이듬"에 대하여 논리적인 분석을 하여 그것을 그
림에 반영하고 있다.

(20)

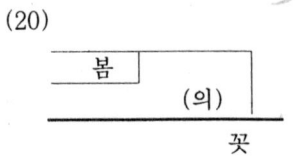

"봄 알에 가로 줄 한아는 봄은 꽃에 금이(임이) 되는 뜻이 있음을 보임이
라"10) (「國語文法」: 四十九)-방점: 필자.

(21)

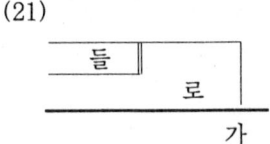

"들 알에 씀이 줄을 것음은 들이 이 말에 씀이의 뜻이 있음을 보임이라"
(「國語文法」:五十三)-방점: 필자

---

10) 高永根·李賢熙 校註(1986) 「周時經, 國語文法」의 校?註(50쪽 ⑰)에서는 原典에는 "임"으로
    되어 있으나 "금"으로 고쳐져야 사실에 맞는다고 하였으나 이는 그대로 "임"으로 둠이 論理
    에 맞다.

(22)

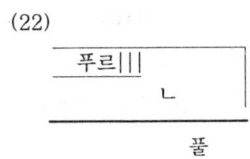

풀

　　"… 푸른의 푸르를 쓰고 그 알에 가늘게 세 줄을 가로 것음은 푸르는 따로
줄기가 되어 남이 노릇할 것의 뜻이 있음을 보임이요." (「國語文法」:四十二)
　-방점: 필자

　　"임이", "씀이", "남이"가 원래의 제 기능을 갖지 못하고 다른 기능, 즉
"금이"로 전환하는 양상을 곱슬줄로 표시하여 나타내고 있는 것이다. 「國
語文法」에서는 문장의 주성분인 "임이듬", "씀이듬", "남이듬"으로 격을 설
정하고, 격을 할당받지 못하는 "금이듬" 안에서의 "임이", "씀이", "남이"의
원래의 기능에도 논리적인 분석을 하고 있는 것이다. "임이", "씀이", "남이"
는 원래 격을 할당받을 수 있는 대상들이지만 이들이 각각 "임이빗", "씀이
빗", "남이빗"을 갖지 못하고 "금이빗"을 취하여 "금이듬"이 되며 격범주 설
정에서 제외된 것이다. 그러나 "금이듬" 안에서의 "임이", "씀이", "남이"의
기능을 밝히고 있는 것은 「國語文法」이 문장 분석에 성분의 기능적인 측
면을 고려하고 있기 때문이다. 이 또한 「국어문법」이 기능을 중심으로한
"듬"을 통하여 격범주에 대한 인식을 뚜렷이 하고 있기 때문에 얻어질 수
있는 결과이다. 그리하여 「국어문법」에서는 격범주의 대상이 되는 "임이
듬", "씀이듬", "남이듬"과 "임이", "씀이", "남이"에 대하여 일관성 있고 논리
적인 분석을 하고 있는 것이다.

3. 맺음말

　　본고는 "듬"="格"이라는 이해 아래에서 쓰여졌다. 「國語文法」에서 "듬"은
문법기술의 중심 단위가 되는데 이 "듬"이 바로 문장의 기능·역할을 중심으
로 분석되는 통사의미적 단위로서의 문법범주인 격범주와 일치한다고 볼
수 있는 것이다. 다만 한 가지 문제가 되는 것은 논리구조상 술어와 논항
과의 관계에서 논항만이 격으로 설정되는데 「國語文法」에서는 술어인 "남

이듬"도 "임이듬", "씀이듬"과 같이 "듬(格)"으로 설정된 것이다. 이는 술어와 논항과의 관계를 논리구조상 나타나는 수평적인 관계 그대로 보고, 문장의 주성분이 되는 자격을 같이 인정한다면 합리적인 처리일 수도 있는 것이다.

문법기술이 통사론 중심으로 된 시기는 Chomsky의 *Syntactic Structure*(1957) 이후이다.

더구나 격법주가 이와 같이 문장내에서의 기능·의미적 역할의 단위로 인식된 것은 1960년대 후반 Chomsky의 변형이론에 한계를 느껴 보다 원초적인 논리적 구조에 대한 추구에서 비롯된 격문법, 생성의미론 등의 이론이 등장한 이후이다.11) 그렇다면 「國語文法」의 통사론 중심의 문법기술과 기능·역할 중심의 문장 성분에 대한 연구가 시대적으로 얼마나 앞선 것인가를 짐작하게 한다. 이렇듯 시대를 앞서면서도 지금도 훌륭한 업적으로 평가받고 있는 周時經의 문법이론은 그의 언어기술의 태도가 철저한 과학성과 논리성에 기초하고 있기 때문이다.

참 고 문 헌

高永根(1982), 주시경의 문법이론에 대한 형태·통사적 접근, 「國語文法의 研究」, 塔出版社.
_____(1985), 「國語學 研究史 : 흐름과 동향」, 學研社, 서울.
高永根·李賢熙 校註(1986), 「周時經, 國語文法」, 塔出版社, 서울.
金敏洙(1977), 「周時經 研究」 增補版, 塔出版社, 서울.
김석득(1977), 周時經文法論 「語文叢書」207, 螢雪出版社, 서울.
_____(1988), 통어론, 「한힌샘 연구 I」, 한글학회 99-124.
남기심·고영근(1985), 「표준 국어문법론」, 塔出版社, 서울.
박태권(1986), 주시경 학설과 그 어학사적 위치 : 〈국어문법(1910)을 중심으로, 「부산한글」 제5집, 한글학회 부산지회, 89-109, 「주시경 선생에 대한 연

---

11) 「國語文法」의 文法理論은 Chomsky의 속구조보다 더 깊은 論理構造에서 출발하고 있다는 점과, 文文法(Sentence Grammar)에 국한되지 않고 意味·話用論을 수용하고 있다는 점에서도 그 출발 자체가 Chomsky의 변형이론보다는 生成意味論에 더 가깝다.

구논문 모음 I」에 再收錄, 1987, 한글학회, 177-197.

장석진(1980) 생성문법의 변천, 『英文法槪論 II : 生成文法』, 英語學叢書 5, 新雅社, 서울, 13-92.

Chafe, Wallace L. (1970) *Meaning and the Structure of Language*. The University of Chicago Press.

Chomsky, N. (1981), *Lectures on Government and Binding*. Dordrecht : Foris.

Fillmore, Charles J. (1968) The case for case, *Universals in Linguistic Theory*. ed by Emmon Bach and Robert T. Hams, 1-88, New York : Holt, Rinehart and Winston.

Hale, K. (1980), Remarks on Japanese Phrase Structure : Comments on the Papers in Japanese Syntax, In Y. Otsu and A. Farmer eds. (1980) *MIT Working Papers in Linguistics* vol 2.

Kaplan, Ronald and Joan Bresnan (1982), Lexcal-Function Grammar : A Formal System for Grammatical Representation, In Bresnan (ed.) *The Mental Representation of Grammatical Relations*, Cambridge, Mass : MIT Press.

Leech, G. N. (1974), *Semantics*, Harmondsworth : Penguin.

---

* 이 논문은 『주시경 학보』 제4집(1989, 탑출판사), 169~178쪽에서 옮겨 실은 것임.

최현배 선생의 월갈 연구 방법론에 대하여

권 재 일

1. 머리말

이 글은 외솔 최현배 선생의 『우리 말본』의 「월갈」편을 중심으로 말본 연구의 방법론의 성격을 연구사적인 관점에서 되살펴보려는 데에 목적이 있다.

연구사적인 관점이란 어떤 현상에 대한 연구 사실을 바탕으로 연구 대상이나 연구 방법을 역사적인 방법으로 서술하는 것을 말한다. 이 글은 『우리 말본』의 「월갈」편의 연구 방법이 우리말 연구사에서의 어떠한 의의를 가지는가를 새롭게 인식해 보려는 것이다. 연구사적인 검토가 가지는 중요한 의의는 검토된 연구 성과를 바탕으로 앞으로의 연구에 대한 바람직한 방향을 제시해 주는 데 있다. 따라서 이 글이 지향하는 바는, 『우리 말본』의 「월갈」편에서 이루어진 연구 방법을 새롭게 인식하여, 앞으로 우리말 말본 연구의 방법이 나아가야 할 바람직한 방향을 생각해 보는 것이다.

그러면 이제 『우리 말본』의 「월갈」편을 중심으로 외솔의 월갈 연구 방법론의 성격을, 과학적·기술적 방법론, 체계화의 방법론, 외래 이론의 수용 방법론 등으로 나누어 구체적으로 검토하기로 한다. 이에 앞서 먼저 『우리 말본』의 「월갈」편이 제시하고 있는 연구 대상에 대하여 서술하기로 한다1).

---

1) 1937년에 첫 출판된 『우리 말본』의 마지막 수정판은 1971년의 「네번째 고침판」이다. 이 글에서 인용하는 내용의 〔 〕속 숫자는 1971년판의 항목번호를 가리킨다.

2. 월갈의 개념과 대상

『우리 말본』의 연구 대상은 우리말의 본을 연구하는 것이라고 규정했다. 말에는 일정한 본이 있는데, 그 본을 말본이라 하고, 그 말본을 연구하는 학문을 말본갈이라고 규정했다. 사람은, 생각과 느낌을 나타내기 위하여, 여러 낱말(단어)을 서로 얽어붙여서 쓰는데, 말본이란 곧 낱말을 부려 월(문)을 구성하는 과정인데, 이러한 말본은 개인의 머리 속의 생각으로 만들어 내는 것이 아니라, 객관적으로 사회적으로 실재하는 말에 바탕을 둔다고 하였다.

『우리 말본』은 크게 두 부분으로 구성되어 있다. '말소리갈'과 '말본갈'이 그것인데, 말본갈은 다시 '씨갈(詞論)'과 '월갈(文章論)'로 나뉜다. 〔3-4〕

씨갈이 월의 구성재료인 낱말의 형식과 월에서의 작용을 연구 대상으로 하는 것에 비하여, 월갈은 월에 관한 여러 현상을 밝히는 것을 연구 대상으로 한다고 하였다. 월갈은, 말로써 한 통일된 생각을 나타내는 형식을 기술하여 연구하는 것이라고 규정하였다.

> (2) 낱말이 곧 말 전체가 아니요, 말본은 낱말을 부려서 월을 이루는 데에 성립하는 것인즉, 낱말을 닦는 씨갈은 다만 월갈의 차림이 될 따름이요, 그 자체가 곧 말본갈은 아니다. 말본은 확실히 월갈에서 그 구실을 다이루는 것이다. 곧, 월갈은 씨갈에서 연구한 낱말이 어떻게 서로 얽히어서 완전한 사상을 나타내게 되는가, 그 운용관계를 대체로 종합적으로 연구하는 것이다.〔4, 529〕

씨갈은 생각을 나타내는 재료를 연구하는 분석적·정지적인데 비하여, 월갈은 그러한 재료로 월을 만들어 생각을 나타내는 본을 연구하는 종합적·활동적이다. 월갈은 씨의 상관적 운용론이라 규정하였다. 『우리 말본』에서 이와 같이 월갈을 규정한 것은 대단히 주목할 만하다. 말본갈(즉, 문법론)의 중심되는 목표가 어디에 있는가를 분명하게 제시해 주고 있기 때문이다. 사람의 생각을 드러내려면, 반드시 여러 낱말을 서로 얽매어서 월을 만들어야 하기 때문에, 씨갈보다는 월갈이 말본갈의 핵심적이며 궁극적

목표임을 밝혀 주었다. 다음과 같은 표현에서 씨갈은 말본갈의 궁극적 목
표인 월갈을 위한 선행 연구에 해당한다는 뜻을 암시하고 있다.

(3) 말본 연구의 대부분은 씨갈에 허비된다.〔4〕

『우리 말본』의 「월갈」편에서 기술한 월갈의 구체적인 범위는 다음과 같
다.

(4) 월갈의 범위
　1. 모두풀이
　2. 월의 밑감
　　월의 밑감의 뜻과 갈래낱말/마디/이은말2)
　3. 월의 짠조각 혹은 조각
　　월의 조각의 갈래
　　월의 조각의 되기
　　월의 조각의 벌림
　4. 월의 조각의 서로맞음
　　높힘의 서로맞음
　　꾸밈의 서로맞음
　5. 월의 갈래
　　짜임으로 본 월의 갈래
　　바탕으로 본 월의 갈래
　6. 월점치기

　'모두풀이'에서는 월의 정의를 내리고, 월갈의 주요 연구 대상으로, 월
의 구성재료, 월성분, 월성분의 서로맞음, 월의 유형을 설정하였다. 이와
같이 요즘의 월갈 연구의 주요 연구 대상을 모두 담고 있어, 연구 대상의
관점에서 볼 때, 『우리 말본』은 상당히 체계적인 서술이라고 말할 수 있
다. 특히 월성분에서는, 어순, 생략 현상, 그리고 성분 사이의 제약 현상

---

2) 『우리 말본』에서, 말의, 짜임새에 의한 갈래는 다음과 같이 제시하였다. 이 가운데 대문과
　마디는 말본갈의 범위 밖이며, 낱말, 이은말, 마디가 바로 월의 재료라고 하였다. 〔538의
　잡이〕
　(ㄱ) 낱말(단어)　(ㄴ) 이은말(연어)　(ㄷ) 마디(구, 절)
　(ㄹ) 월(문)　　　(ㅁ) 대문(段)　　　(ㅂ) 마리(首)

등을 모두 다루고 있음은 주목받을 사실이라고 하겠다.

한편 『우리 말본』에서 월을 '하나됨(통일성)'과 '따로섬(독립성)'이라는 개념으로 정의했다.

(5) 월이라는 것은 한 통일된 말로 들어난 것이니: 뜻으로나 꼴로나 온전히 다른 것과 따로선 것이니라.〔530〕

한 생각에는 하나의 통일 작용이 필요한데, 하나의 통일된 생각을 나타내는 것이 월의 기본 조건이며, 비록 생각의 하나됨은 있을지라도, 만약 따로섬이 없으면, 완전한 월이 되지 못한다고 하였다. 이러한 따로섬을 얻으려면, 그 말이 끝남을 가지되, 다만 한 번 끝남을 가져야 한다고 하였다3).

3. 과학적·규범적 방법론

기본적으로 『우리 말본』의 「월갈」 편은 과학적·규범적 방법론에 바탕을 두고 있다. 다음과 같은 서술에서 이를 확인할 수 있다.

(6) 우리는, 생각과 느낌을 나타내기 위하여, 여러 낱말을 서로 얽어붙여서 쓰는데, 말본이란 곧 낱말을 부려 월을 구성하는 과정이다. 이러한 말본은 개인의 머리 속의 생각으로 만들어 내는 것이 아니라, 객관적으로 사회적으로 실재하는 말에 바탕을 두고 있다. 귀납적으로 그 본을 찾아내는 것이다. 그러므로, 말본갈의 본은 기술적, 설명적임이 그 본색이라 하겠다. 그러나 한 번 발견되어서 일반이 인정한 말본갈의 본은, 뒤에 그 말을 쓰는 사람, 배우는 사람에게 대하여는, 규범적이 되는 것이다. 물론 말의 가변성에 의하여, 그 본의 규범성도 또한 가변적이다.〔3〕

---

3) 한편 『우리 말본』에서는 월을 다음과 같이 두 가지 관점에서 바라보고 있다. 하나는 월을 구성하는 재료의 관점이고, 다른 하나는 월을 구성하는 성분의 관점이다. 다음과 같은 비유가 이 관계를 잘 설명해 주고 있다.〔540〕
 (ㄱ) 월의 재료 : 집을 짓는 데 필요한 흙, 돌, 나무, 쇠, 따위
 (ㄴ) 월의 성분 : 집의 방, 마루, 부엌과 같이 제각기 맡은 구실

위의 서술에서 우선 귀납적인 방법론을 지적할 수 있다. 말본의 연구 대상으로서 말은 객관적으로 사회적으로 실재하는 말이라고 하였다. 말본은 이러한 말에 대하여 귀납적으로 그 본을 찾아내는 것이라고 밝히고 있다. 이는 언어에 대한 실증적 연구를 강조한 것으로 본다. 위의 서술에서 보면, 말본의 연구는 언어 자료를 관찰하고, 이를 기술하고, 설명하는 과정을 거쳐야 한다는 것을 제시하였다. 객관적인 언어 자료를 대상으로 이를 귀납적으로 기술하고 설명하는 것이 말본 연구의 본색이라고 하였는데, 이는 바로 과학적 연구 방법의 기본 태도 바로 그것이다.

위 서술은 아울러 말본 연구의 규범적인 성격을 강조하고 있다. 『우리 말본』의 목적은, 객관적인 개별 언어로서의 국어가 가지는 규칙의 정확한 기술과 체계화에만 있는 것이 아니라, 우리 말과 글자의 정리를 위한 실천적인 가치, 그리고 국어 교육을 위한 실용적 가치에도 있었다. 이러한 목적을 알지 않고서는 외솔 말본의 학문적 업적을 올바로 이해할 수 없다. 물론 이러한 학문 태도와 업적에는 부정적인 견해를 가질 수도 있으나, 식민지 시대의 특수한 상황을 고려할 때, 이러한 학문 태도의 당위성이 인정된다4). 외솔은 우리 민족이 되살아날 수 있는 길이 여러 가지가 있는데, 그 가운데서도 중요한 것이 민족의 고유 문화를 떨쳐 일으키는 일이라 역설하고, 그 고유문화 가운데서도 말과 글의 중요성을 강조한 바 있다. 이를 이해한다면, 이러한 학문 태도와 방법의 당위성을 인정할 수 있을 것이다.

(7) 한 겨레의 문화 창조의 활동은, 그 말로써 들어가며, 그 말로써 하여 가며, 그 말로써 남기나니 : 이제 조선말은, 줄잡아도 반만 년 동안 역사의 흐름에서, 조선 사람의 창조적 활동의 말미암던 길이요, 연장이요, 또 그 성과의 축적의 끼침이다.[1]

4. 체계화의 방법론

『우리 말본』의 연구 방법론의 중요한 특징 가운데 하나는 언어 사실의

---

4) "식민지 시대의 특수한 상황을 고려할 때, 그 학문태도의 당위성이 인정되며, 당시 연구의 어려운 환경에 비추어서 그 업적의 위대함이 평가되어야 한다. 그러한 점에서 외솔 최현배는 분명히 국어학사에서 한 시대를 만든 학자라 할 것이다."(안병희 1985)

기술과 설명에 있어서의 체계화의 방법이라고 할 수 있다. 주어진 특정 현상을 합리적으로 이해하기 위해 체계를 세워서 파악하는 방법이 체계화의 방법이다. 체계를 세우기 위해서는 무엇보다도 타당성과 일관성을 지니는 '기준'이 설정되어야 한다. 어느 한 부분을 체계화하기 위해 설정된 기준이 그 부분의 체계화에만 그치는 것이 아니고, 같은 현상 안에서 다시 다른 부분을 체계화하기 위해서도 쓰일 수 있어야 한다5). 『우리 말본』에서는, 품사, 월성분, 월의 체계, 그리고 겹월의 하위 체계 등 여러 기술에서 이러한 체계화의 기술이 두드러져 있다.

한 예를 들어, 낱말의 구성과 월의 구성에서 같은 기준을 제시하여 체계화하였다. 결합 관계의 모양을 벌림(병렬), 어우름(합일), 거느림(주종)으로 설정하고, 이를 기준으로 삼아 겹씨의 하위 체계와 겹월의 하위 체계를 다음과 같이 기술하였다.〔625〕

   (8) ㄱ. 벌림 (병렬) 관계 : 벌린씨 - 벌린월(병렬문)
      ㄴ. 어우름(합일) 관계 : 녹은씨 - 이은월(연합문)
      ㄷ. 거느림(주종) 관계 : 가진씨 - 가진월(포유문)

즉, 겹씨의 하위 체계와 겹월의 하위 체계를 위하여 '(둘 이상의 것이 모여 한 덩이가 되는) 결합 관계의 모양'이라는 동일한 기준을 삼았다. 어느 한 부분을 체계화하기 위해 설정된 기준이, 같은 현상의 다른 부분을 체계화하기 위해서도 쓰일 수 있어야 일관성있는 기준이 되는데, 낱말의 구성과 월의 구성에서 일관성있는 기준을 제시한 셈이다.

이제 체계화의 방법론에 따라 기술한 예를, 월 체계의 기술에서 살펴보기로 한다. 『우리 말본』에서는 두 가지 관점에서 월의 체계를 세웠다. 그 하나는 '짜임새'라는 관점이고, 다른 하나는 '바탈'이라는 관점이다. 바탈은, 말하는이의 듣는이에 대한 의향(태도)을 뜻하는 것으로 이해된다. 짜임새에 의한 월 체계는 임자말-풀이말의 관계에 따라 '홑월'과 '겹월'으

---

5) 이러한 기술 태도를 권재선(1988:856)에서는 상관주의와 일률주의라는 관점으로 풀이란 바 있다.

로 체계화하고, 바탈에 의한 월 체계는 의향법 체계에 의한 것인데, 베풂월 · 시킴월 · 물음월 · 꾀임월로 체계화했다.

월을, 그 짜임새로 따라, 홑월과 겹월로 체계화했다. 임자말과 풀이말과의 관계가 단 한 번만 성립한 월을 홑월이라 규정하고, 임자말과 풀이말의 관계가 두 번 혹은 그 이상 성립하는 것을 겹월이라 규정했다. 이러한 규정은 '임자말과 풀이말의 관계'라는 것을 기준으로 해서 월의 체계를 세운 것을 의미한다. 겹월은 한 월에 둘 이상의 마디을 가진 월, 즉 임자말과 풀이말과의 관계가 두 번 이상 성립하는 월이라 규정했다. 이러한 겹월은 위에서 제시한 바 있는 '(둘 이상의 것이 모여 한 덩이가 되는) 결합 관계의 모양'이라는 기준에 따라 가진월·벌린월·이은월로 하위 체계화했다. 그런데 겹월의 하위 체계를 세우는 데에는 무척 고심한 흔적을 찾을 수 있다.

> (9) 나는 겹월의 가름에 대하여, 퍽 오래 동안을 두고 여간 고심하지 아니하였다. 어느 나라 말본을 따르고자 하여도 맞지 아니하며, 앞사람의 가름법을 따르고자 하여도 또한 맞지 아니하였다. …… 이 세 가지의 맺음 걸림과 그 걸림에 따른 겹월의 세 가름은 저 야마다 님의 분류와 같은 결과를 나타낸 것이다. 그러나 이와 같은 가름은 다만 단순한 모방에서 나온 것이 아니라, 우리말의 월의 여러 가지의 실제적 성질을 분류 고찰한 결과로 위와 같이 한 것이다. 그러나 이와 같이 가름이 나에게 만족을 준 것은 아니다. 많은 불만족이 있으면서도, 아직은 이렇게 함이 이치에 가까운 것 같기로, 위선 이리 하여 두기로 한 것에 지나지 아니한다. [625]

가진월은 어떤 마디가 월의 한자리를 차지하여 월성분을 이룬 것을 안은 월을 말한다. 즉 으뜸마디가 딸림마디(어찌마디·매김마디·이름마디·풀이마디)를 가진 겹월이다. [626]

> (10) ㄱ. 나뭇잎이, 소리도 없이, 떨어진다.
> ㄴ. 향기가 좋은 꽃이 만발하였다.
> ㄷ. 달이 밝기가 낮과 같다.
> ㄹ. 후덕한 사람은 인망이 높으니라.

벌린월은 각각 독립하여 대등한 자격을 가진 둘 이상의 맞선마디를 나열하여 한덩이로 만든 월이다. 앞마디의 풀이말은 나열형으로 뒷마디에 이은 월이다. 〔627〕

(11) ㄱ. 겨울은 춥고, 여름은 덥다.
    ㄴ. 달은 지고, 까마귀는 울고, 서리는 하늘에 찼다.

이은월도 각각 같은 자격을 가진 두 마디가 이어져 한덩이가 된 월이다. 앞마디의 풀이말은 나열형 이외의 씨끝에 의해 뒷마디에 이어진다. 이은월을 따로 세우느냐, 아니면 이것을 '어찌마디'를 안은 가진월로 보느냐 하는 문제에 대해서, 결국 이은 월을 세운 것은, 그 앞뒤 마디 사이의 관계가 종속적이 아니라, 대등적인 성격이 강하기 때문이라고 밝혔다.〔628〕

(12) ㄱ. 심기는 괴롭지마는, 거두기는 즐겁다.
    ㄴ. 봄이 오면, 꽃이 핀다.

이상의 서술을 바탕으로, 『우리 말본』의, 짜임새에 의한 월 체계를 정리하면 다음과 같다.

(13) 짜임새에 의한 월의 체계
    ㄱ. 홑월
    ㄴ. 겹월
      1. 주종적
        〈거느림〉:가진월 〔으뜸마디+딸림마디〕
      2. 대등적
        〈벌 림〉:벌린월 〔맞선마디-대등성 강〕
        〈어우름〉:이은월 〔맞선마디-대등성 약〕

다음에는 바탈에 따른 월 체계를 살펴보기로 한다. 바탈은 말하는이의 듣는이에 대한 의향을 뜻한다. 베풂월(서술문)·시킴월(명령문)·물음월(의문문)·꾀임월(청유문) 등이 그것이다.〔633〕
먼저 바탈에 의한 체계화를 위하여 다음과 같은 기준을 마련하였다. 즉,

월을 그 바탈로 가르려면, 먼저 그 풀이의 바탈을 근거로 해야 하는데, 그
이유는 다음과 같다. 월은 임자말과 풀이말로 기본이지만, 이 두 가지 가
운데서도 기본적인 것은 풀이말이다. 임자말은 흔히 생략되고 드러나지 않
은 경우가 있지만, 풀이말은 그렇지 않다. 이와 같은 서술은 타당한 기준
을 세워 체계화하였다는 점과 우리말 기술에서 풀이말의 중요성을 깊이
인식하고 풀이말 중심의 기술을 시도한 것이다. 이와 같은 기준에 의한 월
체계는 다음과 같다.

풀이말의 태도에 따라, 월은 두 가지로 나뉜다. 첫째, 말하는이가 듣는
이에게 공동적 동작을 하자고 요구하는 월이 꾀임월이다. 둘째, 말하는이
가 다만 자신의 개별적 생각을 나타내는 월이 있인데, 이것은 다시 둘로
나뉜다. 1) 생각을 말하는이에게만 한정하고 듣는이는 고려하지 아니하는
월이 베풂월이고, 2) 반드시 듣는이를 고려하고 그에게 어떠한 생각을 제
출하는 것으로, 말하는이의 생각을 중심으로 듣는이가 그대로 하기를 요구
하는 월이 시킴월, 듣는이를 중심으로 그에게 어떠한 생각의 발표를 요구
하는 월이 물음월이다.

(14) 바탈에 의한 월의 체계
   ㄱ. 개별적 관계
     1. 단독적 태도----------------------베풂월
     2. 관계적 태도
       〔말하는이 중심〕--------------- 시킴월
       〔말듣는이 중심〕--------------- 물음월
   ㄴ. 공동적 관계 ----------------------- 꾀임월

5. 외래 이론의 수용 방법론

『우리 말본』의 연구 방법 가운데 주목할 사실 가운데 또 하나는, 외래
이론을 비판적으로 수용하여, 이를 우리 말의 특성에 맞게 발전시켰다는
점이다. 우선 다음과 같은 서술을 옮겨 본다.

(15) 그러한즉, 남의 나라 말본을 닦아서, 우리 말본의 닦기에 참고로 씀은 괜찮
    을 뿐 아니라, 차라리 해야만 할 것이지만, 짬없이 남의 말본에만 따르고,

제 말의 특유한 성질과 법칙을 살피지 아니함은 아주 큰 잘못이라 아니 할 수 없느니라.〔3〕

일반적으로 외래 이론을 수용하는 태도는 대체로 다음과 같은 세 가지 유형으로 나타난다. 첫째 유형은 무비판적인 수용의 태도이고, 둘째 유형은 수용에 대하여 무비판적인 배척 혹은 무관심의 태도인데, 이러한 두 유형은 모두 다 경계해야 할 태도이다. 셋째 유형은 비판적인 수용의 태도인데, 이것은 외래 이론을 비판적으로 수용하여서 이를 독창적인 이론으로 발전시키려는 가장 바람직한 태도이다. 한마디로『우리 말본』에서 외래 이론을 수용한 태도는 셋째 유형에 속한다. 우리 말의 특성을 올바르게 이해한 바탕에서, 일본과 서양 학자의 이론을 비판적인 관점에서 수용한 태도이다.『우리 말본』을 보면, 일본과 서양 학자의 이론에 대한 비판이 여러 곳에서 나타나 있을 뿐만 아니라, 외래 이론으로 풀기 어려운 언어 현상은 우리 말 특성에 맞는 이론을 체계적으로 세워 모두 밝혔다.『우리 말본』의 어느 서술이든 우리 말의 특성이 고려되지 않는 것이 없다6).

우리 말 연구사에서 가끔『우리 말본』이 체계와 내용에서 일본 학자 야마다의 책을 모방하였다고 지적하고, 그 가치를 떨어뜨리려는 평가를 가끔 대하게 된다7). 그러나 이러한 평가는 올바른 것이 못된다. 정확한 표현은 외래 이론을 비판적으로 수용하였다는 것이다. 외래 이론의 수용과 관련하여 비난해야 할 사실은 외래 이론의 무비판적인 모방이나 번안적 연구이다. 예를 들어 지난 60·70년대 미국의 변형생성문법 이론을 무비판적으로 받아들여 우리 말을 단순히 언어 자료로 삼아 연구했던 것은 바로 비난받아야 하는 수용의 태도일 것이고, 변형생성문법 이론을 우리 말의 특성에 맞게 비판적인 관점에서 수용하여 발전시켰던 연구는 우리가 오히려 지향해야 할 연구 태도였다. 그러므로『우리 말본』의 어떤 서술이 단순히 일본 책의 어떤 것과 일치한다고 해서 이를 비난하는 것은 전혀 온당한

---

6) 예를 들어, 외솔은 낱말의 정의와 품사 분류의 논리적인 틀을 위하여, 야마다의 이론을 응용하였지만, 야마다 책에는 없는 어떤씨를 인정했으며, 존재사를 그림씨 안에 넣고, 대신 잡음씨를 설정했다(권재선 1988 : 870).

7) "극소수이기는 하지만, 바람직하지 못한 방향으로 국어학사를 쓰는 이들의 사고력이 빗나가고 있다."고 지적하면서, 이에 대해 구체적으로 지적한 것은 김차균(1993 : 3-9) 참조.

평가가 아니다.

언어 이론에는 여러 언어에 두루 적용될 수 있는 일반적인 것과, 특정한 개별 언어에만 적용될 수 있는 특수적인 것이 있다. 언어학자는 이러한 일반 이론이나 개념을 바탕으로 각 개별 언어를 기술하고 그 언어에서 발견되는 특수한 언어 사실을 또한 밝혀 개별 언어 체계를 세운다. 이러한 언어학의 방법에서 볼 때, 이론적 개념을 다른 언어학 책에서 수용, 응용했다는 것은 당연하고도 필요한 일에 속할 것이다.

따라서 『우리말본』이 일본과 서양 학자의 이론을 수용했다 하더라도, 우리말의 말본을 최초로 완벽하게, 정연한 체계를 가지고 서술했고, 그뿐 아니라 외래 이론으로는 풀기 어려운 여러가지 언어 사실을 밝혀 우리말 특성에 맞는 이론으로 체계화한 것은 우리말 연구사에 길이 남을 업적이라고 하겠다.

비단 외래 이론뿐만 아니라, 주시경 선생과 같은 앞선 학자들의 연구도 비판적으로 계승하여 발전시켰음을 「우리 말본」에서 볼 수 있다. 외솔은 주시경 선생의 학문적인 정신과 태도를 그대로 이어받았으나, 구체적인 학설까지 맹종하지는 않았다.

결론적으로 말하여, 『우리 말본』의 「월갈」 편에 나타난 연구 방법은 현대적인 의미에서 국어학이 싹트기 시작할 무렵에, 나라 안팎의 수많은 연구 업적을 두루 섭렵하고, 그것을 과감하게 수용하여, 우리 말의 속성에 맞도록 더욱 갈고 닦았으며, 나라 안에서도 밖에서도 얻을 수 없는 지식은 넓고 깊은 사색을 통하여 창안해 낸 태도라고 평가할 수 있겠다(김차균 1993:33-34). 바로 이러한 연구 방법의 태도가 지금 우리가 계승해야 할 것이라고 생각한다8).

---

8) "『우리 말본』은, 그 자료의 풍부함과 풀이의 정밀함과 체계의 독창적인 점으로 보아, 그 앞사람에서 크게 비약했음은 물론이며, 그 뒤, 반 세기가 더 지났는데도, 자료·풀이·체계에 있어서 이를 따를 만한 업적이 오르지 않고 있다. 『우리 말본』은 실로 20세기 초의 국어학의 금자탑이다. 이 책은 읽고 또 읽을 필요가 있으며, 잇고 또 이어받을 값어치가 있는 명저임을 강조하여 둔다." [허 웅 (1993:174)]

  "『우리 말본』은 비단 외국학설뿐만 아니라, 주시경이나 김두봉과 같은 앞선 학자들의 문법연구도 비판적으로 받아들여서, 방대한 국어자료를 정확하게 분석,정리하여 정연한 문법

5. 맺음말

이 글에서 필자는 외솔 최현배 선생의 『우리 말본』의 「월갈」 편을 중심으로 그의 말본 연구의 방법론의 성격을 연구사적인 관점에서 새롭게 인식해 보고자 하였다.

『우리 말본』의 「월갈」 편은 월갈의 개념과 연구 대상을 분명히 규정하여 우리말의 월갈 연구를 본궤도에 올려 놓은 연구라 평가할 수 있으며, 또한 객관적인 언어 자료를 대상으로 이를 귀납적으로 기술하고 설명한 과학적 방법뿐만 아니라, 타당성과 일관성을 지닌 기준을 설정하여 언어 현상을 체계화한 연구 방법도 역시 높이 평가할 수 있다. 그리고 우리말의 특성을 올바르게 이해한 바탕에서, 일본과 서양 학자의 이론을 비판적으로 수용하면서, 외래 이론으로는 풀기 어려운 우리 말의 여러 현상을 밝혀 우리말 특성에 맞는 이론으로 체계화한 것도 우리말 연구사에 길이 남을 업적이라고 하겠다.

연구사적인 검토가 가지는 중요한 의의는 검토 대상의 연구 성과를 바탕으로 앞으로의 연구에 대한 바람직한 방향을 제시하는 데 있다. 지금까지 살펴온 『우리 말본』의 「월갈」은, 우리말 말본 연구에 상당히 큰 영향을 끼쳐왔으며, 아직 질과 양에 있어서 이를 뛰어넘을 만한 업적이 나오지 못하고 있음이 사실이다.

이제 우리는 여기에서 우리말 연구가 나가야 할 분명한 한 방향을 제시할 수 있다. 우리는 우리말의 바람직한 연구를 위해서 학문의 올바른 전통을 찾아 이를 계승·발전해야 할 것이다. 그러자면, 어떤 언어 이론에 근거하든, 먼저 『우리 말본』에서 그 전통을 찾아 이를 계승·발전하여야 할 것이다.

체계를 수립한 것이다. 어떤 언어관에서든, 앞으로의 국어문법 연구는 『우리 말본』으로부터 시작하여야 할 것이다. 그만큼 외솔의 문법 연구는 훌륭하였던 것이다." 〔안병희 (1985:)〕

참 고 문 헌

강복수(1972), 『국어 문법사 연구』, 형설출판사.

고영근(1991), 외솔문법의 외국문법과의 교섭 관계, 『훈민정음과 국어학』, 한국
　　문화사.

권재선(1988), 『국어학 연구사』, 우골탑.

권재일(1992), 『한국어 통사론』, 민음사.

＿＿＿(1993), 『우리 말본』의 월갈, 『새국어생활』 3-3, 국립국어연구원.

김계곤(1985), 일제하 국어국문학 5대저서에 대한 재인식,-『우리말본』, 『한글』
　　190, 한글학회.

김석득(1971), 『우리 말본』, 『나라사랑』 1, 외솔회.

김차균(1993), 외솔 선생의 학문 : 국어학사상의 위치, 『새국어생활』 3-3, 국립
　　국어연구원.

남기심(1980), 국어문법 연구사에서 본 『우리말본』, 『동방학지』 25, 연세대학교
　　국학연구원.

노대규(1989), 외솔의 『우리말본』, 『나라사랑』 69, 외솔회.

서정수(1974), 『우리말본』의 월갈 연구, 『나라사랑』 14, 외솔회.

심재기(1988), 최현배의 『우리말본』, 『나라사랑』 65, 외솔회.

안병희(1985), 최현배, 『국어연구의 발자취』 (1), 서울대학교 출판부.

이익섭(1967), 『우리말본』 연구, 『논문집』 9, 전북대학교.

허　웅(1974), 외솔 선생의 생애와 학문, 『나라사랑』 14, 외솔회.

＿＿＿(1991), 외솔 선생의 정신세계와 그 학문, 『동방학지』 71-72, 연세대학교
　　국학연구원.

＿＿＿(1993), 『최현배』, 근대인물한국사 408, 동아일보사.

---

* 이 논문은 『우리말 연구』(외골 권재선 박사 화갑기념논문집, 1994, 우골탑)에서 옮겨 실은
　것임.

북한의 '복합문' 연구에 대하여

권 재 일

1. 머리말

이 글은 북한에서 이루어진 우리말의 문법 연구 가운데 '복합문 구성'에 대한 연구성과를 서술하여 소개하고 이를 언어학적으로 평가하려고 한다. 이를 위하여 최근에 발간된 북한의 우리말 문법서 가운데 가장 대표적인 이론문법서인 김용구 : 「조선어리론문법 -문장론-」(1986 : 과학,백과사전출판사)을 대상으로 서술하고자 한다. 북한의 문법서 역시 학술적인 이론문법서와 실용적인 규범문법서로 나뉜다. 북한학계 문법론의 연구성과를 이해하고 평가하기 위해서는 규범문법서보다는 이론문법서를 대상으로 하는 것이 훨씬 더 타당성이 있다고 생각하기 때문에 서술의 대상으로 이론문법서를 택한 것이다. 이 책은 「조선리론문법」이라는 이름으로 가장 최근에 출판된 이론 중심의 문법서 가운데 하나이다. 1985년부터 한두 해를 사이에 두고 품사론, 형태론, 문장론, 그리고 단어조성론 등 문법 전반에 걸쳐 네 권의 책으로 출간했다. 이 책들은 깊이 있게 문법이론의 논쟁점이 부각되어 있으며 자료도 현대국어뿐만 아니라 중세국어까지 대상으로 하고 있어 이론문법서로서 그 성격을 들어내고 있다. 그리고 주체의 언어이론에서는 문법구조가 어휘구성보다 민족적 특성이 훨씬 견고하게 보존되어 있다고 보기 때문에, 문법구조를 밝히려는 이 책들의 각 부분에서는 민족적 특성이 어떻게 체계적으로 나타나며 거기에 작용하는 합법칙적인 특성이 무엇인가 하는 것을 밝히려고 하고 있다. 한편 저자의 이름이 밝혀져 있지 않은 이전의 문법서에 비해 저자의 이름이 분명하게 밝혀져 있어 개

인적인 저술의 성격이 분명해졌다. 그러나 이 책의 경우 저자는 김용구,
편집자는 김종선으로, 편성은 박옥선, 교정은 김정선, 장정은 리경하 등으
로 밝히고 있어 여전히 공동작업임을 나타내 주고 있다. 저자 김용구는 준
박사, 부교수로 되어 있다. 이제 이 책에 서술되어 있는 복합문 구성에 대
한 이론을 대상으로 하여 그 내용을 살펴보기로 하겠다. 이를 위하여 이
글은 북한의 문법 연구에서 복합문 구성에 대한 연구가 구체적으로 어떠
한가를 객관적으로 소개하는 데에 초점을 맞추고자 한다. 북한의 문법 연
구가 가지는 언어학적인 평가를 시도하는 것이 대단히 중요한 과제가 되
겠지만, 우선은 구체적인 연구내용을 객관적으로 정확하게 이해하는 것이
앞서야 할 과제라고 생각하기 때문에 연구내용을 객관적으로 소개하는 데
에 더 큰 비중을 두고자 한다. 현재 우리학계의 언어학적인 배경에서 북한
의 연구 성과를 평가하려는 것은 자칫 연구내용을 잘못 이해하게 되는 수
가 있기 때문이다. 따라서 우선 북한학계의 복합문 구성의 연구가 어떤 대
상을 어떻게 연구하였는가를 객관적이고 정확하게 서술하여 이를 우리학
계의 연구 성과와 대비해서 평가해 보고자 한다. 이러한 관점에서 북한학
계의 연구에 대해서 그것의 기술과 설명이 이론적으로 옳고 그름을 따지
기는 유보하기로 하겠다.
　　한편 원문을 그대로 인용하거나(" "로 표시한 것, 예문) 북한학계의
고유한 학술술어를 소개하는 경우에는 북한의 맞춤법을 그대로 따르
되, 이 글의 일반적인 서술에서는 우리 맞춤법에 따르고자 한다. 또한
'조선어, 우리 말, 우리말, 국어' 등의 표현은 일관되게, '우리말'로
쓰기로 하겠다.

2. 북한의 문법 연구의 기본 성격

2.1. 연구 방법과 대상

　　북한의 우리말 연구는 1950년대 이후 마르크스 · 레닌의 언어이론에 기
대었으나, 60년대 후반부터는 이른바 김일성의 주체의 언어이론을 바탕으

로 하여 언어규범 등 실천적 문제의 해결에 공헌하는 방향으로 수행되었
다. 북한의 우리말 연구가 언어학의 모든 분야에 걸쳐 이루어지고 있기는
하지만 그 가운데서도 어휘와 문법에 대한 연구가 중심을 이룬다. 그것은
어휘와 문법이 언어의 가장 중요한 구성성분이라고 믿는 유물론적 언어관
에 영향을 받았기 때문이라고 한다.

　첫째는 '주체적 방법론'인데, 이것은 김일성의 주체의 언어이론에 바
탕을 두고, 주체적 언어이론을 구현하여 주체가 튼튼히 선 문장론을 건설
하기 위한 것이다. 결국 우리말의 민족적 특성을 현대적 요구에 맞게 살리
는 방향에서 자료를 다루고 이론을 전개하는 방법론이다. 특히 이 책의 각
부문마다 우리말의 민족어로서의 특성을 언급하면서 우리말이 언어학적
관점에서 대단히 우수하다는 것을 거듭거듭 강조하고 있다. 이와 같은 인
식은 다음과 같은 말에 근거하고 있는 듯 하다 : "언어학에서도 주체를 세
워 우리 말을 체계적으로 발전시키며 사람들이 그것을 쓰는데서 민족적
자부심과 긍지를 가지도록 하여야 하겠습니다." 한편 북한의 문법학계는
남한의 구조주의와 변형생성이론에 기댄 문장론 기술을 부르조아적이고
사변적인 것으로 비판하고 있다 : "오늘 남조선에서는 각종 반동언어리론
이 활개침에 따라 문법분야, 문장론분야에도 여러가지 부르죠아적, 복고주
의적, 사변적 문법리론이 떠돌고 있다. 조선어의 민족적 특성을 주체적립
장에서 보지 못하고 덮어놓고 서방의 문법리론을 밀수입하여 들어맞추거
나 고답적인 남의 문법리론을 답습하여 모조화하는 일을 꺼리낌없이 허용
되고있는 것이 오늘의 남조선 문법학계의 형편이다."

　둘째는 '과학적 방법론'인데, 이것은 구체적인 언어자료를 편견없이 다
루며 전형적인 것과 비전형적인 것을 바로 가르며, 예증을 올바르게 하는
과학성의 원칙을 관철하는 방법론이다.

　셋째는 '역사주의적 방법론'인데, 이것은 문장 이론을 더욱 발전시키기
위하여서는 또한 문장론의 서술에서 인민성, 과학성 원칙을 관철하여 역사
주의적 원칙을 지켜야 한다는 방법론이다. 문법 현상, 문장론 현상의 서술
에서 때로는 역사적 고찰, 학설사적 고찰을 하지 않으면 안되는 경우가 있
다고 보고 이때 역사주의적 원칙을 지키면서 현대적 요구에 맞게 자료들
을 분석 일반화하려는 방법론이다.

결국 북한의 문장론 연구의 목표는, 문장론 분야에서 주체사상의 요구를 철저히 관철하며 당성, 노동계급성을 구현하며 인민성, 과학성을 보장하는 문장 이론을 인민의 요구와 우리말 발전의 현실적 요구에 맞게 발전시키고 풍부하게 하는 것이라고 말할 수 있겠다.

문법은 한 언어의 문법 구조를 가리킨다고 정의하고 있다. 문법은 단어의 구조에 관한 연구로서의 〈형태론〉과 문장 구조에 관한 연구로서의 〈문장론〉의 두 분과를 가지고 있으며, 각각 독자적인 연구 영역을 지니고 있으되, 서로 깊은 관계를 맺고 있다고 한다. 특히 문장론은 모든 문장 유형과 그 구조적 특성을 연구대상으로 하며, 여러가지 문장들이 문법적으로 형식을 갖추어 나가는 특성과 그 구성성분들의 기능은 물론, 문장 안에 나타나는 여러가지 문장론적 현상을 밝히는 것을 연구대상으로 한다.

2.2. 문장의 본질과 기본표식

문장의 본질과 기본표식에 관한 문제는 문장론 전반을 연구하는 출발적인 전제가 된다고 주장하였다.

문장의 본질에 대하여 그 특성을 몇 가지로 나누어 제시하고 있는데 그 구체적인 내용은 다음과 같다. 첫째, 문장이란 끝맺음("끝맺이")이 있는 논리-의미적 계기, 의지-심리적 계기, 문법적 계기가 뚜렷한 진술단위로서 문장론적 관계 속에 들어 있는 단어 또는 단어결합들로 완결된 사상과 감정을 나타내는 언어행위의 기본단위이다. 문장에 대한 이러한 이해는 다양한 문장의 구조적 특성들을 분석 일반화하는 데 기초하며 문장에 반영되는 여러 계기들을 통일시키고 모든 문장이 지니는 기능을 일반화한 것이라고 한다. 둘째, 문장은 완결된 사상을 나타내는 단위이다. 문장이 완결된 사상을 나타낸다는 측면은 문장에 반영되는 논리-의미적인 계기의 구현이며, 모든 문장은 우선 사상의 상대적 및 절대적 완결성을 나타내는 것이 되어야 끝맺음이 있는 언어행위의 단위가 된다고 한다. 셋째, 문장은 일정한 감정과 정서를 나타내는 단위이다. 문장이 감정, 정서를 나타낸다는 측면은 문장의 의지-심리적 계기의 구현이며, 우리말 문장은 술어에 나타나는 문법적 수단 등으로 감정-정서적 요소를 나타내는 것이 풍부하다고 한다. 넷째, 문장은 문법적으로 형식화된 언어행위의 단위이다. 문장의 형식화는 문장이 담고 있는 문법적 계기들의 구현이며, 문법적 형식화는 문장의 모든 계기들을 실현시켜 주는 귀결점이라고 한다. 우리말 문장의 문법적 형식화의 방법은 문장구조의 다양성, 형태단어들의 체계적 성격, 억양요소의 풍부성, 진술형의 구조-문법적 특성 등으로 풍부하게 발전되어 문법적 형식화의 완전성을 보장한다고 한다. 그리고 문법적 형식화의 완전성은 문장의 본질을 규정하는 항구적인 속성이며, 문장을 바로 문장되게 하며 다른 모든 문장론적 단위와 구별해 주는 항구적인 요인이라고 강조한다. 또한 이 문법적 형식화의 완전성은 문법범주로서의 문장의 존재방식을 규정하는 물질적 징표이며 문장의 기본표식을 확정하는 전제가 된다고 한다. 이와같은 문장의 본질적 속성들, 사상의 완결성, 감정과 정서의 지향성, 문법형식화의 완전성은 서로 밀접하게 통일되어 나타난다고 하였다.

'문장의 기본표식'이란 문장을 다른 단위와 구별시켜 주는 주되는 표식인데, 문장의 기본표식을 찾는 방법에는 논리주의적 방법과 형식주의적 방법이 있다고 한다. 논리주의적 방법의 견해들은 문장의 기본표식을 판단의 구조와 관련시켜 고찰하였으며 형식주의적 방법의 견해들은 종결술어에 나타나는 진술형의 형식적 방법들을 중요시하였지만, 최근의 연구에서는 문법적 관점에 서서 문장의 기본표식을 찾아야 한다는 견해가 높아짐에 따라 〈진술내용의 현실에 대한 관계〉를 기본표식으로 삼아야 한다는 견해가 많아졌다고 지적한다. 따라서 문장의 기본표식은 〈진술성〉에 있다고 보았다. 〈진술성〉이란 문장에서 이야기 내용(진술내용)을 현실에 귀착시켜 주며 이야기 내용과 현실과의 관계, 이야기 내용의 현실성 정도를 나타내는 특성이라고 하였다. 그래서 〈진술성〉을 문장의 기본표식이라고 보았다.

2.3. 문장의 유형

우리말 문장의 유형을 구조-문법적 특성에 맞게 체계를 세워 과학적인 분류를 시도하고 있는데, 그 내용은 다음과 같다.

'문장의 내용상 분류'란 진술의 목적에 따라, 진술의 성격에 따라, 진술의 방식에 따라 분류하는 것을 말한다. 첫째, 진술의 목적에 따라 문장의 내용은 어떤 사실에 대한 단순한 전달일 수도 있고 상대편의 구체적인 언어적 반응을 요구하는 것일 수도 있으며, 상대편의 직접적인 행동을 바라는 것일 수도 있다. 〈알림문〉, 〈물음문〉, 〈시킴문〉 등이 있다. 한편 〈시킴문〉과 별도로 〈권유문〉을 설정할 수도 있는데, 그 안에 다시 〈추동문〉, 〈약속문〉을 둘 수 있다. 둘째, 진술의 성격이란 문장내용이 현상에 대하여 어떤 성격의 관계를 맺는가 하는 것으로 진술자의 주관적 평가가 전일적인 구조에 반영되는 문장론적 기능이다. 즉 진술자의 주관-평가적 계기가 구조적으로 반영되는 문장이다. 〈느낌문〉, 〈긍정-부정문〉 등이 있다. 셋째, 진술의 방식이란 문장내용이 전달되는 방식으로 기본진술에 대한 전달자의 관점이 반영되는 문장론적 기능이다. 따라서 진술의 방식에 따르는 문장 유형이란 기본진술과 전달자의 관점이 동시에 나타나는 문장이다. 즉 문장의 내용은 어떤 사실에 대한 재생일 수도 있고 진술자의 주관적인 평가일 수도 있다. 〈옮김문〉, 〈목격문〉, 〈삽입문〉 등이 있다.

'문장의 형식상 분류'란 문장구조의 복잡성 정도에 따라, 문장성분의 구비정도에 따라 분류하는 것을 말하는데, 그 내용은 다음과 같다. 첫째, 문장구조의 복잡성 정도에 따르는 문장 유형은 단일문과 복합문으로 체계화되며, 둘째, 문장성분의 구비정도에 따르는 문장 유형은 단순문과 확대문으로 체계화된다.

3. 복합문의 개념

문장을 체계화할 때, 문장의 형식상 분류에서 문장구조의 복잡성 정도에 따라 〈하나의 풀이단위를 가지고 있는 문장〉을 단일문, 〈두 개 이상의 풀이 단위를 가지고 있는 문장〉을 복합문이라 한다. 〈풀이 단위〉의 수효를 가지고 단일문, 복합문을 나누는 견해는 상당히 전진된 견해이기는 하나, 그 〈풀이단위〉의 성격이 어떠하고 그 한계선이 무엇인가 하는 것이 해명되어야 할 과제라고 지적하고 있다. 한편 단일문과 단순문은 그 개념이 본질적으로 다르다고 밝히고 있다. 단순문이란 문장을 이루는 구성성분들이

전개되는 성격을 기준으로 하여 설정된 개념으로서 전개되지 않은 기본성
분들로만 구성된 문장으로 확대문에 대립되는 개념이고, 단일문이란 위에
서 살펴본 바와 같이 문장을 이루는 구성성분들의 전개 정도와는 관계없
이 〈진술성〉 표현의 단위가 하나 있는 문장으로 복합문에 대립된 개념이
다.

　이와같은 복합문에 대한 개념을 단일문의 개념과 대응하여 논리적으로
제시하였는데, 복합문은 두 개 이상의 단일문이 문법적으로 연결되어 이루
어진 전일체라고 하였다. 단일문이 두 개 이상 연결되면 복합문이 되고 복
합문이 있으면 그 안에 두 개 이상의 〈단일문〉이 있는 셈이다. 말하자면
복합문의 구성단위는 〈단일문〉이며 이 〈단일문〉이 최소의 진술단위이다.
그러므로 단일문의 본질과 기본표식을 확정하는 것이 복합문의 본질과 기
본표식을 옳게 밝혀내는 실마리가 된다고 하면서 먼저 단일문을 정의하였
다 : '단일문이란 하나의 진술단위로서 하나의 완전한 구획성을 가지는 언
어행위의 최소단위이다.'

　(예) 주체시대는 인민대중이 세계를 지배하는 력사의 새시대이다.
　　　 조선혁명의 앞날은 휘황하고 찬란하다.
　　　 1927년 4월 어느날이었다.
　　　 폭풍!

　위 네 문장은 이들이 안고 있는 현실적 내용, 그 구성성분의 수효, 문장
의 길이 등은 서로 다르지만 다 같이 하나의 진술단위이기 때문에 모두
단일문이다. 즉 이러한 단일문의 공통된 기본표식은 각각 하나의 〈진술성〉
을 가지고 한번의 언어행위의 토막이라는 것이다. 하나의 〈진술성〉, 한번
의 구획으로 토막지워지는 전일체, 이것이 단일문을 하나의 진술단위가 되
게 하는 기본표식이다. 진술단위를 물리적으로 나타내는 것은 전일적인 구
조에 나타나는 〈진술성〉 표현으로서의 어휘-문법적 수단과 진술억양이다.
바로 이 진술표현으로서의 어휘-문법적 수단과 진술억양에 의해서 하나의
진술단위가 구획되며 그 한계선도 확정된다. 단일문을 하나의 진술단위,
하나의 문장이라고 하는 근거가 여기에 있다.

단일문의 이러한 본질과 기본표식으로부터 복합문의 본질과 기본표식을 밝히고 다. 즉 복합문이란 상대적으로 구획되는 두 개 또는 그 이상의 진술단위로서 하나의 통일적인 복잡한 진술내용를 담고 있는 언어행위의 크고 긴 단위이다. 두 개 또는 그 이상의 진술단위로 이루어졌다는 것은 복합문의 구성단위가 〈단일문〉이라는 것을 의미하며, 하나의 통일적인 진술내용르 담고 있다는 것은 복합문이 〈단일문〉의 산술적 총화에 의하여 이루어진 결합체가 아니라는 것을 의미한다. 그리고 복합문 안에서 두 개 또는 그 이상의 진술단위가 구획된다는 것은 독자적인 단일문과 복합문의 구성단위로서의 〈단일문〉이 똑 같은 것이 아니라는 것을 말해 준다. 언어행위의 크고 긴 단위라고 하는 것은 한번의 언어행위가 실현되는 한도 안에서의 가장 긴 진술단위라는 것을 의미한다.

복합문의 기본표식은 상대적 구획성과 전일성이 결합된 하나의 통일체라는 데 있다고 한다. 다시 말하여 상대적으로는 두 개 또는 그 이상의 〈진술성〉과 진술억양을 가지며 총체적으로는 하나의 전일적인 〈진술성〉과 진술억양을 가지는 통일체라는 것이다.

    (예) 날이 어두어지자 압록강변에는 사람들이 모이기 시작하였다.
        바람이 분다, 문을 닫아라.

위의 문장들은 현실적 내용, 그 구성단위의 성격과 방식, 그 구성성분의 연결수단, 문장의 길이 등에서 서로 같지 않으나, 각각 상대적으로 구획되는 두 개의 진술단위로 이루어졌고 총체적으로는 하나로 밀접히 연관되고 통일된 언어행위이기 때문에 복합문이 된다는 점은 같다. 다시 말하자면, 복합문은 상대적으로 두 개 또는 그 이상의 〈진술성〉과 진술억양을 가지며 총체적으로는 하나의 전일적인 〈진술성〉과 진술억양을 가지는 통일체이다. 복합문의 구성부문을 〈단일문〉으로 보고, 개별적인 것은 단일문으로 보는데, 복합문을 하나의 복잡한 사상을 나타내는 크고 긴 언어행위의 단위라고 볼 때, 〈단일문〉은 가장 작은 언어행위의 단위이며 단일문은 그 다음 가는 큰 단위이며, 복합문은 가장 큰 단위가 된다. 복합문의 구성성분인 〈단일문〉의 연결과 개별적 단일문의 열거에서 나타나는 통일성, 구획

성, 자립성의 정도와 〈진술성〉의 표현방식 등을 부호로 표시하면 다음과
같다.

〈단일문〉의 연결 (ㅂ×ㅂ′)n = (ㅂ ㅂ′)N
단일문의 열거 　ㄷn + ㄷ′n = ㄷN · ㄷ′N
　　ㅂ, ㅂ′...복합문 안에 〈단일문〉
　　ㄷ, ㄷ′...개별적인 단일문
　　　n ...개별적 진술단위에서의 〈진술성〉의 물질적 표시
　　　N ...전일체에서의 〈진술성〉의 물질적 표시

이러한 논의를 바탕으로 하면, 복합문의 개념은 다음과 같이 정리된다
: 복합문이란 상대적으로 구획되는 두 개 또는 그 이상의 진술단위로서
하나의 통일적인 복잡한 진술내용를 담고 있는 언어행위의 크고 긴 단위
의 문장구성이다.

4. 복합문의 실현방법

'복합문의 이음수단'이라는 논의를 통해서 복합문 구성의 실현방법을
제시하였다. 즉 이음수단이란 〈단일문〉들의 문법적 연결수단을 말하는데,
이것은 일정한 문장론적 기능을 수행한다. 복합문의 이음수단은 다양한 문
장론적 기능을 수행하는 어휘-문법적 및 어음-구조적 수단을 이룬다. 즉
각종의 토, 굳어진 형태로 된 보조어와 특수토, 그리고 억양의 여러 요소
와 〈단일문〉의 순위 등의 수단에 의하여 실현된다.

(예) 그가 가기에 나도 따라갔다. 　　　　　　　　　　(격토)
　　　비가 억수로 퍼붓는데 어디로 가느냐? 　　　　　(이음토)
　　　차가 완전히 멎고서야 내려도 내리지. 　　　　　(이음토와 도움토)
　　　동생이 부산을 피우는통에 잠도 제대로 자지 못했소. (보조어)
　　　나는 〈압록강〉, 너는 누구냐 ? 　　　　　　　　　(억양의 요소)

이와 같은 복합문의 실현방법은 크게 어휘-문법적 수단과 어음-구조적

수단으로 나뉜다. 어휘-문법적 수단은 문법화되는 어휘적 수단과 문법적 수단을 포함한다. 어음-구조적 수단은 어음적 수단과 구조적 수단을 포함한다. 이들의 구체적인 내용은 다음과 같다.

4.1. 어휘-문법적 수단

(1) 문법화되는 어휘적 수단
  1. 문법화되어가는 보조적 단어
     피규정 보조적 단어
     (예) -는바람에, -는통에, -는 한
     관련보조어
     (예) -기때문에, -기는 고사하고, -라 하더라도, -ㄴ데도, 불구하고
  2. 문법화된 어휘-문법적 단위
     접사-보조어
     (예) -던것이, -ㄴ대도, -ㄹ뿐, -ㄹ뿐아니라, -ㄹ뿐더러
     접사-접속어
     (예) -아서 그런지, -나 그러나, -나 또, -며 따라서
     조응어
     (예) 만약 -한다면, 비록 -ㄹ지라도
     무접사-접속어
     (예) 밤, 그러나 대오는...
  3. 특수한 어휘 및 표현
     문법적기능을 수행하는 피규정체언
     (예) -ㄹ 때, -는 반면에, -던차에, -ㄹ무렵에, -는탓으로, -는김에
     문법적기능을 수행하는 특수표현
     (예) -기가 무섭게, -다 못해, -ㄴ다손 치더라도, -ㄴ다셈 치더러도

(2) 문법적 수단
  1. 접사
     이음토

(예) -고, -되, -는듯, -며, -자, -는커녕, -니, -는데,-ㄹ진대, -나, -다, -
　　는바, -ㄹ수록

접사-도움토

(예) -고서야, -다마는, -아도, -지만, -며는, -다가도

2. 무접사형

어간형(절대격형)

(예) 나는 노동자,너는 학생.

제시형

(예) 밤, 은밀히 행군하였다.

무형태형

(예) 눈은 보슬, 비는 쭈르륵

4.2. 어음-구조적 수단

(1) 어음적 수단

1. 접사-억양

(예) -다, -라, -지, -느냐

2. 무접사-억양

(예) 나는 중학생, 너는 대학생.

(2) 구조적 수단

1. 굳어진 진술구조

(예) 〈떠들기만 하여라, 내쫓겠다.〉

2. 진술단위의 순위

(예) ...-다,...-다,...-다,...-다.

5. 복합문의 체계

복합문 역시 크게 내용상 분류와 형식상 분류에 따라 체계를 세울 수 있다고 하였다. 복합문의 내용상 체계는 주로 기능적인 분류를 말하며, 형

식상 체계는 주로 구조적 분류를 말한다. 이러한 복합문의 유형을 전체적으로 체계화하면 다음과 같다.

5.1. 내용상 체계

복합문의 내용상 체계는 연결 성격에 따르는 유형과 연결 방식에 따르는 유형으로 나뉜다. 연결 방식에 따르는 유형에는   1) 접속복합문,   2) 병립복합문, 3) 련접복합문 등을 설정한다. 그 예는 다음과 같다.

(1) 접속복합문
　　(예) 두만강기슭에 꽃들은 피고, 그리움은 가슴속에 넘쳐납니다.
(2) 병립복합문
　　(예) 보이느니 나무숲들이요, 들리느니 바람소리뿐이라...
(3) 련접복합문
　　(예) 비가 온다, 문을 닫아라.

5.2.형식상 체계

복합문의 형식상 체계는 형태-구조적 유형, 순수 구조상 유형으로 나뉜다. 그 구체적인 체계는 다음과 같다.

〔1〕 형태-구조적 유형
　　1. 어휘-문법적 수단으로 이어진 복합문
　　　　(1) 순수 보조어적련결의 복합문
　　　　(2) 합성보조어적련결의 복합문
　　　　(3) 특수어적련결의 복합문
　　2. 접사적련결의 복합문
　　　　(1) 순수 접사적련결의 복합문
　　　　(2) 접사-도움토적련결의 복합문

3. 어음-문법적수단으로 이어진 복합문

    (1) 어음-접사적련결의 복합문

    (2) 무접사련결의 복합문

4. 합성복합문

    (1) 어휘-문법적수단으로 이어진 복합문

    (2) 어음-문법적수단으로 이어진 복합문

〔2〕순수-구조상 유형

1. 구조의 복잡성정도에 따르는 유형

    (1) 단순복합문

    (2) 확대복합문

2. 구성성분의 구비정도에 따르는 유형

    (1) 단독성분복합문

    (2) 주도성분복합문

    (3) 확대성분복합문

    (4) 종합구성복합문

6. 맺음말

이 글은 북한에서 이루어진 우리말의 문법 연구에서 복합문에 대한 그 연구성과를 서술하여 소개하고 이를 언어학적으로 평가하려 하였다. 이를 위하여 최근에 발간된 북한의 우리말 문법서 가운데 가장 대표적인 '이론 문법서'인 〈조선어리론문법 (문장론)〉(저자 :김용구, 1986, 과학,백과사전출판사)을 대상으로 서술하였다.

지금까지 이 글은 이 문법서에 나타나 있는 복합문을 이론을 대상으로 하여 구체적으로 어떻게 연구되었는가를 객관적으로 소개하는 데에 초점을 맞추어 서술하였다. 논의된 주요 내용을 요약하면 다음과 같다.

(1) 연구방법 : 첫째는 '주체적 방법론'인데, 이것은 김일성의 주체의 언어이론에 바탕을 두고, 주체적 언어이론을 구현하여 주체가 튼튼히 선 문장론을 건설하기 위하여 우리말의 민족적 특성을 현대적 요구에 맞게 살리는 방향에서 자료를 다루고 이론을 전개하는 방법론이다. 둘째는 '과학적 방법론'인데, 이것은 구체적인 언어자료를 편견없이 다루며 전형적인 것과 비전형적인 것을 바로 가르며, 예증을 올바르게 하는 과학성의 원칙을 관철하는 방법론이다. 셋째는 '역사주의적 방법론'인데, 이것은 문장이론을 더욱 발전시키기 위하여서는 또한 문장론의 서술에서 인민성, 과학성 원칙을 관철하여 역사주의적 원칙을 지켜야 한다는 방법론이다.

(2) 연구대상 : 문법을 한 언어의 문법구조를 가리키는 것으로 정의하면 문법은 단어의 구조에 관한 연구로서의 〈형태론〉과 문장 구조에 관한 연구로서의 〈문장론〉의 두 분과를 가지고 있으며, 각각 독자적인 연구 영역을 지니고 있으되, 서로 깊은 관계를 맺고 있다고 하였다. 특히 문장론은 모든 문장 유형과 그 구조적 특성을 연구대상으로 하며, 여러가지 문장들이 문법적으로 형식을 갖추어 나가는 특성과 그 구성성분들의 기능은 물론, 문장 안에 나타나는 여러가지 문장론적 현상을 밝히는 것을 연구대상으로 하였다.

(3) 복합문의 개념 : 복합문이란 상대적으로 구획되는 두 개 또는 그 이상의 진술단위로서 하나의 통일적인 복잡한 진술내용를 담고 있는 언어행위의 크고 긴 단위의 문장구성이다.

(4) 복합문의 실현방법 : 복합문의 실현방법은 크게 어휘-문법적 수단과 어음-구조적 수단으로 나뉜다. 어휘-문법적 수단은 문법화되는 어휘적 수단과 문법적 수단을 포함한다. 어음-구조적 수단은 어음적 수단과 구조적 수단을 포함한다.

(5) 복합문의 체계 : 복합문 역시 크게 내용상 분류와 형식상 분류에 따라 체계를 세울 수 있다고 하였다. 복합문의 내용상 체계는 주로 기능적인 분류를 말하며, 형식상 체계는 주로 구조적 분류를 말한다.

참 고 문 헌

고영근(1988), 북한의 문법 연구, 『국어생활』 15, 국어연구소.
고영근 편(1989), 『북한의 말과 글』, 을유문화사.
국어국문학회(1990), 『북한의 국어국문학연구』, 국어국문학토론 4, 지식산업사.
권재일(1985), 『국어의 복합문 구성 연구』, 집문당.
_____(1991), 북한의 '문장론' 연구, 『한글』 212-213, 한글학회.
김동식(1990), 리근영(1985), 조선어리론문법(형태론):서평, 『주시경학보』 6, 탑출판사.
심재기(1990), 『북한의 문법연구』, 국어국문학회 편(1990).
이영숙(1990), 「조선어리론문법 - 문장론」을 통해본 북한의 문장론, 『북한의 조선어학』, 자하어문연구회 편(1990).
임홍빈(1989), 「조선문화어문법규범」을 통해 본 북한의 문법, 고영근 편(1989).

* 이 논문은 『들메 서재극 박사 환갑기념 논문집』(1991, 계명대학교 출판부)에서 옮겨 실은 것임.

■ 글쓴이 소개

김 승 곤	건국대학교 명예 교수
고 창 운	건국대학교 교수
김 주 미	동덕여자대학교 강사
박 기 완	단국대학교 동양학 연구소
조 오 현	건국대학교 문과대 교수
허 원 욱	건국대학교 인문대 교수
박 동 근	한글학회 연구원
최 남 희	동의대학교 교수
김 용 경	경원대학교 강사
전 정 례	건국대학교 교수
권 재 일	서울대학교 교수

■ 한말연구모임 연락처 : 143-701

　　서울특별시 광진구 모진동 93-1 건국대학교
　　문과대학 국어국문학과 조오현 교수 연구실
　　전화 : (02) 450 - 3334

우리말 연구 ③
우리말 통어 연구

1996년 6월 10일 인쇄
1996년 6월 15일 발행

편집/발행 : 한말연구모임 회장 김 승 곤
발 행 처 : 도서출판 박 이 정

130-070　서울시 동대문구 용두동 253-197번지
전　화 : 922 - 1192~3,　FAX : 922 - 1192
온라인 : 상업114-08-234933 우편 010447-0053403
등　록 : 1991년 3월 12일　　제1 - 1182호

ISBN 89 - 7878 - 121　　　값 9,000원